KB264542

열하일기 熱河日記

한눈에 익히는
열하일기(熱河日記)

초판 1쇄 인쇄 | 2013. 5. 20
초판 1쇄 발행 | 2013. 5. 27

지은이 | 박지원
펴낸이 | 이환호
펴낸곳 | 나무의꿈

등록번호 | 제 10-1812호
주 소 | 서울특별시 마포구 서교동 463-31 플러스빌딩 4층
전 화 | 02)332-4037 팩 스 | 02)332-4031

ISBN 978-89-91168-38-1   12150

열하일기

熱河日記

연암 박지원 지음
동양고전연구회 편

나무의 꿈

■ 책머리에

변하지 않는 박지원의 사상과 문학

『열하일기(熱河日記)』는 연암 박지원이 조선조 정조 4년(1780), 청나라 건륭(乾隆) 황제 칠순 잔치에 축하사절단으로 가는 삼종형 박명원(朴明源)을 따라 북경(연경)을 거쳐 열하까지 갔을 때의 기행문이다.

곧, 음력 6월 24일 압록강 국경을 넘는 데서부터 시작하여 요동·성경(심양)·천하 제일의 관문 산해관을 거쳐 북경에 도착하고, 고북구(만리장성)를 지나 열하의 피서산장에서의 과정과 8월 20일, 다시 북경에 돌아오기까지 약 2개월 동안에 겪은 일을 날짜 순서에 따라 항목별로 기록하였다.

이 책에서는 역사·지리·풍속·정치·경제·문학·예술·의학 등 광범위하게 서술되었는데, 특히 이용후생적(利用厚生的)인 면에 중점을 두어 경험·관찰·실험 등에 의하여 증명이 되는, 실증적(實證的) 북학론(北學論)을 주장하였다.

당시 청나라의 문화·생활상을 관찰하면서 감탄과 부러움을 절실히 느끼고 낙후된 조선의 현실에 탄식과 한숨을 내쉰다.

『열하일기』가 출간되었을 때 조선의 사대부와 지식인들 사이에는 그의 빼어난 관찰력과 유려한 문장에 매료되어 장안의 화제가 되었고, 그 당시 많은 연행록(燕行錄) 중에서 불후(不朽)의 명작이요 첫째로 손꼽혀 왔다.

본래는 26권 10책 필사본으로 3,000여 페이지에 달하는 분량이다. 이 책에서는 전체의 내용 중 우리가 꼭 알아두어야 할 부분과 저자가 중요시하여 독자에게 꼭 전달하고픈 내용만을 간추려 수록하였다.

비록 『열하일기』가 출간된 지 230여 년이 지났지만 세계 열강 속에서 살아남아야 할 오늘의 시대상황과 견주어 볼 때 자연·인생·역사에 대한 박지원의 변하지 않는 사상과 문학을 다시금 읽고 반성해야 할 필요 충분조건이 여기에 있다 하겠다.

많은 독자 제현의 필독을 바랍니다.

2013년 봄에

엮은이 씀

차례

북경의 이모저모[황도기략(黃圖紀略)]

압록강을 건너며 [도강록渡江錄]

1780년 음력 6월 24일부터 7월 9일까지의 기록이다.

연암 박지원이 청나라 건륭 황제의 칠순잔치 축하 사절단에 끼어 북경(연경)에 가기로 되어 있었으나 황제가 열하의 피서산장에서 사신단을 맞이하는 바람에 고북구(만리장성)를 거쳐 열하에 다녀오면서 체험하고 견문한 내용을 일기 형태로 수록한 것이 『열하일기』이다.

「도강록」은 첫 번째의 체험기록으로, 압록강을 건너고 청나라와의 국경 출입문인 책문(柵門)을 거쳐 요양에 이르는 과정에서 일어난 일과 체험한 것을 서술하였다.

장맛비에 넘쳐흐르는 압록강(鴨綠江)은 '백두산에서 발원하여 서남쪽으로 흐르는 물이 오리(鴨)의 머리처럼 푸르다(綠)'하여 붙여진 이름이라고 정리한다.

봉황성에 이르러서는 벽돌과 기와를 굽고 그를 이용하여 집 지은 것을 보고 우리나라의 현실과 비교하여 놀라워하기도 한다.

요양성(요동)에 들어서면서 드넓은 요동벌판을 바라보고 '한

바탕 울음터'라 감탄하면서 '백탑(白塔)'을 바라보고는 '사람이
란 본래 의지하고 붙일 곳 없이 단지 하늘을 이고 땅을 밟고
이리저리 나다니는 존재라는 것을' 깨닫는다.

　　요동에 들어서니 번화하고 풍부하기는 봉황성의 열 배쯤
되고 서문을 나서 백탑을 구경하니, 그 제조의 공교하고 화려
하며 웅장함이 가히 요동 벌판에 맞먹을 만하다.
　　하여 여기에 기록하고자 한다.

요동 옛 성에서[구요동기(舊遼東記)]

옛 요동성(城)은 한(漢)나라 시대, 양평(襄平)과 요양(遼陽) 두 현(縣) 중간에 있었다. 진(秦)나라 때에는 요동이라 불리었으며 그 뒤에는 위만(衛滿)의 조선에 속했다가 한나라 말기에는 공손탁(公孫度)이 차지했고, 수(隋)나라와 당(唐)나라 때에는 고구려에 속하였다.

거란(契丹)은 이곳을 남경(南京)이라 하였으며, 금(金)나라는 동경(東京)이라 하였다. 원(元)나라는 지방 행정구역의 행성(行省)을 두었으며, 명(明)나라는 정료위(定遼衛)를 두었는데 지금은 요양주(遼陽州)로 승격되었다.

이곳에서 20리 떨어진 곳에 성을 옮겨서 신요양(新遼陽)이라 하였으므로, 이 성을 폐하고 옛 요동이라는 뜻으로 '구요동(舊遼東)'이라 부른다.

이 성의 둘레는 20리인데 명나라 장수 웅정필(熊廷弼)이 쌓은 것이라 한다. 이 성이 본시 몹시 낮고 비좁았는데,

웅정필이 적기(敵騎)가 들어온다는 정보를 듣고 성을 헐었다. 청나라 사람들이 이를 보고 의심하여 감히 가까이 이르지 못하다가, 고쳐 쌓는다는 정보를 정탐해 알자, 군사를 이끌고 다시 성 밑에 이른즉, 하룻밤 사이에 새로 쌓은 성이 높다랗게 이룩되었다.

나중에 웅정필이 이곳을 떠나자 요양이 함락되었다. 청나라 사람들은 그 성이 하도 견고하여 떨어뜨리기 어려웠음을 분히 여겨서 성을 헐어 버리고자 하였다. 승리를 얻은 날쌘 군사를 시켰음에도 불구하고 열흘이 가도 다 헐지 못했다고 한다.

명(明)나라의 천계(天啓) 원년(元年, 1621) 3월에, 청(淸)나라가 이미 심양을 빼앗고 또 군사를 옮기어 요양으로 향하였다. 이때 명의 장군 경략(經略) 원응태(袁應泰)가 세 길로 군사를 내어서 무순(撫順)을 회복하려던 차에, 청나라가 이미 심양을 떨어뜨리고 요양으로 향한다는 말을 듣고, 드디어 태자하(太子河) 물을 끌어다 해자에 채우고 군사들을 성 위로 올라가 빙 둘러서서 지키게 하였다.

청나라 군대가 심양을 떨어뜨린 지 닷새 만에 요양성 밑에 이르렀다. 누루하치[奴兒哈赤]는 이른바 청나라 태조(太祖)이다. 그가 스스로 좌익(左翼)의 군대를 이끌고 먼저 도착했다. 명나라의 총병(摠兵) 이회신(李懷信) 등이 군사 5만 명을 거느리고 성에서 5리 되는 곳에 나와서 진을 쳤다. 누루하치가 좌익(左翼) 군대에 속한 사기(四旗 : 청나라 군사 조직은 8기로 편성됨)로 왼쪽을 공격하게 했다. 청 태종 (太宗)은 우리나라에서 한(汗 : 칸)이라 부르는데 그의 이름 은 본래 홍태시(洪台時, 홍타시)였다.

그가 정예 군사를 이끌고 싸우기를 청했으나 누루하치 가 허락하지 않았다. 그러나 홍태시는 굳이 가서 홍기(紅 旗, 청나라 군사 편제 중의 하나) 두 개를 세우고 성 옆에 군사 를 매복시켜 형세를 살피게 하였다.

누루하치가 정황기(正黃旗)와 양황기(鑲黃旗)를 보내어 홍 태시를 도와서 명(明)나라 군영(軍營)의 왼쪽을 치게 하였 다. 또한 사기(四旗) 군사가 뒤이어 이르니 명나라 군사는 크게 어지러워졌다. 이에 홍태시가 승기를 얻어서 60리를 추격하여 안산(鞍山)에 이르렀다.

이 때 명나라 군사들이 요양의 서문으로 나와 청나라 군대가 성 곁에 세워두었던 두 홍기(紅旗)를 뽑으니, 복병 이 일어나서 명나라 군사를 공격하였다.

명나라 군대는 다시 성으로 도망쳐 들어가느라고 저희 들끼리 서로 짓밟았다. 그 와중에 총병 하세현(賀世賢)과 부장(副將) 척금(戚金) 등이 모두 전사하였다.

이튿날 아침, 누루하치가 패륵(貝勒 : 부족장)의 왼쪽 사 기 군사를 거느려서 성 서쪽의 수문(水門)을 파 해자의 물 을 뺐다. 또 오른쪽 사기 군사로 하여금 성 동쪽의 물길을 막게 하고, 자신이 직접 우익(右翼) 군대를 성 밑에 늘어놓으며 흙과 돌을 날라서 물길을 막았다.

명나라 군대는 보병과 기병 3만 명을 거느리고 동문(東門)을 나와서 청병과 마주 진을 벌이고 서로 맞섰다. 청병이 바야흐로 다리를 빼앗으려 할 즈음, 마침 물 들어오는 입구가 막혀서 물이 거의 마를 지경이므로, 사기군의 선봉이 해자를 건너 고함을 치면서 동문 밖으로 엄습하니, 명나라 병사가 힘껏 싸우는데, 청나라 병사 홍갑(紅甲) 2백 명과 백기(白旗) 1천 명이 진격하는 바람에 명나라 군사의 죽은 자가 해자에 가득하였다.

이때 청나라 군대는 무정문(武靖門) 다리를 빼앗고 양쪽으로 나누어 지키는 명나라 군사를 치니, 명나라 군사는 성 위에서 끊임없이 화포(火砲)를 터뜨렸다. 청병도 용감히 이에 돌격하면서 사다리를 세우고 성을 기어올랐다.

마침내 서성(西城) 한 부분을 빼앗고 백성들을 베기 시작하자 성안은 아수라장이 되었다. 이날 밤 성 안에 있는 명나라 병사들이 횃불을 들고 맞서 싸울 때, 우유요(牛維曜) 등이 성을 넘어 달아났다.

이튿날 아침, 명나라 군사가 다시 방패를 세우고 힘껏 싸웠으나, 청나라 사기의 군사가 역시 성을 타고 기어올랐다. 경략 원응태는 성 북쪽 진원루(鎭遠樓)에 올라서 싸움을 독려하다가 성이 함락되는 것을 보고 누대에 불을 놓아서 타 죽었다. 분수도(分守道) 하정괴(何廷魁)는 처자(妻子)를 거느리고 우물에 빠져 죽고, 감군도(監軍道) 최유수(崔儒秀)는 스스로 목을 매어 죽었다.

총병 주만량(朱萬良), 부상 양중선(梁仲善)과 참장 왕치(王豸), 방승훈(房承勳)과 유격(遊擊) 이상의(李尙義), 장승무(張繩武)와 도사(都司) 서국전(徐國全), 왕종성(王宗盛)과 수비(守備) 이정간(李廷幹) 등은 모두 전사하였다.

어사 장전(長銓)은 청병에게 사로잡혔음에도 불구하고 굴복하지 않았다. 그러자 누루하치가 죽음을 내려 그의 순국(殉國)의 뜻을 이루게 하였다.

홍태시(洪台時)가 장전을 아껴서 살리려고 여러 번 타일렀으나 마침내 '뜻'을 빼앗을 수 없으므로, 부득이 목 졸라 죽이고 성대히 장례를 치러 주었다.

청나라 황제 고종(高宗)은 지난 기해년에 『전운시(全韻詩 : 어제전운(御製全韻))』를 지어 이 성이 함락된 사실을 상세히 기록하였다.

"우리 선왕께옵서 명나라의 신하로서 항복하지 않은 자에게 오히려 은혜를 베풀었는데, 그때 연경에 있는 명나라의 군신(君臣)들은 전혀 아랑곳하지 않았다. 공과 죄를 밝히지 않았으니, 이러고서야 망하지 않을 수 없었다."

또, 『명사(明史)』에는 이렇게 기록되어 있다.

"웅정필이 광녕(廣寧)을 구원하지 않자 삼사(三司) 왕기(王紀)·추원표(鄒元標)·주응추(周應秋) 등이 웅정필을 이렇게 탄핵했다.

'웅정필의 재주와 식견, 기백이 온 세상을 비웃을 만합니다. 지난해에 요양을 지켜서 요양이 보존되었고, 그가 요양을 떠나자 요양이 망했습니다. 다만 그 교만하고 괴팍한 성격은 고칠 길이 없어서 오늘에 소(疏) 하나를 올리고 다음 날에는 방(榜) 하나를 거는 식이었습니다. 그는 양호(楊鎬)에 비하여 도망친 한 가지 죄가 더하고, 원응태처럼 죽지도 않았습니다. 만일 왕화정(王化貞)을 죽이고 웅정필을 관대히 용서한다면 죄는 같음에도 벌이 다르다고 할 수 있을 것입니다.' 하였다."

지금도 당시의 웅정필이 쌓았다는 흙벽이 예와 같이 둘러 있고 벽돌 흔적도 여전히 남아 있다.

그 당시 삼사의 탄핵한 글을 다시 외어본즉, 웅정필의 사람됨을 가히 짐작할 수 있겠다.

아아, 슬프다. 명나라는 말운을 다하여 인재를 쓰고 버림이 거꾸로 되고, 공과 죄를 밝히지 못했다. 웅정필과 원숭환(袁崇煥) 같은 장수들의 죽음을 보건대 명나라 스스로 만리장성(長城)을 허물어뜨렸다 하겠으니, 어찌 후세의 비웃음을 면할 수 있겠는가.

태자하(太子河)의 물을 끌어서 성 주위에 해자를 만들었다. 해자 안에는 시니 척 고기잡이배가 떠 있고, 성 밑에는 낚시질하는 이가 수십 명이나 되는데, 다들 좋은 옷을 입었고, 그 생김생김이 한가로운 귀공자 같다. 그들은 모두 성 안의 장사치들이다.

나는 해자를 한 바퀴 돌아서 그 수문의 여닫는 제도를 엿보려 할 제, 낚시꾼들이 왁자하게 웃으면서 낚싯대를 가지고 와서 나한테 말을 건다.

나는 땅에 글자를 써서 보였으나 모두 들여다보고는 아는 듯 모르는 듯 웃기만 하고 가 버린다.

요동의 관제묘[관제묘기(關帝廟記)]

옛 요동성 문 밖을 나서면 돌다리 하나가 있다. 다리 가장자리의 돌난간은 아주 정교하게 만들어졌는데 강희(康熙) 57년(1718)에 쌓은 것으로, 다리 맞은편에서 백여 보쯤 되는 곳에 현판을 걸어놓은 누각 문인 패루(牌樓)가 있다.

구름에 싸인 용과 물에 사는 신선(神仙)을 새겼는데, 모두 도드라지게 파서 새긴 것이다. 패루에 올라본즉 동쪽 큰 누각에는 적금루(摘錦樓)라 하였고, 그 왼쪽의 종루(鐘樓)는 용음루(龍吟樓)요, 오른쪽의 고루(鼓樓)는 호소루(虎嘯樓)라는 현판을 달았다.

묘당(廟堂)이 웅장하고 화려하여 겹겹이 지어진 전각들이 금빛 또는 푸른빛으로 휘황찬란하다. 그 정전(正殿)에는 관공(關公, 관우)의 소상(塑像)을 모셨고, 동무(東廡 : 동쪽 곁채)에는 장비(張飛), 서무(西廡)에는 조운(趙雲, 조자룡)을 모셨다. 또 촉(蜀)의 장군 엄안(嚴顏)의 장비에게 굴복하지 않는 씩

씩한 모습도 목상을 만들어 설치하였다.

뜰 가운데에는 큰 비(碑) 몇 개가 서 있는데, 모두 이 묘당의 창건과 중수한 사실의 시말을 적은 것이다. 그 중 새로 세운 다른 비석에 산서(山西)의 어떤 상인(商人)이 묘당을 중수한 일을 기록한 것이 특색이다.

묘당 안에는 노는 건달패 수천 명이 왁자하게 떠들어, 마치 무슨 놀이터 같다. 혹은 창봉(槍棒)을 연습하고, 혹은 주먹놀음과 씨름을 하기도 하며, 혹은 소경말·애꾸말을 타는 장난들을 하고 있다. 또는 앉아서『수호전(水滸傳)』을 읽는 자가 있는데, 뭇 사람들이 빙 둘러 앉아서 듣고 있다.

그는 머리를 흔들며 코를 벌름거리는 꼴이 아주 신이 나서 가관이다. 방금 읽은 대목은 화소 와관사(瓦官寺)에 불을 질러 태우는 대목인데 손에 쥐고 있는 책을 가만히 보니 들고 있는 것은 뜻밖에도『서상기(西廂記)』였다. 글자 모르는 까막눈이건만 외워 익혀서 입만은 청산유수다.

마치 우리나라 골목길이나 장터에서『임장군전(林將軍傳, 임경업)』을 외는 것과 비슷하다. 읽는 자가 잠깐 멈추면 두 사람이 비파(琵琶)를 타고 한 사람은 징을 울린다.

요동의 백탑에 대하여[요동 백탑기(遼東白塔記)]

관제묘를 나와서 채 5리를 못 가서 하얀 빛깔의 백탑(白塔)이 있다. 여덟 면으로 된 백색의 이 탑은 13층이며 높이는 70길이라 한다.

세상에 전하는 말로는, 당나라의 울지경덕(蔚遲敬德)이 군사를 거느리고 고구려를 정벌하러 왔을 때에 쌓은 것이라 한다. 어떤 사람은 선인(仙人) 정령위(丁令威)가 학을 타고 요동으로 돌아와 본즉, 성곽과 백성이 이미 바뀌었으므로 슬피 울며 노래를 불렀는데, 이 탑이 바로 그가 머물렀던 화표주(華表柱)라고 한다.

그러나 이는 잘못 알려진 말이다. 화표주는 요양성 밖에 있으니 성에서 10리도 못되는 가까운 곳이고, 또 그리 높고 크지도 않다. 그러니 백탑이라 함은 우리나라 하인배들이 아무렇게나 부르기 쉽게 지은 이름일 것이다.

요동은 왼쪽으로 넓은 바다를 끼고 있다. 앞으로는 막

힐 곳 없는 넓은 들판을 마주하고 있어서 천리나 아득하게 트여 있다. 백탑은 그 벌판의 3분의 1쯤 되는 곳에 위치한다.

탑 꼭대기에는 구리북 세 개가 놓여 있고, 층마다 처마 네 귀퉁이에 풍경을 달았는데, 그 크기가 물통만하고 바람이 일 때마다 풍경이 울어서 그 소리가 요동벌에 울린다.

탑 아래에서 두 사람을 만났다. 그들은 모두 만주 사람으로 약을 사러 영고탑(寧古塔)에 가는 길이라 한다. 땅에 글자를 써서 대화를 했다.

한 사람이 '고본(古本) 『상서(尙書)』가 있느냐?'고 묻는다. 또 한 사람은, '안부자(顏夫子, 안회)가 지은 책과 자하(子夏)가 지은 『악경(樂經)』이 있습니까?' 하고 묻는다. 나로서는 모두 처음 듣는 일이므로 없다고만 대답했다.

두 사람은 아직 청년인데 이곳은 초행길로 이 탑을 구경하러 온 것이다. 길이 바빠서 그의 이름을 묻지는 못했으나 과거시험을 준비하는 수재(秀才)인 듯싶다.

광우사 이야기 [광우사기(廣祐寺記)]

　백탑 남쪽에 오래된 절이 있는데, 이름을 광우사(廣祐寺)라 한다.

　아까 백탑에서 만난 만주족 수재들이 말하기를, '한(漢)나라 때에 지은 절인데, 당나라 태종(太宗)이 요(遼)나라를 칠 때 수산(首山)에 머물러 악공(鄂公) 울지경덕으로 하여금 중수하게 하였다.' 한다.

　혹은 전하는 말에, '옛날 어떤 시골사람이 광녕이란 곳을 가다가 길에서 한 동자를 만났는데, 그 동자가 '나를 업고 광우사까지 가면 그 절 오른쪽으로 열 걸음 가서 고무나무 밑에 돈 10만 냥이 묻혀 있으니, 그 돈을 품삯으로 주겠노라.' 했다. 그 사람이 동자를 업고 수백 리 길을 한나절이 못 되어 닿았는데 내려놓고 본즉, 동자는 사람이 아니고 금부처였다. 그 절의 중이 이상히 여겨서 절 오른쪽 열 걸음쯤 되는 곳 고무나무 밑을 파보니, 과연 10만

냥이 나왔으므로, 시골사람이 그 돈으로 절을 중수하였다.

절의 비문(碑文)을 읽어 보니,

"강희 27년에 태황태후[太皇太后 : 태종 홍태시의 비(妃)]가 내탕고(內帑庫)의 돈으로 세운 것이고, 강희 황제도 일찍이 이 절에 행차하여 중에게 비단 가사(袈裟)를 하사한 일이 있다."고 하였다.

지금은 절이 황폐해져서 스님조차 보이지 않는다.

성경(심양)의 이모저모[성경잡지盛京雜識]

성경(盛京)은 심양(瀋陽)의 옛 이름이다. 7월 10일부터 7월 14일까지의 여행기록과 심양의 예속재와 가상루에서 필담 토론을 벌인 내용을 수록하였다.

곧 십리하(十里河)에서 출발하여 혼하를 건너 심양에 들어간다.

심양은 본래 조선의 땅이었다. 혹자는 한나라가 한사군을 설치했을 때 낙랑군의 군청이 있던 곳이라고 하는데, 위(魏)나라 말과 수·당(隋唐) 시절에는 고구려 땅에 속했다.

지금은 '성경'이라 하는데 성문 맞은편에는 가리개 같은 담, 향장(鄉墻)이 있고, 성문 앞에는 까만 나무를 교차시켜 난간을 만들었다.

관청 앞에는 큰 패루가 하나 서 있는데, 길에서 멀리 바라보니 형형색색의 유리기와가 보였다.

궁전은 편액이 숭정전(崇政殿)이고, 정대광명전(正大光明殿)이라는 편액도 있었다. 숭정전 왼쪽에 비룡각, 오른쪽에 상봉각이 있고, 뒤편에는 3층 처마의 봉황루와 그 좌우에 곁문이 있다.

각층으로 된 누각과 겹으로 된 전각과 화랑은 모두 오색의 유리기와를 덮었는데, 이층 팔각형 집은 태정전(太政殿)이다. 예속재와 가상루에서 주고받은 이야기는 생략하기로 한다.

성경의 절 관람기(성경가람기盛京伽藍記)

성자사(聖慈寺)

청나라 태종의 숭덕(崇德) 3년 무인(戊寅, 1638)에 세워졌다. 대웅전과 더불어 전각은 깊고도 삼엄하며 우람하고도 화려하다.

법당은 돈대(축) 높이가 한 길이며 주위에는 돌난간을 설치했다. 전각 위에는 참새집을 막기 위하여 부시(罘罳, 그물)로 둘러싸고, 세 그루 늙은 소나무 가지가 서로 엉켜서 푸른 그림자가 뜰에 가득하여 오히려 어둠침침한 빛이 고요함 속에 잠겨 있다.

비석 둘이 있는데, 하나는 태학사(太學士) 강림(剛林)이 지은 글로서 뒷면엔 만주글이고, 또 하나는 앞뒷면이 모두 몽고, 서번(西番)의 글자이다.

절을 지키는 중들 중에는 라마승(喇嘛僧) 몇 명이 있다. 대웅전 안에는 팔백 나한(羅漢)이 있는데, 길이가 겨우 몇

치밖에 되지 않으나 하나하나가 모두 기묘하고 정교하게 만들었다.

강희 황제가 손수 작은 탑 수백 개를 만들었는데 그 크기가 주사위만 하고, 그 아로새긴 솜씨가 기묘하여 귀신도 울릴 만했다.

큰 탑의 높이가 십여 길인데, 위는 둥글고 아래는 모났으며 사자 모양을 새기었다.

만수사(萬壽寺)

강희(康熙) 55년 병신(丙申, 1716)에 중수하였다. 절 앞에 패루 하나가 있는데, 현판에는 '만수무강(萬壽無疆)'이라 하였고, 전각이 웅장하고 화려하기는 성자사를 능가하나 다만 뜰에 가득한 소나무 그늘이 없었다.

비석 둘이 있으며 정전(正殿)에는 강희 황제가 쓴 '요해자운(遼海慈雲)'이란 편액이 붙어 있고, 향정(香鼎 : 향로와 솥)이며, 보로(寶爐)며, 그 밖의 보물을 이루 다 기록할 수 없을 정도로 많다.

라마승(喇嘛僧) 십여 명이 있는데, 모두 누런 옷에 누런 벙거지를 썼으며 생김새들이 강하고 사납긴 하나 훤칠해 보인다.

실승사(實勝寺)

편액에 '연화정토(蓮花淨土)'라고 되어 있다. 숭덕 3년 (1638)에 지었는데, 대웅전 지붕 위에는 모두 푸르고 누런 유리기와로 덮여 있다.

이는 청나라 태종(太宗)의 죽은 자의 명복을 빌기 위하여 세운 절, 원당(願堂)이라 한다.

산천 이야기[산천기략(山川記略)]

의무려산(醫巫閭山)이 다한 곳에 다시금 열세 봉우리,
굽이굽이 시냇물과 마을 집이 그림 사이 보이누나.

주필산(駐蹕山 : 황제의 수레가 머무른 산)은 요양의 서남쪽
에 있다.

본래 이름은 수산(首山)이라고 했는데, 당나라 태종이
고구려를 침략하러 왔을 때 이 산 위에 며칠 머물러 있으
면서 돌에 그 공덕을 새기고 '주필산(駐驆山)'이라 이름을
고쳤다.

개운산(開運山)은 봉천부(奉天府) 서북쪽에 있다. 여러 산
봉우리가 둘러 있고 많은 물의 근원이 거기서 나온다. 또
한 청(淸)나라 태조의 윗대 능인 영릉(永陵)이 있다.

철배산(鐵背山)은 봉천부 서북쪽에 있다. 정상에는 계(界)
와 번(蕃)이라는 두 성이 있다고 한다(청나라 태조가 쌓은 성

이름).

천주산(天柱山)은 승덕현(承德縣)의 동쪽에 있다. 곧 청나라의 복릉(福陵 : 청나라 태조의 능)이 있는 곳이다. 『진사(晉史)』에 나오는 동모산(東牟山)이 바로 이곳이다.

융업산(隆業山)은 승덕현 서북쪽에 있다. 여기에는 청(淸)나라의 소릉(昭陵 : 청나라 태종의 능)이 있다 한다.

십삼산(十三山)은 금주부(錦州府) 동쪽에 있다. 봉우리가 열셋이 있으므로 채규(蔡珪)의 시(詩)에,

의무려산(醫巫閭山)이 다한 곳에 다시금 열세 봉우리,
굽이굽이 시냇물과 마을 집이 그림 사이 보이누나.

라고 읊은 곳이 바로 여기이다.

발해(渤海)는 봉천부 남쪽에 있다. 『성경통지(盛京統志)』에 이르기를, '바다의 옆으로 나간 줄기를 발(渤)이라 한다.' 하였다. 요동 2천 리 벌이 뻗쳤는데 그 남쪽이 곧 발해이다.

요하(遼河)는 승덕현의 서쪽에 있다. 곧 구려하(句驪河)인데 혹은 구류하(枸柳河)라고도 한다. 『한서(漢書)』와 『수경(水經)』에는 모두 대요수(大遼水)라 하였다.

요수의 좌우 쪽을 요동·요서라고 갈라 부르고 있다. 당나라 태종이 고구려를 침략할 적에 진흙 뻘 2백여 리에

흙을 깔고 다리를 놓아서 건너갔다.

혼하(渾河)는 승덕현 남쪽에 있다. 일명(一名) 소요수(小遼水)요, 혹은 아리강(阿利江)이라 하고, 또는 한우락수(軒芋灤水)라고도 한다. 장백산에서 발원하여 태자하(太子河)와 합하고, 다시 요수와 합하여 바다로 들어간다.

태자하는 요양 북쪽에 있다. 물의 근원은 변문(邊門 : 국경) 밖 영길주(永吉州)에서 발원하여 변문 안으로 흘러들어 혼하·요하와 합쳐져 삼차하(三叉河)가 되었다.

세상에 전하기를, '연나라 태자(太子) 단(丹)이 도망하여 이곳까지 이르렀을 때에 뒤쫓아 오는 자에게 붙들려 머리를 베어 진시황(秦始皇)에 바쳤으므로, 후세 사람들이 이를 가엾이 여겨서 이 물 이름을 태자하라 하였다.' 한다.

소심수(小瀋水)는 승덕현 남쪽에 있다. 동관(東關) 관음각(觀音閣)에서 발원하여 혼하로 들어간다. 물 북편을 양(陽)이라 하므로 '심양'의 이름이 대체로 여기에서 난 것이라 한다.

지금 내가 지나온 산과 강은 사람들의 입으로 전해지거나 여행자들이 손으로 가리키고 대답한 것들이어서 모두 상고할 수 없으나 미루어 짐작할 뿐이다.

일신수필(馹迅隨筆)

　일신수필은 빠르게 달리는 말 위에서 보고 느낀 것을 생각나는 대로 쓴 글을 말한다.

　7월 15일 신광녕(新廣寧)에서부터 7월 23일 산해관에 이르기까지의 이국적인 풍물과 이용후생의 기술 등 체험을 바탕으로 쓴 내용이다.

북진묘 관람기[북진묘기(北鎭廟記)]

북진묘는 의무려산 아래에 있다.

의무려산(醫巫閭山)은 요녕성 북진현 서쪽에 있는 산으로, '여산'이라고도 한다. 예로부터 신령한 산으로 꼽혀 불교와 도교의 수양지로 유명하다. 그 아래에 북진묘가 있는데, 여러 산봉우리가 마치 병풍처럼 펼쳐져 있고 앞으로는 큰 벌(요동벌)이 트였으며, 오른쪽은 바닷물이 넘실거리고 있다.

마을의 집에서 떠오르는 푸른 연기는 띠를 두른 듯 그 속에 잠긴 탑(塔)이 유달리 희게 보인다. 그 지형을 살펴본즉 평편한 벌판이 차츰 여러 길 만큼이나 둥근 언덕을 이루어 굽어보나 쳐다보나 천지가 넓어 거리낌이 없다. 그리고 해와 달이 떴다졌다 하며 바람과 구름의 변화가 모두 그 가운데서 이루어진다.

동쪽을 바라보매 지척인 듯 오(吳, 강남)·제(齊, 산동지방)

의 두 나라는 나의 손가락 끝에 닿는 듯하나 다만 내 시력(視力)이 미치지 못함이 한스러울 뿐이다.

묘당의 모양이 너무나 웅숭깊고 괴걸스럽다. 그렇지 않으면 산과 바다를 지켜 누르고 앉을 만한 당집이 되지 못할 만도 하였다. 당집의 북쪽에 모신 물괴신, 현명제군(玄冥帝君)과 아울러 그를 추종하는 신들은 모두 곤룡포를 입고 면류(冕旒)를 쓴 채 옥을 차고 옥홀(玉笏)을 받들고 섰으되, 위풍이 늠름하여 보는 사람으로 하여금 저절로 옷깃을 여미게 한다.

향로와 솥은 높이 여섯 자가 넘고 괴상한 간물(姦物)과 귀물(鬼物)들을 새겼는데, 푸른 기운이 스며들어 배어있다. 그 앞에는 검은 항아리가 놓여 있어서 열 섬은 채울 수 있었고 횃불 네 개를 켜서 밤낮없이 밝히고 있다.

순(舜)임금이 이름난 열두 곳 산에 하늘에 제사지내는, 봉선(封禪)을 할 때 이 의무려산을 유주(幽州)의 진산(鎭山)으로 삼았더니, 그로부터 하(夏)·상(商 : 은나라)·주(周)·진(秦)나라 등이 모두 그대로 변경하지 않았으며, 그에 대한 예식은 저 오악(五嶽, 태산·화산·형산·항산·숭산)이나 사독[四瀆, 강(江)·하(河)·회(淮)·제(濟)의 강물]과 같이 하였다.

이 묘당이 어느 시대에 비롯하였는지 알 수 없으나 당나라의 개원(開元, 713~741) 때에 의무려산의 신을 봉하여 광녕공(廣寧公)으로 삼았고, 요(遼)와 금(金)나라 때에는 왕호를 붙였다.

원(元)나라 대덕(大德, 1297~1307) 연간에 정덕광녕왕(貞德廣寧王)을 봉했더니, 명나라의 홍무[洪武 : 명나라 태조(太祖)의 여호, 1368~1398] 초년에는 다만 '북진의무려산지신(北鎭醫巫閭山之神)'이라 하고, 새해가 되면 향품을 하사하여 제사하되 축문(祝文)에는 천자의 성명까지 쓴다고 한다.

나라에 큰 식전(式典)이 있을 때는 예관(禮官)을 보내어 제사하였다. 오늘의 청나라는 이 동북땅에서 나라를 창건하였으므로 특히 이 산의 신을 받드는 품이 더욱 융숭하다고 한다.

혹은,

"옹정 황제(雍正皇帝)가 아직 등극하기 전에 칙명을 받들고 이 묘에 향품을 하사하고, 제사를 지낸 후 그 제삿날 밤에 재실에서 자는데, 꿈에 신인이 그에게 커다란 구슬 한 개를 건네주었는데 그 구슬이 태양으로 변하는 꿈을 꾸었다. 그 길로 돌아가서 높은 지위에 오르게 되었으므로, 이에 이 묘당을 크게 중수하여 그 신인의 은덕을 갚았다."

고 한다.

묘당 앞에는 다섯 문의 패루가 있는데 순전히 돌로만 세워서 기둥이며 서까래며 기와며 추녀며 모두 다 나무는 하나도 쓰지 않았다.

높이는 네댓 길이나 되고, 그 구조의 공교함이나 조각
의 정교함이 사람의 힘으로는 미치지 못할 만큼 빼어났다.

그리고 패루의 좌우에는 돌사자가 있는데 높이는 두 길
이었고, 묘문(廟門)으로부터 흰 돌로 층계를 놓았으며, 묘
문의 왼쪽에는 절이 있다. 그 뜰에는 빗돌 둘이 서 있는데,
'만수선림'과, '만고유방(萬古流芳)'이라 새겼다.

절 안에는 큰 금부처 다섯을 모셨다. 절 오른편에는 문
하나가 있는데 왼쪽은 고루(鼓樓)요, 오른쪽은 종루(鐘樓)였
다. 그 고루와 종루 사이에 또 문 셋이 있고 그 앞에는 비
석 셋이 있는데, 모두 누런 기와를 얹은 비각 속에 있었다.
비석 두 개의 비문은 강희 황제(康熙皇帝)의 글과 글씨였고,
또 하나는 옹정 황제(雍正皇帝)의 글과 글씨였다.

정전(正殿)에는 푸른 유리기와를 이었는데, 북쪽 벽에는
'울총가기(鬱蔥佳氣)'라 써 붙였다. 이는 옹정 황제(雍正皇帝)
의 글씨였고, 층계 위에는 동서로 돌향로가 마주 서 있는
데 높이는 다 한 길 정도 되었다.

또 양쪽으로는 행랑채가 수백 칸 늘어섰고 전각 뒤에는
아무것도 없는 빈 전각 한 채가 섰는데 모양은 앞채와 꼭
같았다. 금색 단청이 찬란하나 그 안에는 텅 비어 있었다.

그 뒤에 또 전각 한 채가 있어 제도가 역시 정전과 같으
며, 목상 둘이 있는데 면류관을 쓰고 옥홀을 가진 이는 문
창성군(文昌星君)이요, 봉관(鳳冠 : 중국 고대 여자용의 관)을 썼

고 구슬띠를 띤 것은 옥비낭랑(玉妃娘娘)이라 한다.

그 좌우에는 동자가 모시고 섰다.

현판에는 ‘건시령구(乾始靈區)’라 하였으니 이는 지금 황제인 건륭의 글씨이다.

바깥문으로부터 시작하여 층계마다 흰 돌로 만든 난간을 둘렀는데 그 조촐하고 매끄러움이 마치 옥 같으며, 그 위에는 골고루 이룡과 도롱뇽을 새겨서 곁채와 층대를 두루 감싸고돌아 정전에까지 이르고, 또 정전에서 꿈틀꿈틀 끊이지 않고 전각까지 이르는데 멀리서 보아도 흰빛 일색으로 눈부시어 티끌 하나조차 나부끼지 않는다.

정전의 앞뒤에는 역대의 큰 비석이 나란히 서서 마치 파밭이랑 같으며, 거기에 새긴 글들은 모두 나라를 위하여 복을 빈 말들이다. 원나라 연우(延祐 : 1314~1320) 연간에 세운 연우비(延祐碑)가 제일 오래된 비석이었다.

서쪽에 있는 각문(角門)을 나서니, 두어 길이나 되는 푸른 절벽으로 된 돌이 섰는데, ‘보천석(補天石)’이라 새겼다. 이는 명나라의 순무(巡撫) 장학안(張學顔 : 신종(明神宗) 때의 명신)의 글씨였다.

다시 한 칸쯤 떨어져 ‘취병석(翠屛石)’이라 새긴 것이 있으며, 동문 밖으로 수백 걸음을 나와서 커다란 둥근 돌이 놓였는데, 마치 거북의 등처럼 금이 갔으며, ‘여공석(呂公石)’ 또는 ‘회선정(會仙亭)’이라 새겼다.

그 위에 오르니 의무려산(醫巫閭山)의 아름다운 기운과 가득찬 형세가 한눈에 선뜻 들어온다. 문득 조그만 정자 하나가 바위를 의지하여 섰는데 흙섬돌이 두 층이요, 띠 이엉은 끝을 약간 가지런하게 매었는데 그 깨끗하고 그윽함이 퍽 마음을 즐겁게 한다.

북진묘 마당에 반쯤 말라 죽은 오래된 소나무가 있고, 건륭 황제가 갑술년(1754) 동쪽으로 순시할 때에 남긴 시와 그림이 함께 바위 사이에 새겨져 있다.

수레 만드는 제도(車制)

　짐을 싣는 수레에서부터 수차(水車), 포차(砲車) 등 여러 수레의 구조를 소개하면서 일상생활에 어떤 역할을 하는지 밝히고 있다.

　사람이 타는 수레를 태평차(太平車)라 한다.

　바퀴 높이가 팔꿈치에 닿으며 바퀴마다 살이 서른 개인데, 대추나무로 둥글게 테 바퀴를 만들고 쇳조각과 쇠못을 박아 조였다. 그 위에는 둥근 가마를 올려서 세 사람이 탈 수 있도록 꾸몄다.

　가마에는 푸른 천이나 혹은 공단이나 우단으로 휘장을 치고 더러는 주렴을 드리워 은단추로 여닫게 되었다. 좌우에는 유리를 붙여서 창구멍을 내고, 앞에 널판을 가로 놓아서 마부가 앉게 되었으며, 뒤에도 역시 하인이 앉게 마련이다.

나귀 한 마리가 끌고 갈 수 있으나 먼 길을 가려면 말이나 노새의 수를 더 늘린다.

짐을 싣는 수레는 대차(大車)라 한다. 바퀴 높이가 태평차보다 조금 낮은 듯하며 바퀴살은 입(卄) 자의 모양으로 되었고, 싣는 수량은 8백 근으로 정하여 말 두 필을 달고, 8백 근이 넘을 경우에는 짐을 보아서 말의 수를 늘린다. 짐 위에는 삿자리(갈대로 결어 만든 자리)로 방을 꾸미되, 마치 배 안같이 하여 그 속에서 자고 눕게 되어 있다. 대체로 말 여섯 필이 끄는데 수레 밑에 커다란 왕방울을 달고 말목에도 조그만 방울 수백 개를 달아 그 댕그랑댕그랑하는 소리로 밤길을 경계한다.

태평차는 바퀴자체가 회전하고, 대차는 바퀴굴대가 회전하는데, 두 바퀴가 둥글기 때문에 고루 돌아가고 빨리 달릴 수 있다.

수레와 말을 메는 끌채에는 제일 튼튼한 말이나 건실한 나귀를 사용하며, 수레 멍에를 쓰지 않고 조그만 나무 안장을 만들어 가죽끈이나 튼튼한 바로 멍에 머리에 얽어매어서는 말을 달았다. 멍에 밑에 들지 않은 말들은 모두 쇠가죽으로 가슴걸이와 뱃대끈을 하고 바를 매어서 끌게 되었다.

짐이 무거우면 멍에를 바퀴보다도 밖으로 나오게 하여 때로는 높이가 몇 길이나 되게 묶으며, 끄는 말도 많으면 십여 필이나 된다. 대차를 모는 사람을 '칸처더[看輪車]'라 부르며, 그는 짐 위에 덩실 높이 앉아서 손에는 긴 채찍을 쥐고 길이 두 발이나 되는 끈 두 개를 그 끝에 매어서, 그 것을 휘둘러 때리되 그 중에 힘 내지 않는 놈은 귀며 옆구 리를 헤아리지 않고 때리고, 손에 익으면 더욱 잘 맞는다. 그 채찍질하는 소리가 우레처럼 요란스럽다.

독륜차(獨輪車 : 외바퀴 수레)는 뒤에서 한 사람이 칫대(끌 채)를 잡고 수레를 밀기로 되었다. 한가운데에 바퀴를 달 았는데 바퀴가 수레 바탕 위로 반이나 솟았으며, 양쪽이 상자처럼 되어 싣는 물건이 꼭 맞서지 않으면 안 된다. 바 퀴 닿는 곳에는 북을 반쯤 자른 것같이 보이며, 바퀴를 가 운데로 하고 짐은 사이를 두고 실어서 바퀴와 짐이 서로 닿지 않도록 하였다.

칫대 밑에 짧은 막대가 양쪽으로 드리워서, 갈 때는 칫 대와 함께 들리고 멈출 때는 바퀴와 함께 멈추어서, 이것 이 버팀 나무가 되어 수레가 쓰러지지 않게 마련이다.

길가에서 떡·엿·능금·오이 들을 파는 장사들도 모 두 이 독륜차를 이용하며, 또 밭둑길에 거름 내기에 가장 편리하다. 언젠가 보니, 시골 여자 둘이 양쪽 상자에 타고 앉아서 각기 어린애 하나씩을 안고 가는 것도 있으려니와 물을 긷는 데는 한 쪽에 대여섯 통씩 싣는다. 짐이 무겁고 많으면 끈을 달아서 한 사람이 끌고, 때로는 두 사람 혹은 세 사람이 마치 닻줄로 배를 끄는 듯하다.

대개, 수레는 하늘에서 28개 성좌 중에 나와 지상에서 운행되는 것이다. 비유하자면, 수레는 육지를 다니는 배요, 움직이는 집인 셈이다. 나라의 쓰임에 수레보다 더한 것이 없으니, 그러므로 『주례(周禮)』에 임금이 가멸(부유)함을 물었을 때 수레의 많고 적음으로써 대답했다 하니(이때의 수레는 전차를 의미하여 천자는 만 대의 수레, 제후는 천 대의 수레를 가지고 있어야 천자와 제후라고 했다), 수레는 단지 싣고 타는 것뿐이 아님을 말함이다.

수레 중에도 융차(戎車)·역차(役車)·수차(水車)·포차(砲車) 등이 있어서 천백 가지의 제도가 있으므로 이제 창졸간에 이루 다 이야기할 수 없다.

그러나 타는 수레, 싣는 수레는 백성들에게 가장 중요한 것이어서 시급히 연구하지 않을 수 없는 문제이다. 내 일찍이 담헌(湛軒) 홍덕보(洪德保), 참봉(參奉) 이성재(李聖載)와 더불어 수레 만드는 제도에 대해 이야기한 적이 있다.

"수레를 만들 때는 무엇보다도 궤도를 똑같이 하여야 한다. 이른바 궤도를 똑같이 하여야 된다는 것은 무엇을 말한 것일까? 두 바퀴 사이에 일정한 본(간격)을 어기지 않음을 이름이다. 그리하면 수레가 천이고 만이고 간에 그 바퀴자리는 하나로 통일될 것이니, 이른바 거동궤(車同軌)

는 곧 이를 두고 말함이다. 만일 두 바퀴 사이를 마음대로 넓히고 좁힌다면 길 가운데 바퀴 자리가 한 틀에 들 수 있을 것인가?"

지금까지 천 리 길을 오면서 날마다 수없이 많은 수레를 보았으나, 앞 수레와 뒤 수레가 언제나 한 자국을 도는 것이다. 그러므로 애쓰지 않고도 같이 되는 것을 '일철(一轍)'이라 하고, 뒷사람이 앞사람을 그대로 따르는 것을 '전철(前轍)'이라 한다. 성 문턱 수레바퀴 자국이 움푹 패어서 홈통을 이루니 이는 이른바 '성문지궤(城門之軌)'라는 것이다.

우리나라에도 전혀 수레가 없음은 아니나 그 바퀴가 온전히 둥글지 못하고 바퀴자국이 틀에 들지 않으니, 이는 수레 없음과 마찬가지이다. 그런데 사람들이 늘 하는 말에,

"우리나라는 길이 험하여 수레를 쓸 수 없다."

하니, 이 무슨 말인가? 나라에서 수레를 쓰지 않으니까 길이 닦이지 않을 뿐이다. 만일 수레가 다니게 된다면 길은 저절로 닦이게 될 테니 어찌하여 길거리의 좁음과 산길의 험준함을 걱정하리오?

『전(傳 : 중용(中庸))』에 이르기를,

"배와 수레가 이르는 곳, 서리와 이슬이 내리는 곳."

이라 하였으니, 이는 수레가 어떠한 먼 곳이라도 이를

수 있다고 하는 말이다.

중국에도 검각(劍閣: 장안에서 촉땅으로 가는 길인 대검산소
검산의 험한 길) 아홉 굽이의 험한 잔도(棧道)와 태항산(太行
山)의 양장(羊腸)처럼 꼬불꼬불 험한 고개가 없음도 아니건
만 모두들 말을 채찍질하여 수레를 몰고 지나지 않는 곳
이 없다.

그리하여 섬서·사천·강소·절강·광동·광서 등지
와 같은 먼 곳에도 큰 장사치들이나, 또는 온 가족을 이끌
고 부임(赴任)하러 가는 벼슬아치들의 수레바퀴가 서로 잇
대어서 저의 집 뜰앞을 드나들 듯한다. 모두가 우렁차게
굉굉거리는 수레바퀴 소리가 대낮에도 늘 우레 치는 듯이
끊이지 않는다.

지금 우리가 지나왔던 이 마천(摩天)·청석(靑石)의 고
개와 장항(獐項)·마전(馬轉)의 언덕들이 어찌 우리나라의
것보다 덜 험준하다고 할 수 있겠는가? 그 가파르고 막
힌 곳, 험준한 곳은 모두 우리나라 사람들도 목격(目擊)한
것이지만 그렇다고 수레를 폐하고 다니지 않는 것이 있
던가?

이러므로 중국의 재산이 풍족할 뿐더러 한 곳에서 지체
되지 않고 골고루 유통(流通)함은 모두 수레를 사용한 까닭
일 것이다.

가까운 예를 든다면, 우리 사행이 모든 번거로움을 없

애 버리고 우리가 만든 수레에 올라타 떠났다면 바로 연경에 닿을 텐데 무엇을 꺼려서 하지 않는단 말인가?

그리하여 영남(嶺南)의 어린이들은 백하젓(새우젓)을 모르고, 관동(關東 : 강원도) 백성들은 산사나무 열매인 아가위를 절여서 장 대신 쓰고, 서북(西北) 사람들은 감과 감자(柑子)의 맛을 분간하지 못하며, 바닷가 사람들은 새우나 정어리를 거름으로 밭에 내건만 서울에서는 한 움큼에 한 푼을 하니 이렇게 귀함은 무슨 까닭일까?

이제 육진(六鎭, 두만강 기슭)의 마포(麻布), 관서의 명주(明紬), 양남(兩南, 경상·전라)의 닥종이와 해서(海西)의 솜과 쇠, 내포(內浦·충청남도 서해안)의 생선과 소금 등은 모두 백성들의 살림살이에서 어느 하나 없어서는 안 될 물건들이다.

청산(靑山)·보은(報恩)의 천 그루 대추와 황주(黃州)·봉산(鳳山)의 천 그루 배와 홍양(興陽 : 전남 고흥)·남해(南海)의 천 그루 귤(橘)·유(柚 : 유자), 임천(林川)·한산(韓山)의 천 이랑 모시와 관동의 천 통 벌꿀 들을 모두 우리 일상생활에서 서로 바꾸어 써야 할 것이거늘, 이제 이곳에서 천한 물건이 저곳에서는 귀할 뿐더러 그 이름은 들어도 실지로 보지 못함은 어찌된 까닭일까?

그는 오로지 멀리 운반할 힘이 없기 때문이다. 사방이 겨우 몇 천 리밖에 안 되는 나라에 백성의 살림살이가 이다지 가난함은, 한 마디로 표현한다면 수레가 국내(國內)에

다니지 못한 까닭이라 하겠다. 어떤 이가,

"그러면 수레는 어찌하여 다니지 못하는 거요?"

하고 묻는다면 역시 한 마디 말로,

"이는 사대부(士大夫)들의 허물입니다."

라고 할 것이다. 왜냐하면 그들은 평소에 글을 읽을 때에는,

"『주례(周禮)』는 성인이 지으신 글이야."

하고는 또 옛날 수레를 맡은 관리들 윤인(輪人)이니, 여인(輿人)이니, 거인(車人)이니, 주인(輈人)이니 하고 떠들었으나, 마침내 그 만드는 기술이 어떠하며 그 움직이는 방법이 어떠한가 하는 것은 도무지 연구하지 않았다.

이는 이른바 한갓 글만 읽을 뿐이어서 참된 학문에 무슨 유익이 있겠는가?

아아, 슬프도다.

황제(黃帝 : 중국 전설상의 제왕으로 복희씨, 신농씨와 함께 삼황으로 불린다)가 처음 수레를 창조하였으므로 헌원씨(軒轅氏)라 불린 뒤에 백천 년의 세월을 지나는 동안에 성인(聖人)들이 힘써 생각하고 관찰하고 손수 만들어 다듬었고, 또 황제 때의 유망한 공장(工匠)인 수(倕)처럼 공교한 손을 거쳤으며, 또 상앙(商鞅)·이사(李斯) 같은 이들에 의해 그 제도가 통일되었다.

이는 실로 학술에 뛰어난 관리들이 열심히 연구하고 긴

요하게 실행한 것이 어찌 우연한 일이겠는가? 이는 진실로 민생의 살림에 이익이 되고 나라 경영에 큰 그릇이 아니었겠느냐? 이제 나는 날마다 눈에 나타나는 놀랍고 반가운 깃들을 이 수레의 제도로 미루어 모든 일을 짐작할 수 있겠으며, 또한 어렴풋이나마 몇 천 년 모든 성인의 고심(苦心)을 알 수 있겠다.

밭에 물을 대는 것으로서 용미차(龍尾車)·용골차(龍骨車)·항승차(恒升車)·옥형차(玉衡車) 등이 있고, 불을 끄는 것으로서 홍흡(虹吸)·학음(鶴飮) 등의 제도가 있으며, 싸움에 쓰는 수레로는 포차(砲車)·충차(衝車)·화차(火車) 등이 있다. 모두 태서(泰西 : 서양) 『기기도(奇器圖)』와 강희 황제(康熙皇帝)가 지은 『경직도(耕織圖)』에 실려 있다. 그 글로 설명된 것은 『천공개물(天工開物)』과 『농정전서(農政全書 : 명나라 서광계(徐光啓)의 저)』에 있으니, 이에 뜻있는 이가 잘 연구하여 그 제도를 본받는다면 우리나라 백성들의 극도에 달한 가난병도 얼마쯤 나을 수 있을 것이다.

이제 내가 본 불 끄는 수레의 제도를 대략 적어서 우리나라에 돌아가 이를 전하련다.

북묘에서 달밤에 신광녕으로 돌아오는 길에 본즉, 성 밖의 어떤 집이 저녁나절에 불이 나서 이제 겨우 불길을 잡은 모양인데, 길 위에 수차(水車) 세 대가 있어서 방금 거두어 가려는 것을 내가 그들을 잠깐 멈추어 세우고 먼저 그 이름을 물었더니, 수총차(水銃車)라 한다.

그 제도를 살펴본즉 바퀴가 넷에 그 위에 큰 물통이 놓였고, 물통 속에 커다란 구리그릇이 있으며, 구리그릇 속에는 양쪽에 구리원통 두 개를 만들어 놓았다. 구리원통 사이에는 목이 을(乙)자 모양으로 생긴 물총을 세웠다. 물총은 발이 둘이어서 양쪽 구리원통에 통하였고, 양쪽 구리원통은 짧은 다리가 있어서 밑에 구멍이 뚫렸으며, 구멍은 얇은 구리 조각으로 문짝을 만들어서 물의 오르내림에 따라 여닫게 되었다.

그리고 양쪽 구리원통 주둥이에는 구리판으로 뚜껑을 해 달되 그 둘레가 구리원통에 꼭 끼게 만들었다. 그 구리판 한복판에 쇠기둥을 세워서 나무를 건너지르고 그 나무가 구리판을 누르기도 하고 들기도 할 수 있게 되어서 구리판의 드나들고 오르내림이 그 나무에 달려 있다.

그리고는 물을 구리판 속에 붓고 몇이서 나무를 밟으면 구리판이 솟았다 내렸다 하여, 대체로 물을 빨아들이는 조화는 구리판에 있다. 구리판이 구리원통 목에까지 솟으면 구리원통 밑에 뚫은 구멍이 갑자기 열리면서 바깥 물을 빨아들이고, 이와 반대로 구리판이 구리원통 속으로 떨어지면 그 밑구멍이 세차게 닫혀서 구리원통 속에 물이 가

득 차서 쏟아질 곳이 없으므로, 물총 뿌리로부터 을(乙)자
로 생긴 물총의 목으로 내달아서 위로 높이 치솟아 내뿜
으니, 여남은 길이나 치솟고, 옆으로는 3, 40보까지 뿜어
댄다.

그 제도가 생황(笙簧 : 관악기(管樂器)의 일종)과 비슷하고
물 긷는 이는 연방 물통에 물을 들어부을 따름이다. 옆에
있는 두 대의 물차는 그 제도가 이것과도 다르고 더욱 무
슨 곡절이 있는 듯싶으나 창졸간에 상세히 볼 수 없었다.
그러나 그 물을 빨아들이고 내뿜는 묘리는 거의 같았다.

곡식을 찧고 빻는 전마(轉磨)는 커다란 톱니바퀴가 두
층으로 되어서, 쇠굴대로 이를 꿰어 방 안에 세워 두고 기
계를 움직여서 돌리게 되었다. 톱니바퀴는 마치 자명종(自
鳴鍾)의 톱니처럼 들쭉날쭉하여 톱니바퀴의 이가 서로 맞
물리게 되었다. 그리하여 톱니바퀴가 한 번 돌기만 하면
여덟 맷돌판이 모두 다투어 돌며, 순식간에 밀가루가 눈처
럼 쌓인다.

이 방법은 시계의 속과 비슷하다. 길가의 민가들은 각
기 맷돌방아 하나와 나귀 한 마리씩이 있고, 곡식 빻는 데
는 항상 연자방아를 사용하는데 당나귀를 매어 절구질을
대신하기도 한다.

가루를 칠 때에는 밀폐된 방에 둔 바퀴가 셋이 달린 요차(搖車 : 흔들이 차)를 사용한다. 그 바퀴는 앞이 두 개, 뒤가 한 개이다. 수레 위에 기둥 넷을 세우고 그 위에 두어 섬들이 큰 체를 두 층으로 위태롭게 걸쳐 놓았다. 위의 체에 가루를 붓고, 밑의 체는 비워 두어서 윗체의 것을 받아서 더 보드랍게 갈리도록 되었다.

그리고 요차 앞에는 막대기 하나를 바로 질러서 그 막대기의 한 쪽 끝은 수레를 잡아 달리고 또 한쪽 끝은 방 밖으로 뚫고 나가 있다. 밖에 기둥 하나를 세워서 그 막대기 끝을 비끄러매고, 기둥 밑에는 땅을 파서 큰 널빤지를 놓아 막대기 밑이 이에 닿게 했다. 그 널빤지 밑 한가운데에 받침을 놓고, 그 양쪽을 둥글게 하여 마치 풀무 다루듯 한다.

사람이 널빤지 위에 걸터앉아서 다리만 약간 움직이면 널빤지의 두 머리가 서로 오르내리며 널빤지 위의 기둥이 견디지 못하여 흔들린다. 그러면 그 기둥 끝에 가로지른 막대기가 힘세게 들이밀고 내밀고 하여 방안의 수레가 나섰다 물러섰다 한다. 방은 네 벽에 열 층으로 시렁을 매어서 그릇을 그 위에 올려놓아 날아오는 가루를 받게 되었다.

방 밖에 앉아 있는 사람은 발을 놀리면서 책도 읽고 글씨도 쓰고 손님과 수작도 하여 못하는 일이 없다. 다만 등 뒤에 약간 요란한 소리가 들릴 뿐 누가 그러는지 알지 못한다. 대체로 그 발 움직이는 공력은 아주 적으면서도 일의 양은 많이 되는 것이다.

우리나라 여자들이 몇 말 가루를 한 번에 치려면 머리도 눈썹도 삽시에 하얗게 되고 팔이 나른해지니, 그 어느 것이 힘이 덜 들고 편리한 것인가? 이와 비교해 보면 어떤지를 알 수 있을 것이다.

누에고치를 뽑는 소차(繅車)는 더욱 묘하니 마땅히 본받아야 한다. 이는 아까 곡식 빻는 것과 같이 커다란 톱니바퀴를 쓰되 소차의 양쪽 머리에 톱니바퀴가 달리고, 그 역시 들쭉날쭉한 톱니바퀴가 서로 맞물려서 쉴 새 없이 저절로 돌아간다. 소차는 별것이 아니다. 곧 몇 아름드리가 되는 큰 자새(얼레)이고, 수십 보 밖에서 고치를 삶는다. 그 사이에는 여러 층 시렁을 매고 높은 곳에서부터 차츰 낮은 데로 기울게 하고, 시렁 머리마다 쇳조각을 세워서 구멍을 바늘귀처럼 가늘게 뚫고 그 구멍에 실을 꿴다.

틀이 움직이면 바퀴가 돌고, 바퀴가 돌면 자새(얼레)가 따라 돌되 그 톱니바퀴가 서로 맞물려서 빠르지도 않고 느리지도 않아 천천히 실을 뽑는다. 그 움직임이 거세지도 않고 몰리지도 않게 제대로 법도가 있으므로 실이 고르지 않거나 한데 얽히거나 하는 탈이 없는 것이다.

고치실이 솥에서 나와 자새로 들기까지에 쇠구멍을 두루 지나서 잡털도 다듬어졌거니와 까끄라기도 떨어버렸으며, 또 자새에 들기 전에 실몸이 알맞게 말라서 말쑥하고 매끄러우므로, 다시 잿물에 삭히지 않아도 곧 베틀에 올릴 수 있게 되었다.

우리나라의 고치 켜는 법이란 다만 손으로 훑기만 할 뿐이지 수레를 쓰지 않는다. 그러므로 사람의 손놀림이 그 타고난 바탕 제대로의 성질에 맞지 않고 또 빠르다 더디다 하여 고르지 않고, 때로는 훌치고 섞갈리면 실과 고치가 성내는 듯 놀란 듯 뛰어 내달려서 실켜는 널판 위에 휘몰리어 갈피를 잡을 수 없게 된다. 그리고 뭉쳐서 덩이가 지면 저절로 광택을 잃게 되며 실밥이 얽혀 붙으면 실밥이 끊어졌다 이어졌다 하므로, 거친 티를 뽑고 고르게 하자면 입과 손이 모두 피로하다.

이를 저 고치 켜는 수레와 비기면, 그 보람과 쓸모가 낫고 못함이 또 어떠한가?

나는 그들에게 누에고치가 여름을 나도 벌레가 일지 않는 방법을 물었더니, 약간 볶으면 나방도 나지 않고, 또 더운 구들에 말리면 나방도 나지 않고 벌레도 먹지 않으므로 겨울철이라도 켤 수 있다 한다.

길에서 날마다 상여(喪輿)를 만났는데 그 제도는 한결같지 않으나 가장 거추장스럽게 보인다. 거의 두 칸 방만하고 오색 비단으로 휘장을 치고, 거기다 구름·꿩·참새 같은 여러 가지 그림을 그렸으며, 가마 꼭대기는 번쩍거리는 은으로 장식하거나 혹은 은실을 땋아 늘이었다.

양쪽 대채의 길이는 거의 일고여덟 발이나 되는데, 붉은 칠을 하고 누런 구리를 올려서 금빛으로 꾸몄다. 횡강목(橫杠木)은 앞뒤에 각기 다섯씩인데 길이는 역시 서너 발이나 되고 그 위에 짧은 막대기를 걸쳐서 양쪽을 어깨에 메게 되었다.

상여꾼은 적어도 수백 명이고, 명정(銘旌 : 죽은 사람의 관직과 성씨 등을 적은 깃발)은 모두 붉은 비단에 금자(金字)로 썼다. 명정대는 세 길이나 되는데 검은 칠을 하고 금빛 나는 용을 그렸다. 깃대 밑에는 발을 달고, 거기에 역시 막대기 두 개를 가로 놓아서 반드시 아홉 사람이 멘다.

붉은 일산 한 쌍, 푸른 일산 한 쌍, 검은 일산 한 쌍, 깃발 대여섯 쌍이 뒤따른다. 그 다음에 생황·퉁소·북·나팔 등 악대가 서고, 승려와 도사들이 각기 그 구색을 차리고 불경과 주문(呪文)을 외우면서 그 뒤를 따른다.

중국의 모든 일이 간편함을 위주로 하여 하나도 헛됨이 없는데 이 상여만은 알 수 없는 일이다. 이는 물론 본받을 것이 못된다.

연희 무대(戲臺)

절이든 관(觀 : 중국 도교의 사원)이든 사당의 맞은편 문에는 반드시 연희용 무대가 하나씩 설치되어 있다. 들보(건물 칸 사이의 두 기둥을 건너지른 나무)의 수가 모두 일곱, 혹은 아홉이므로 드높고 깊숙하고 웅장하며 훌륭하여 보통 점방과는 비길 바가 아니다. 이렇게 깊고 넓지 않으면 만 명이나 되는 관람객을 다 수용할 수 없는 까닭이다.

탁자며, 의자며, 평상이며 모든 앉을 자리가 적어도 천을 헤아리며 만든 솜씨나 모양들이 정교하고도 사치스럽다.

연도 천 리에 가끔 삿자리로 누각이나 궁전의 모양을 본떠서 높은 희대를 만들었는데, 그 구조의 공교로움이 기와집보다 훨씬 더 낮게 보인다. 혹은 현판에 '중추경상(中秋慶賞)'이라 하였고, 또는 '중원가절(中元佳節)'이라 써 붙였다.

자그마한 시골 동네에 사당이 없는 곳이면 반드시 정월 보름과 8월 보름을 맞이하여 이러한 삿자리로 희대를 만들어 여러 가지 광대놀이를 연출한다. 언젠가 고가포(古家鋪)를 지나다가 본즉, 길에 수레가 끊어지지 않고 수레마다 여인들 일고여덟 명씩 탔는데 모두 진한 화장에 고운 나들이 차림새였다. 그런 차들을 수백 대나 보았다.

이는 모두 소흑산(小黑山)에 가서 광대놀이를 구경하고 해가 저물어서 돌아가는 시골 부인네들이었다.

시장 점포(市肆)

　이번 천여 리 길을 오는 동안에 구경한 점포들은 봉황성·요동(遼東)·성경(盛京 : 심양)·신민둔(新民屯)·소흑산(小黑山)·광녕(廣寧) 등지였는데, 그 크고 작고, 사치하고 검소한 구별이야 없지 않겠지만 그 중에도 성경이 가장 화려한 편이었다.

　그곳은 모두 창호에 문양을 내고 수를 놓지 않은 집이 없었다. 그리고 길을 사이에 두고 늘어선 술집들이 더욱 오색찬란하였다. 다만 이상한 것은 처마 밖에 불쑥 내민 아롱진 난간이 여름 장마를 겪고도 그 단청색이 퇴색되지 않은 점이었다.

　봉황성은 이 나라 동쪽 변두리에 있는 다시 더 발전하지 못할 궁벽한 곳이지만, 의자·탁자·주렴·휘장·담요 등의 모든 도구라든가, 꽃과 풀까지도 모두 우리로서는 처음 보는 것들이었고, 그뿐만 아니라 문패며 간판들이 서로 사치스럽고 화려함을 다툰다.

그 겉치레를 꾸미기 위하여 낭비한 것도 천금에 그칠 뿐 아니라, 이렇게 하지 않으면 장사가 잘되지 않을 뿐더러 재신(財神)이 도와주지 않는다 한다.

그들이 모신 재신은 흔히들 관공(關公 : 관우)의 소상이었으며, 탁상에 향불을 피우고 아침저녁으로 머리를 조아리며 절하는 풍습이 집안 사당의 조상에게 하는 것보다도 더했다. 이로 미루어 보면 산해관 안의 습속을 가히 예측할 수 있겠다.

길을 가면서 물건을 파는 장사치들은 혹은 큰 소리로 '싸구려'를 부르기도 하려니와, 푸른 천을 파는 장수는 손에 든 작은 북을 흔들고, 머리를 깎는 이는 양철판을 두드리고, 기름 장수는 바리때를 친다. 또 더러는 쇠징·죽비·목탁 따위를 갖고 다니는 자도 있다. 그들이 거리를 누비며 두드리는 소리가 멈추지 않으니 집 안에서 작은 아이들이 달려와서 이를 부른다.

그들이 큰 소리로 외치지 않아도 두드리는 소리만 들으면 그 파는 물건을 알게 마련이다.

가게집(店舍)

가게집들의 마당은 어느 곳이든 넓어서 적어도 수백 보는 된다. 그렇지 못하면 수레와 말과 사람들을 다 수용하지 못할 것이다. 그러므로 대문에 들어가서도 한 마장을 달려야 전당(前堂 : 앞채)에 이르니, 그 가히 넓음을 짐작할 수 있겠다.

행랑채 사이에 의자와 탁자 4, 50개가 놓였고 마구간에는 길이가 두세 칸, 넓이가 반 칸쯤 되는 돌구유가 있었는데 돌이 아니면 벽돌을 쌓아서 돌구유처럼 만들었다. 마당 가운데에는 역시 나무구유 수십 개를 나란히 두고는 양쪽 머리에 아귀진 나무로 받쳐 두었다.

기명들은 오로지 그림이 그려진 자기를 쓰고, 백통·놋쇠·주석 등의 그릇은 보이지 않는다. 아무리 궁벽한 두메에 다 허물어져 가는 집에서라도 그들이 일상 쓰는 밥주발이나 접시 등속은 모두 단청으로 그림을 아로새긴 것들이다. 이는 반드시 사치를 하고 싶어서 그런 것이 아니라, 그릇 굽는 이들의 솜씨가 본시 그러해서 일부러 장내기 뚝배기를 사용하려고 해도 구할 수가 없는 것이다.

그리고 자기가 깨어져도 버리지 않고 그릇에 쇠못을 물려 새 그릇이나 다름없이 다시 쓴다. 다만 아무리 해도 내가 알지 못할 것은 쇠못이 그릇을 꿰뚫지도 않았는데 꼭 끼어서 풀로 붙인 듯 흔적이 전혀 없다는 것이다. 높이 두 자나 되는 여러 가지 빛깔의 술잔과 오지병이며, 꽃가지를 꽂는 병과 두루미병 같은 것은 어딜 가나 흔히들 있다.

이로 미루어 보면, 우리나라 사옹원에서 쓰는 자기를 만들던 분원(分院)에서 구운 것은 저자에 들어올 수도 없을 것들이다.

아아, 그릇 굽는 법 한 가지가 좋지 못하매 온 나라의 모든 일과 모든 물건이 그 그릇과 같아서 마침내 한 나라의 풍속을 이루었으니 어찌 통탄할 일이 아니겠는가!

다리(橋梁)

　다리는 모두 무지개 모양으로 만들어서 다리 밑이 마치 성문과 같았다. 큰 것은 돛단배가 지나갈 수 있겠고, 작은 것도 거룻배가 마음대로 지나다닐 수 있다.

　돌난간에는 흔히들 구름무늬와 지네 모양, 용틀임 등을 새겼고, 나무난간에도 역시 단청을 입혔다. 그리고 다리 양 끝에는 모두 팔(八)자로 된 날개 모양의 담장을 쌓아서 이를 보호하게 하였다.

　지나온 것 중에서 만보교(萬寶橋)·화소교(火燒橋)·장원교(壯元橋)·마도교(磨刀橋)가 가장 큰 축에 속하는 다리들이었다.

강녀묘 관람기[강녀묘기(姜女廟記)]

강녀의 성은 허씨(許氏)요, 이름은 맹강(孟姜)으로 섬서성 동관(同官)에 사는 사람이다. 범칠랑(范七郎)에게 시집갔더니 진(秦)나라의 장군(將軍) 몽염(蒙恬)이 만리장성을 쌓을 때, 범랑(范郞)이 그 일에 역사하다가 육라산(六螺山) 밑에서 죽었다고 한다.

범랑이 그 아내 맹강의 꿈에 나타났는데, 맹강이 손수 옷을 지어 혼자서 천 리를 가서 그 지아비의 생사를 탐지하다가 이곳에서 쉬며 장성을 바라보고 울어서 이내 돌로 변하였다 한다.

어떤 이는,

"맹강이 그 지아비의 죽음을 듣고 홀로 가서 그 뼈를 거두어 업고 바다에 뛰어든 지 며칠 만에 돌 하나가 바다 가운데 솟아서 조수가 밀려들어도 잠기지 않았다."

고 말하기도 한다.

뜰 가운데 비석이 세 개가 있는데 거기 기록된 것이 모두 같지 않고, 또 허황한 말이 많다.

묘(廟)에는 소상을 모시고 좌우에 동남(童男)·동녀(童女)를 나란히 세웠다. 황제가 여기다 행궁(行宮)을 두었고, 지난해 심양에 거둥할 때 지나는 행궁마다 모두 새로 수리하였으므로 단청이 아직도 휘황찬란하다.

묘에 문문산(文文山, 문천상)이 쓴 주련(柱聯)이 있고, 망부석(望夫石)에는 황제가 지은 시(詩)를 새겼으며, 망부석 곁에는 진의정(振衣亭)이 있었다.

당(唐)나라 왕건(王建)의 '망부석 시(望夫石詩)'는 이 돌을 두고 읊은 것이 아니다. 그러나 『지지(地志)』에,

"망부석이 둘인데 하나는 무창(武昌)에 있고, 또 하나는 태평(太平)에 있다."

고 하였은즉, 왕건의 읊은 것이 그 어느 것인지 분명하지 않다.

또한 진(秦)나라 때엔 아직 섬(陝)이란 땅 이름이 없었을 뿐더러 강(姜)이란 말도 그냥 제나라 여자를 일컬은 것인즉, 허씨를 섬서 동관 사람이라 함은 더욱 터무니없는 말이다.

행궁 섬돌에서 강녀묘에 이르기까지 돌난간을 둘렀고, '방류요해(芳流遼海)'라는 현판은 건륭제의 친필이다.

장대의 위엄(將臺記)

　중국에서 만리장성(萬里長城)을 보지 않고서는 그 나라의 큼을 모를 것이고, 산해관을 보지 않고는 중국의 제도를 알지 못할 것이며, 산해관 밖의 장대를 보지 않고는 장수의 위엄과 높음을 알기 어려울 것이다.

　산해관에 1리쯤 못 미쳐 동쪽으로 모난 성 하나가 있다. 높이는 여남은 길, 둘레는 수백 보요, 한 편이 모두 칠 첩(七堞 : 일곱 성가퀴)으로 되었고, 첩 밑에는 큰 구멍이 스물 네 개이고, 성 아래로 역시 구멍 네 개를 뚫어서 병장기를 간직하고, 그 밑으로 굴을 파서 장성과 서로 통하게 하였다. 역관들은 모두 북방족의 우두머리가 쌓은 것이라 하나 그릇된 말이다. 혹은 이를 '오왕대(吳王臺)'라고도 한다.

　오삼계(吳三桂)가 산해관을 지킬 때에 이 굴 속으로 행군하다가 갑자기 불시에 이 축대에 올라 포성을 내니, 관 안

에 있던 수만 군사가 일시에 고함을 지르자 그 소리가 천
지를 진동하였고. 관 밖의 여러 돈대에 주둔했던 군대도
모두 이에 호응하여 삽시간에 호령이 천 리에 퍼졌다고
한다.

일행과 함께 성가퀴에 의지하여 바라보니, 장성은 북
쪽으로 뻗어 있고 창해(滄海)는 남쪽에 흐르고, 동쪽으로
는 큰 벌판에 다다르고 서쪽으로는 산해관 안이 내려다
보였다. 이 대(臺)만큼 조망(眺望)이 좋은 곳은 다시없을
것이다.

산해관 안쪽 수만 호의 거리와 누대(樓臺)가 역력히 마
치 손금을 보는 듯하여 조금도 가리어진 곳이 없고, 바다
위 한 봉우리가 하늘을 찌를 듯 뾰족하게 솟아 있는 곳은
곧 창려현(昌黎縣) 문필봉(文筆峯)이다.

한참을 바라보다가 내려오려 하는데 아무도 먼저 나서
는 사람이 없었다. 벽돌로 쌓은 층계가 쭈뼛쭈뼛하여 내
려다보기만 하여도 다리가 후들후들 떨리고 하인들이 부
축하려 하나 몸을 돌릴 자리가 없어서 일이 매우 낭패할
지경이었다.

나는 서쪽 층계로 먼저 간신히 내려와서 대 위에 있는
여러 사람을 쳐다보니, 모두 부들부들 떨며 어쩔 줄 모르
고 있었다. 그도 그럴 것이 오를 때에는 앞만 보고 층계
하나하나를 밟고 올라갔기 때문에 그 위험함을 몰랐더니,

급기야 내려오려고 눈을 한 번 들어 밑을 내려다본즉 저절로 현기증이 생기게 되니 그 허물은 다름아닌 눈에 있는 것이다.

벼슬살이도 이와 같아서, 바야흐로 위로 자꾸만 올라갈 때에 한 층계, 반 층계만이라도 남에게 뒤떨어질까 보아서 혹은 남을 밀어젖히고 앞을 다투다가 마침내 몸이 높은 곳에 이르자 그제야 두려운 마음을 갖기 시작한다. 하지만 그때는 외롭고 위태로워서 앞으로는 한 발자국도 나아갈 길이 없고, 뒤로는 천인절벽(千仞絶壁 : 천 길 낭떠러지)이어서 다시 내려오려고 해도 잘되지 않는 법이다.

이는 오랜 세월 동안 두루 미치는 이치이다.

천하 제일의 산해관(山海關記)

산해관은 옛날의 유관(楡關)이다.

명나라 홍무(洪武) 17년(1384년)에 대장군 서달(徐達)이 유관을 이곳에 옮겨 다섯 겹의 성을 쌓고 이름을 '산해관'이라 하였다.

태항산(太行山)이 북으로 내달려 의무려산(醫巫閭山)이 되면서 순(舜)임금이 열두 산을 봉(封)할 때 의무려산을 유주(幽州)의 진산(鎭山)으로 삼았다. 그 산이 중국의 동북을 가로막아 중국과 오랑캐의 경계가 되었다.

산해관에 이르러 산이 크게 한목으로 끊어져 평지가 되면서 앞으로는 요동벌이 펼쳐지고, 오른편으로는 창해가 흐른다. 『우공(禹貢, 최초의 지리지)』에 수록된,

　"오른편으로는 갈석(碣石)을 끼고 돈다."

고 한 곳이 바로 이를 두고 일컬음이다.

장성은 의무려산을 따라 구불구불 굽이쳐 내려와 각산

사(角山寺) 산봉에 이르러서는 봉우리마다 돈대를 두었고 평지에 들어와서 관을 둔 것이다.

장성을 따라 다시 15리를 가서 남으로 바다에 들어가서는 쇠를 녹여 터를 닦아 성을 쌓았나.

이 관의 첫째 관문은 달 모양의 작은 성인 옹성(甕城)으로 누각이 없다. 옹성의 남·북·동쪽을 뚫어서 문을 내고 쇠로 만든 문 위의 홍예(虹霓 : 무지개처럼 둥근) 이마에는 위엄이 중국과 오랑캐를 누른다는 뜻으로, '위진화이(威振華夷)'라 새겼다. 둘째 관문에는 네 층의 적루(敵樓)로 되어 있는데 '산해관'이라 새겼다. 셋째 관문은 처마 셋으로 된 높은 누각으로 '천하제일관(天下第一關)'이라는 현판을 붙였다.

심양에 들어갈 때처럼 삼사(三使)가 모두 문무로 반열을 지어 들어갔다. 세관(稅官)과 수비(守備)들이 관문 안의 익랑(翼廊 : 양쪽 행랑)에 앉아서 사람과 말을 점고하되 전에 봉성에서 만든 목록에 따라 한다.

대체 중국의 상인과 길손은 모두 성명과 사는 곳과 물화(物貨)의 이름과 수량을 등록하여 도적을 적발하며 간첩(첩자)을 막음이 매우 엄격했다.

수비들은 모두 만주인인데, 붉은 일산과 파초선(芭蕉扇)을 들고 앞에는 병정 백여 명이 칼을 차고 늘어서 있다.

십자거리(十字街)에 성을 둘렀는데, 사면에 둥근 문(홍예문)을 내고 그 위에 삼 층 누각을 세웠으며, '상애부상(祥靄 榑桑 : 상서로움이 해 뜨는 곳까지 뭉게뭉게 피어오른다)'이라는 현판을 붙였으니, 이는 옹정 황제(雍正皇帝)의 글씨라고 한다. 원수부(元帥府)의 문 밖에 돌사자 둘을 앉혔는데, 높이는 각기 두어 길씩이나 되었다.

일반 여염집과 저자의 번영함이 성경보다 낫다. 수레와 말이 그득하고, 청춘 남녀들이 더욱 화려한 화장으로 꾸몄으니 그 번화롭고 풍부한 품이 이제껏 보아 온 중에 제일이다. 대개 이곳은 천하에 자랑하는 웅장한 관으로서 또는 서쪽으로 북경[황도(皇都)]이 멀지 않은 까닭이다.

봉성으로부터 천여 리 사이에 보(堡)니, 둔(屯)이니, 소(所)니, 역(驛)이니 하여 나날이 성 몇 군데씩은 보아왔건만, 이제 이곳의 장성을 보고 나니 그들의 시설이나 솜씨가 모두 이 관을 본뜬 것임을 알겠다.

아아, 몽염(蒙恬)이 장성을 쌓아서 오랑캐를 막으려 하였거늘, 진(秦)나라를 망칠 오랑캐는 오히려 집안에서 자라났으며 호해(胡亥), 서중산이 이 관을 쌓아 오랑캐를 막고자 하였으나 명나라 장수 오삼계는 관문을 열고서 적을 맞아들이기에 급급하였구나.

천하가 무사태평한 지금, 이곳을 부질없이 지나는 상인과 나그네들의 비웃음을 사고만 있으니, 이 관에 대하여 다시 무어라고 할 말이 없을 뿐이다.

관내정사(關內程史)

관내란 산해관 안쪽을 일컫는 말이다.

7월 24일부터 8월 4일까지 산해관에서 북경에 이르기까지의 견문을 기록한 내용이다. '산해관 안의 풍속은 산해관 동쪽과는 아주 색다를 뿐만 아니라 산천이 맑고 아름다워 굽이굽이 그림을 보는 듯하다.'고 연암은 술회한다.

곧 창려현의 갈석산, 동악묘(東嶽廟)를 지나고 청룡하(靑龍河)와 난하(灤河)를 건너며 고죽성을 관람한다.

백이·숙제 사당 관람기[이제묘기(夷齊廟記)]

난하(灤河) 강가에 자그마한 언덕이 있는데 이를 두고 '수양산(首陽山)'이라 하고, 그 산 북쪽에 조그만 성이 있어 '고죽성(孤竹城)'이라 한다.

뜰에는 노송(老松) 수십 그루가 서 있고, 섬돌에는 흰 돌로 난간을 둘렀다. 그 가운데에 큰 전각이 있어 '고현인전(古賢人殿)'이라 한다. 전각 가운데 곤룡포와 면류관을 갖추고 홀을 들고 서 있는 것이 곧 백이(伯夷)·숙제(叔齊)이다.[백이와 숙제는 은(殷)나라 고죽군(孤竹君)의 아들. 어버이가 죽자 그 아우 숙제와 서로 왕의 자리를 사양하였고, 주나라 무왕이 은나라를 칠 때에 반대하여 수양산에 숨어서 고사리를 캐어 먹다가 굶어 죽었다.]

전각 문에는 '백세지사(百世之師)'라 써 붙였다. 전각 안에는 큰 글자로 '만세표준(萬世標準)'이라 쓴 것은 강희 황제의 글씨요, 또 '윤상사범(倫常師範)'이라고 쓰여 있는 것은 옹정 황제(雍正皇帝)의 글씨이다.

전각 안에 간직된 보물 그릇들이 많이 있었는데, 대부분 명나라 만력(萬曆) 시대의 물건들이라고 한다. 그 주련(柱聯)에는,

'인(仁 : 어짊)을 구하려다 인(仁)을 행했으니
고죽국(孤竹國)의 맑은 기풍이 만고에 영원하리,
포악함으로 포악함[暴]을 대신했으니,
천추의 의로운 절개 수양산(首陽山)이로다.'

라고 써 붙였다.

뜰에 두 문이 있는데, 동쪽에는 '염완(廉頑)'이라 하고, 서쪽에는 '입나(立懦)'라 하였다. 또 작은 문 둘이 있으니 왼편은 '관천(盥薦)'이요, 오른편은 '재명(齋明)'이라고 한다. 그 문을 나서면 또 집이 있는데 '읍손(揖遜)'이라 하였다.

그리고 그 안에 비석이 있는데 이는 성화(成化 : 명나라 헌종(憲宗)의 연호) 연간에 세운 것이다. 비 뒤에 누대(樓臺)가 있어 '청풍(淸風)'이라 하고, 문 둘이 있어 하나는 '고도풍진(高蹈風塵)'이요, 또 하나는 '대관환우(大觀寰宇)'라 새겨 붙였으며, 대 위에는 누각(樓閣)이 있어 '재수지미(在水之湄)'라 하였다.

그 주련(柱聯)에는,

'뫼(산)들은 인자(仁者)처럼 고요하고
바람은 성인(聖人)인 양 맑구나.'

'빼어난 산수의 고죽나라에
난형난제(難兄難弟)의 성인 나셨다.'

중국에서 수양산(首陽山)이라 하는 곳이 다섯 군데가 있다. 하동(河東)의 포판(蒲坂)인 화산(華山)의 북쪽 하곡(河曲)의 어름에 있는 산을 '수양'이라 하였고, 혹은 농서(隴西)에도 있다 하며, 혹은 낙양(洛陽) 동북쪽에도 있다 하고, 또 언사(偃師) 서북쪽에도 이 제묘가 있다 하며, 또는 요양(遼陽)에도 수양산이 있다 하여, 모든 『전기(傳記)』에 대중없이 나타나 있다.

그러나 『맹자(孟子)』에는,

"백이·숙제가 주왕(紂王, 은나라를 망친 폭군)을 피하여 북쪽 바닷가에 살았다."고 하였다.

우리나라 해주(海州)에도 역시 수양산이 있어서 백이·숙제를 제사 지내나, 이는 천하가 다 알지 못하는 일이다.

하지만 내 생각으로는,

"기자(箕子)가 동쪽 조선에 온 것은 오로지 주(周)나라의 판도 안에 살기 싫어함이요, 백이도 은나라를 위하는 의리에서 차마 주나라의 곡식을 먹을 수 없음인즉, 혹은 그가

기자를 따라와서 기자는 평양에 도읍하고 백이·숙제는
해주에 살지 않았는가?"

라고 추측해 본다.

그리고 우리나라 항간에서 전하는 말에,

"예에 밝은 동이족 형제 대련(大連)·소련(小連)이 해주
사람이다."

하였으니, 이를 무엇으로 고증할 수 있겠는가?

대문과 담장에 당(唐)나라·송(宋)나라 역대의 치제문(致
祭文)을 많이 새겨 놓은 것으로 보아서는 이 묘가 영평에
있은 지 오래임을 알 수 있다.

어떤 이는,

"명 태조 홍무(洪武) 초년에 영평부성 동북쪽 언덕에 옮
겨 세웠다가 경태(景泰 : 명나라 경종(景宗)) 연간에 다시 이곳
에 세웠다."고도 한다.

임금이 거둥할 때 묵는 행궁(行宮)의 제도는 강녀묘와
북진묘의 행궁과 같으나 지키는 자가 막아서 자세히 구경
하지는 못하였다.

난하를 건너며[난하범주기(灤河泛舟記)]

　난하(灤河)는 만리장성(萬里長城) 북쪽 개평(開平)이 발원지이다. 그곳에서 동남쪽으로 흘러서 천안현(遷安縣)을 거쳐 노룡새(盧龍塞)에 이른다. 그리고 그곳에서 칠하(漆河)와 합하고, 다시 남쪽으로 흘러 낙정현(樂亭縣)에 이르러서 바다로 들어간다.

　요동과 요서에 '하(河)'라고 이름 붙인 강물은 모두 흐린데, 다만 이 난하의 물길만은 고죽사(孤竹祠) 아래에 이르러 깊게 고여서 호수가 되어 그 맑은 빛이 거울과 같다.

　고죽성은 영평부 남쪽 10여 리 되는 곳에 있다.

　난하의 남쪽 언덕에는 깎아지른 듯 절벽이 솟아 있고, 그 위에는 청풍루(淸風樓)가 있는데, 누대 아래 강물이 더욱 맑으며 강 한복판에 작은 섬이 있고, 섬 가운데는 돌을 병풍처럼 쌓고 그 앞에 고죽군(孤竹君)의 사당이 있다.

사당 아래에 배를 띄우니, 맑은 물 하얀 모래밭에 넓은 들과 그윽한 숲, 물가에 늘어선 인가 수십 채, 그 모두가 그림자 되어 호수에 비친다.

고기잡이 배 서너 척이 한창 그물을 사당 밑에 치고 있다. 물을 거슬러 올라가니, 중류에 대여섯 길 되는 돌봉우리가 있어 이름은 '지주(砥柱)'라 하는데, 기암괴석이 빙 둘러싸서 우뚝우뚝 서 있으며, 해오라기와 뜸부기 같은 물새 떼 수십 마리가 모래 위에 늘어 앉아 깃을 씻고 있다.

배에 함께 탄 사람들이 이 경치를 돌아보고 즐거워하며 감탄한다.

"강산이 그림 같습니다."

하기에, 나는 다음과 같이 말했다.

"그대들은 강산(산수)도 모르고 그림도 모르네 그려. 어디 강산이 그림에서 나온 것인가? 그림이 강산에서 나왔지. 흔히들 흡사하다느니 같다느니 유사하다느니, 닮았다느니 똑같다느니 하는 말들은 모두 같다는 의미를 말함일세. 그리고 비슷한 것으로써 비슷한 것을 비유함은 실은 같을 성싶어도 같은 것이 아닌 거요. 옛날 사람이 양자강(揚子江)에서 나는 요주(瑤柱, 조개)를 여지(荔枝, 남방의 과일)와 같다 하고, 서호(西湖, 항주에 있는 경치 좋은 호수)를 서시(西施)와 같다 하니까, 어리석은 사람은 다시 말하기를 '담채(淡菜 : 조개의 일종)를 용안(龍眼, 용안수의 열매)과 같고, 전당(錢塘, 서

호) 호수를 비연(飛燕, 조비연, 효성제의 황후)과 같다'고 했다
지 뭔가. 이게 어찌 가당키나 한 말인가?"

열하의 태학관에서 [태학유관록太學留館錄]

　8월 9일부터 14일까지 열하에 도착하여 태학관에 머물면서 청나라 학자들과 주고받은 이야기를 날짜별로 수록하였다.

　본편에 앞서 8월 5일부터 8월 9일까지 북경(연경)에서 열하의 일정 '막북행정록(漠北行程錄)'은 생략하기로 한다.

　'막북'은 사막 북쪽을 가리키는 말이지만 만리장성 북쪽 변방을 의미한다. 즉 '막북행정록'은 북경에서 열하까지 가는 동안의 여정을 기록한 내용이나, 다음 편에 수록된 '환연도중록(還燕道中錄)'을 참고하시길 바란다.

8월 9일 을묘(乙卯)

날이 몹시 더웠다. 말에서 내려 곧장 뒤채로 갔다. 한 노인이 모자를 벗은 채 의자에 걸터앉아 있다가 나를 보고 '수고하십니다.' 하며 반갑게 맞이한다.

나도 읍하여 답례하고 자리에 앉자 노인이,

"벼슬이 몇 품(品)이나 되시는지요?"

하고 묻기에,

"선비의 몸입니다. 귀국에 관광(觀光)차로 삼종형(三從兄) 대대인(大大人)을 따라 이곳에 온 것입니다."

하고 대답하였다.

중국 사람들은 정사를 '대대인'이라 하고, 부사를 '얼대인(乙大人)'이라 하니, 얼(乙)은 둘째라는 의미였다. 그는 또 나에게 성명을 묻기에 써 보이니,

"영형(令兄)되시는 대인의 존명(尊名)과 관직과 품계(品階)는 어떻게 되는지요?"

하고 묻기에, 형님의 성함은 아무분이고 위품은 일품(一品), 부마(駙馬), 내대신(內大臣)이라고 대답해 주었다.

"영형(令兄) 대인께서는 한림(翰林) 출신이십니까?"

"한림 출신은 아닙니다."

하였다. 노인이 붉은 명함 한 장을 내어 보이며,

"저는 이와 같습니다."

한다. 오른편에 가는 글씨로, '통봉대부(通奉大夫 : 종삼품(從三品)) 대리시경(大理寺卿, 법원장) 치사(致仕 : 벼슬을 지낸) 윤가전(尹嘉銓)'이라 쓰여 있었다.

"귀 공(公)은 이미 공사(公事)를 그만두셨다면서 무슨 일로 멀리 변방 밖에까지 나오셨나요?"

하였더니,

"황제의 명을 받들기 위해서지요."

한다. 그때 옆에 있던 또 한 사람이 자기소개를 하였다.

"저 역시 조선 사람이올시다. 천명(賤名)은 기풍액(奇豊額)이옵고, 경인년(1770년) 문과(文科)에 장원하여 현재 귀주 안찰사(按察使)로 근무 중입니다."

한다. 윤가전(尹嘉銓)은,

"이제 사해(四海 : 온 천하)가 한 집안이라, 문을 나서면 모두 같은 동포 형제가 아니옵니까? 고려의 박인량(朴寅亮, 문종 때 문학가)이 선생 가문의 큰 어른이 아니시옵니까?"

"아닙니다. 주죽타(朱竹垞, 청 강희 때 학자)의 『채풍록(採風

錄)』에 기록된 박미(朴瀰)라는 어른이 저의 오대조(五大祖)이십니다."

했더니 기풍액(奇豊額)은,

"과연 문망(文望)이 높으신 상경(上卿)이시구료."

하자 윤가전이 또,

"왕어양(王漁洋, 왕사진)의 『지북우담(池北偶談)』 중에 그 어른의 시문(詩文)을 상세히 실었습니다. 이른바 '제비와 기러기가 서로 등지어 날고, 말과 소가 미처 따르지 못하여 서로 어긋난다'는 말이 있지마는 이제 하늘이 주신 연분이 공교로워 이곳 새북(塞北)에서 나그네의 처지로 서로 만나게 되었으니, 이는 글 속에서 친해진 어른의 후손이구려."

한다. 좌중에 있던 한 사람이 감탄하는 어조로,

"그의 시를 읊고 그의 책을 읽고도 그의 인품을 몰랐다니 어찌 있을 수 있는 일이겠습니까?"

한다. 기풍액은,

"비록 옛 어른은 가셨다 하더라도, 오히려 여기 그의 후손은 남아 있지 않소?"

하며 이어서,

"귀국의 올해 농사는 어떻습니까?"

"6월에 압록강을 건너서 가을이 아직 멀었으므로 잘은 모르겠습니다만 올 적엔 비도 때맞춰 내리고 바람도 순조

로웠습니다." 하였다. 좌중(座中)에 또 한 사람은 성명을 왕민호(王民皥)라는 거인(擧人 : 중앙의 과거를 준비하는 사람)이다. 그는,

"조선은 땅이 얼마나 넓습니까?"

"옛날 기록에는 5천 리라 적혀 있습니다. 하지만 단군의 조선은 요임금 때와 같은 시대였고 , 기자(箕子)의 조선은 주나라 무왕(周武王 : 희발(姬發)) 때에 봉한 나라였으며, 위만(衛滿)의 조선은 진(秦)나라 때에 연(燕)나라 백성들을 이끌고 피난 온 나라였습니다. 모두들 부분적으로 한 쪽만을 점유했기 때문에 그 시대야 어디 5천 리가 되었겠습니까? 그 이후 고구려·백제·신라 등을 합하여 고려가 되었으니, 동서가 천 리요, 남북이 3천 리였습니다. 사실 중국의 역사책 중에 조선의 민물(民物)과 요속(謠俗)을 적은 것이 실지와 달라서, 모두 기자·위만 때의 조선이지 오늘의 조선은 아닙니다.

역사를 쓰는 이들은 대개 외국에 대해서는 간략하게 다루기 때문에 한갓 옛날의 기록을 좇을 따름이었으나, 그 토풍(土風)과 국속(國俗)이란 제각기 시대에 따라 다른 것입니다. 우리나라로 말하면, 오로지 유교(儒敎)를 숭상하여 예악(禮樂)과 문물(文物)이 모두 중화(中華)를 본받아서 예로부터 '소중화(小中華)'라 불렀답니다. 나라의 규모라든가 사대부(士大夫)의 처신이나 범절이 모두 조송(趙宋, 송태조 조광

원)과 다름없습니다."

했더니 왕민호(王民皞)는,

"가히 군자지국(君子之國)이라 할 만합니다."

하고 윤가전은,

"아아, 찬란하게도 태사(太師, 기자)의 유풍(遺風)이 남았으니 가히 존경할 만하구료. 그리고 공의 선조이신 박미 어른에 대한 기록은 명나라 때의『시종(詩宗, 주이준의 저)』에 실려 있는 것을 본 적이 있습니다. 그런데 그에 대한 소전(小傳)이 없으니 안타깝습니다."

"비단 우리 선인(先人)의 자호(字號)와 관작(官爵)이 빠졌을 뿐만 아니고, 그 중 책 안에 실려 있는 약간의 약력조차 대개가 잘못된 것이 많습니다. 저의 오대조(五大祖)의 휘(諱)는 미(瀰)요, 자는 중연(仲淵)이며, 호는 분서(汾西)라 하여, 문집(文集) 네 권이 국내에서 간행되어 있고, 명(明)나라의 만력(萬曆) 때 어른이시며, 소경왕(昭敬王, 조선 선조)의 부마(駙馬)로 금양군(錦陽君)이요, 시호는 문정공(文貞公)이라 합니다."

했다. 윤가전은 내가 쓴 쪽지를 품속에 거둬 넣으며,

"이것으로 빠진 곳을 보충하여야죠."

하고 왕민호(王民皞)는,

"여느 잘못된 곳도 바로잡아 주셔야죠."

하고 기풍액도,

"옳습니다. 이는 하늘이 주신 좋은 기회입니다."

한다.

이러저러한 이야기 끝에 윤가전이 갑자기 바삐 일어서면서 붉은 명함 석 장과 자기가 지은 『구여송(九如頌, 시경 천보편에 아홉 가지의 축복)』을 내어주며,

"선생의 수고를 빌어 영형(令兄) 대인(박명원)께 뵈옵고자 하옵니다."

그러자 다른 사람들도 모두 일어서며,

"윤대인(尹大人)께서 이제 조정에 나가시니 후일 다시 만납시다."

한다. 윤가전(尹嘉銓)은 이미 모복(帽服)을 갖추어, 조주(朝珠)를 걸고, 나를 따라 나와서 정사의 방 앞에 이르렀다. 정사의 숙소는 대문으로 나가는 길목에 있었다. 나는 적이 당혹스러웠다. 대체 다른 사람들이 모두 윤공이 방금 조정에 나간다 하였을 뿐, 윤가전의 명함 내놓은 것이 그같이 꾸밈이 없고 솔직하기로 곧 따라올 줄은 나도 미처 생각지 못하였던 것이다.

정사는 밤낮으로 시달린 나머지 겨우 눈을 붙이었고, 부사와 서장관은 내가 소개할 바 아니며, 더욱이 우리나라 대부들은 생(生)으로 존귀한 체함이 대단하여, 중국 사람을 보면 만인(滿人)이나 한인(漢人)의 구분도 없이 모두 흽

쓸어 '되놈'으로 여기고, 한갓 마음만 도도한 체하는 것이 애초부터 몸에 밴 습속이 되어버린 지 오래였다. 그가 어떠한 호인(胡人)이며 무슨 지체인지 알기 전에 벌써 그를 반겨 맞이할 리도 없거니와, 비록 서로 만난다 하더라도 필시 개나 돼지 같은 축생으로 푸대접할 것이며, 또한 나를 불긴하게 여길 것이다. 윤가전이 뜰에 서서 기다리므로 일이 매우 난처하게 되었다.

내가 그제야 정사에게 들어가 말하였다. 정사는,

"나 혼자서 만날 수는 없으니 어쩌면 좋을까?"

한다. 나는 몹시 늙은 손님이 뜰에 오래 서 있음을 딱하게 여겨서,

"정사께서 밤낮을 가리지 않으시고 먼 길을 오시느라 매우 피로하시므로 삼가 맞이하지 못하오니, 다른 날에 몸소 나아가 사례하려 하옵니다."

하였다. 윤가전(尹嘉銓)은 곧,

"그렇습니까?"

하고 한 번 읍하고 나가는데, 그 기색을 살펴보니 매우 멋쩍은 모양이었으며, 표연히 가마를 타고 가버렸다. 그 가마 차림의 휘황찬란한 품이 참으로 귀인의 것임에 분명했다. 종자(從者) 10여 명이 모두 비단옷에 수놓은 안장을 하고 가마를 호위하고 가는데, 향내 바람이 멀리서 풍기곤 한다. 통관이 당번인 역관에게,

“귀국에서도 부처를 존경하는지요? 국내의 절은 얼마나 있습니까?”

하므로 수역이 들어와 사신에게 여쭙되,

“통관의 이 말은 허투로 하는 것이 아닌 듯하니 무어라 대답하오리까?”

한다. 삼사가 의논하여 수역으로 하여금,

“우리나라 습속에는 본디 부처를 숭배하지 않으므로 시골엔 혹시 절이 있으나 서울이나 도회지에는 없다.”

고 대답하게 지시하였다.

조금 뒤에 군기장경(軍機章京) 소림(素林)이 태학관으로 들어왔다. 그러자 삼사가 캉[炕 : 방]에서 내려 동쪽을 향해 앉았다. 이는 좌향(坐向 : 집터나 묏자리의 등진 방위에서 정면으로 바라보이는 방향)을 따른 것이었다. 소림이 황제의 조서(詔書)를 입으로 전달한다.

“조선 정사는 이품(二品) 끝의 반열(班列)에 서라.”

이는 황제의 생신을 축하하는 날에 조정에서의 반열 순서를 조칙으로 미리 일러 줌인데, 이는 전에 없던 과분한 대접이라 한다. 그리고 소림은 나는 듯이 몸을 돌려 가 버렸다. 또 예부(禮部)에서도 태학관에 말을 전해 왔다.

“오른쪽 반열에 사신의 오름은 전례에 없는 은전(恩典)인즉, 의당 황감하옵다는 인사 절차가 있어야 할 것이니, 이 뜻으로 예부에 글월을 내면 곧 황제께 올리겠소.”

한다. 사신은 곧,

"배신(陪臣, 천자를 대하여 스스로 일컫는 말)이 사신으로 와서 비록 황제의 지극하신 은총을 입사와 황감하기 그지없사오나, 사사로이 사례함은 도리에 어긋남일까 하오니 전례는 어떠하온지요?"

하니 예부에서는,

"무엇이 해롭겠소?"

하고 잇달아 독촉이 빗발치듯한다.

건륭 황제는 나이가 높고 또 재위(在位)한 지 오래여서 권세가 한 손에 있고, 총명이 쇠하지 않았으며 기혈이 더욱 왕성하였다. 그러나 천하가 태평하고 제왕의 위세가 날로 드세짐에 따라 점차 시새움이 사납고 엄하여 가혹한 일이 많을 뿐더러, 기쁘고 성냄의 기복을 종잡을 수 없게 되었다. 그러므로 조정의 신하들은 모두 그때그때 잘 꾸며대는 것을 상책으로 삼고, 오로지 황제의 마음을 기쁘게 하는 것만을 능사로 여겼다.

이제 예부에서 글을 바치라고 이다지도 재촉하는 것도 대체로 그러한 의미에서 나온 일이다. 그들의 거조를 가만히 살펴보면 그 지시가 오로지 예부에서 나온 것에 불과하다. 당번 역관의 말이,

"전년 심양에 사신으로 갔을 때도 역시 글월을 올려서 사례한 일이 있사온즉, 이번 일도 그와 다를 것이 없을 듯

하오이다."

한다. 이에 부사와 서장관이 서로 의논하여 글월을 만들어서 예부에 보내어 곧 황제에게 바치게 하였다.

예부에서 또 내일 오경(五更 : 새벽 4시경)에 궐내에 들어가서 황은(皇恩)을 사례하게 하니, 이는 2품과 3품으로 오른쪽 반열에 들어 하례에 참석하게 된 은혜를 사례하라 함이었다.

저녁 식사가 끝난 뒤에 다시 윤가전의 숙소를 찾았더니 왕민호(王民皡)는 이미 다른 방으로 옮겨 갔고, 기풍액(奇豊額)은 중당(中堂)에 머물러 있었다. 윤가전과 더불어 기풍액의 처소에서 이야기하였다. 윤가전은 얌전하고도 소탈한 사람이다. 그는,

"아까는 바빠서 이야기를 다 마치지 못하였습니다. 바라건대 『명시종(明詩綜)』의 빠지고 잘못된 곳을 들려주셔서 선배들이 빠뜨리고 소략하게 했던 점을 보충하도록 하여 주십시오."

"우리나라의 선배 학자들은 바다 저 한 편 구석에서 태어나서 늙어서 병들어 죽도록 한 곳을 떠나지 못하고는, 반딧불처럼 나부끼고 버섯처럼 말라서, 겨우 하잘것없는 시편(詩篇)으로써 큰 나라의 책에 실리게 됨을 실로 영광스럽게 여기겠지요. 그렇지만 불행히도 우물에 빠진 모수(毛

遂, 진나라를 물리친 유세객)가 있는가 하면 좌중을 놀라게 하던 진공(陳公, 한나라의 명사)이 있다는 것은 불행히도 너무 지나친가 봅니다.

우리나라 선유(先儒) 중에 이이(李珥)라는 어른이 있으니, 그의 호는 율곡(栗谷)이요, 또 상공(相公) 이정구(李廷龜)라는 이가 있으니, 그의 호는 월사(月沙)인데, 『명시종』에는 이정구의 호가 '율곡'이라 잘못 적혔고, 월산대군(月山大君, 조선 성종의 형)은 공자(公子)인데, 그의 이름이 '정(婷)'이므로 여자인 줄로 잘못 알려져 있으며, 허봉(許葑, 허균의 형)의 누이동생 허씨(許氏)는 호가 난설헌(蘭雪軒)인데, 그 소전(小傳)에는 여관(女冠 : 여도사(女道士))이라 하였으니, 우리나라엔 본디 '도관(道觀)'이니 '여관'이니 하는 것이 없으며 또 그의 호를 경번당(景樊堂)이라 하였으니, 이는 더욱 잘못된 일입니다.

허난설헌(許蘭雪軒)이 김성립(金誠立)에게 시집갔었는데 김성립의 얼굴이 오종종하게 못생겼으므로 그 벗들이 그를 놀리어 그 아내가 당나라의 미남 시인이었던 두 번천(杜樊川, 당의 풍류 시인)을 연모한다 하여 조롱한 것입니다. 대체 규중(閨中)의 아녀자가 시를 읊는 것도 본시 아름답지 못한 일인데, 더욱이 두번천을 연모한다는 말까지 사방에 퍼졌으니 어찌 원통하지 않으리까?"

윤가전과 기풍액 두 사람이 모두 크게 웃었다.

문 밖에 있는 아이들이 무슨 까닭인지도 모르고 모두 늘어서서 따라 웃는다. 이는 이른바 웃음소리만 듣고 따라 웃는다는 격이다. 알지 못하겠노라, 그들의 웃음이 무슨 일인지. 나도 역시 웃음을 참지 못하였다.

영돌(永突)이 찾아왔으므로 일어서 나오니, 두 사람이 문 밖까지 나와 전송하여 주었다. 때마침 달빛이 뜰에 가득하고, 담 너머 장군부(將軍府)에서는 이미 초경(初更 : 저녁 9시) 넉 점을 치는 야경 소리가 사방에 울려 퍼진다. 상방(上房)에 들어가니 하인들이 휘장 밖에 누워 코를 골고 정사도 이미 잠들었다. 짧은 병풍 하나를 가려 나의 잠자리를 보아 놓았다.

일행 상하가 닷새 밤을 꼬박 새운 끝이므로 이제 깊이 잠든 모양이다. 정사 머리맡에 술병 둘이 있기에 흔들어 보니, 하나는 비고 하나는 차 있었다. 달이 이처럼 밝은데 어찌 마시지 않으리. 마침내 가만히 잔에 가득 부어 기울이고, 불을 불어 꺼버리고 방에서 나왔다.

홀로 뜰 가운데 서서 밝은 달빛을 쳐다보고 있노라니, '할할'하는 소리가 담 밖에서 들린다. 이는 낙타가 장군부(將軍府)에서 우는 소리였다. 명륜당(明倫堂)으로 나와 본즉, 제독과 통관의 무리가 각기 탁자를 끌어다 둘을 한데 붙여 놓고 그 위에서 잠들었다. 제 비록 되놈이기로 무식함도 심하다. 그들이 누워 자는 자리는 곧 선성(先聖)·선현

(先賢)께 석전(釋奠 : 문묘에서 공자를 비롯한 4성 10철, 72현을 제사 지내는 의식)이나 석채(釋菜)를 거행할 때 쓰는 탁자인데, 어찌 감히 이를 침상으로 대용할 수 있으며, 또 어찌 차마 누워 잘 수 있으랴. 그 탁사들은 모두 붉은 칠을 하였는데 백여 개가 있었다.

오른편 행각 궁궐, 절 등의 정당 앞이나 좌우에 줄지어 이어진 행랑에 들어가니, 역관 세 사람과 비장 네 사람이 한 구들에 누워 자는데 목덜미와 정강이를 서로 걸치고 아랫도리는 가리지도 않았다. 천둥소리처럼 코를 골지 않는 자 없으며, 혹은 병을 거꾸러뜨려 물이 쏟아지는 소리요, 혹은 나무를 켜는데 톱니가 긁히는 소리였으며, 혹은 혀를 끌끌 차며 사람을 꾸짖는 시늉이요, 혹은 꽁꽁거려 남을 원망하는 정경들이다.

만리길을 함께 고생하고 와서 자나 먹으나 떠남이 없으매, 그 정분이야말로 친형제와 다름없이 사생을 같이할 것임에도 불구하고, 그 잠든 모습을 볼 때엔 한 자리에 꿈이 다르고, 그의 간담(肝膽)은 초(楚)나라와 월(越)나라처럼 먼 것을 깨달았을 뿐이다.

담뱃불을 붙이고 나오니, 개 짓는 소리가 표범 소리인 양 으르렁거리며 장군부에서 들려온다. 그리고 경을 치는 소리가 마치 깊은 산중 접동새 소리같이 울렸다.

뜰 가운데를 거닐며, 혹은 달려도 보고 혹은 발자국을

크게 떼어 보기도 해서 그림자와 서로 희롱하였다. 명륜당 뒤의 늙은 나무들은 그늘이 짙고, 서늘한 이슬이 방울방울 맺혀서 잎마다 구슬을 드리운 듯, 구슬마다 달빛이 어리었다. 담 밖에서 또 삼경의 두 점(밤 12시 조금 넘은 시각)을 쳤다.

아아, 애석하구나. 이 좋은 달밤에 함께 구경할 사람이 없으니. 이런 때에는 어찌 우리 일행만이 모두 잠들었으랴. 도독부(都督府)의 장군도 역시 그러하리라.

그렇게 생각하면서 나도 곧 방에 들어가 쓰러지듯이 베개에 머리를 묻고 그대로 곯아떨어졌다.

8월 10일 병진(丙辰)

영돌이가 와서 잠을 깨웠다.

날이 맑았다. 당번 역관과 통관이 모두 문 밖에 모여 시간이 늦었다고 연신 재촉을 한다. 나는 겨우 눈을 붙였다가 떠드는 소리에 잠이 깨었다. 노곤한 몸에 달콤한 졸음으로 꼼짝하기 싫은데 아침 죽이 머리맡에 놓여 있다.

억지로 일어나서 한 술 뜨고 따라가 보니 '광피사표패루(光被四表牌樓)'가 있다. 등불 아래로 보이는 좌우의 시전(市廛 : 상가)은 연경보다는 어림없고 심양이나 요동에도 미칠 수 없었다.

대궐(大闕) 밖에 이르렀으나, 날이 오히려 새지 않았으므로 통관이 사신을 인도하여 큰 묘당에 들어 쉬게 하였다. 이는 지난해 새로 세운 관제묘(關帝廟)이다. 이삼층으로 올린 누각과 깊은 전당, 첩첩이 올린 행랑에 아로새긴 조각이 공교롭고 단청 또한 휘황찬란하여 어리어리하다.

중들이 모여들어 서로 다투어 구경하고 있다.

묘(廟) 안에는 이곳저곳에 연경의 벼슬아치들이 와서 머물고 있고, 왕자(王子)들도 역시 이 속에 많이 와 묵고 있다 한다.

당번 역관이 와서,

"어제 예부에서 알린 것은 다만 정사와 부사의 사은(謝恩) 절차에 대해서만 말하였으니, 이는 대저 황제가 명을 내려 정사와 부사만을 오른쪽 반열에 참여하도록 명하는 것입니다. 따라서 서장관은 사은하는 일이 없을 것 같습니다."

한다. 이에 서장관은 관제묘에 머물고, 정사와 부사는 궐내에 들어갈 때 나도 따라 들어갔다. 모든 전각에는 단청을 꾸미지 않았고, '피서산장(避暑山莊)'이라 편액을 붙였는데, 오른편 행랑에 있는 예부의 조방(朝房, 조회 때의 대기실)이 있어서 통관이 이에 인도한다.

한족 출신 상서(尚書 : 황제의 문서를 맡아보는 벼슬) 조수선(曹秀先)이 교의에서 내려와 정사의 손을 잡고 매우 반기는 뜻을 보이며,

"대인(大人)은 앉으시죠."

한다. 정사가 손을 들고 사양하여 주인이 먼저 앉기를 청하였으나, 조수선(曹秀先) 역시 손을 들어,

"대인께서 먼저 앉으시죠."

한다. 정사가 굳이 사양하기 4, 5차에 이르렀으나, 조공은 더욱 사양을 게을리하지 않는다. 정사와 부사가 할 수 없이 먼저 캉(炕)에 올라가 앉았다. 그런 다음에야 조수선이 비로소 교의에 걸터앉아서 서로 인사를 나누었다.

우리 사신의 의관은 그의 모자와 복장에 비하면 가히 풍채로는 선인(仙人)이라 할 수 있겠으나, 말이 통하지 못하고 행동거지가 서툴러서 수작이 저절로 뻣뻣하고 서먹하여, 저들의 세련되고 은근한 솜씨에 비길 바가 아니었다. 오히려 어색하고 서툰 모습이 점잖은 태도처럼 보일 법도 하다. 정사가 조수선에게 서장관의 거취에 대해 물었다.

"오늘 사은에는 함께 할 수가 없고 후일 생신 축하 때는 함께 나와도 좋겠습니다."

하고는 곧 일어선다. 통관이 또,

"만인(滿人) 상서(尙書) 덕보(德甫)가 들어옵니다."

한다. 사신이 문까지 나가 읍하고 맞아들이자, 덕보 역시 읍하여 답례하고 발을 멈추어,

"먼 길에 별고 없으셨는지요? 어제 황상께서 내리신 각별한 은총을 잘 아시는지요?"

하므로 사신은,

"황은(皇恩)이 거룩하와 영광이 그지없소."

하였다. 덕보는 웃으면서 무어라 지껄였으나, 그 말소

리가 목에 걸리는 듯 꺽꺽하여 '옹(甕)'인지 '앙(盎)'인지 분간하기 어려울 정도였다. 대체 만주 사람들의 말은 대개 이런 식이었다. 그도 말을 마치고 곧 가 버린다.

내옹관(內甕官)이 찬(饌) 세 그릇을 내어왔는데, 백설기와 돼지고기 구이와 과일들이다. 떡과 과일은 누런 쟁반에 담고, 돼지고기는 은쟁반에 담았다. 예부낭중(禮部郎中)이 곁에 있다가,

"이는 황제의 아침 찬에서 세 그릇을 하사한 것이오."

한다. 얼마 안 되어 통관이 사신을 인도하여 전문 밖에 나아가 삼배구고두(三拜九叩頭)의 예(세 번 무릎 꿇고 절하며 아홉 번 머리를 조아리는, 중국 최대의 예절 행위)를 행하고 돌아왔다.

만주인 예부시랑 아숙이란 자가 와서 다시 한 번 이번에 내린 황은이야말로 정말 각별하기 그지없는 것이라고 전한다. 그리고 그는 또,

"귀국은 의당 예단(禮單)을 더 보내야 할 것이오. 그러면 사신과 종관(從官)에게도 역시 더 상급이 내릴 것이리다."

한다. 사신은 조방(朝房)에 다시 들고, 나는 대궐 밖으로 먼저 나왔다. 대궐 밖에는 수레와 말이 빽빽이 들어섰는데 말은 모두 담을 향하여 즐비하게 늘었으되 굴레도 없고 고삐도 없는 것이 마치 나무로 만들어 세운 것 같았다. 문 밖에서 갑자기 사람들이 좌우로 갈라서는데, 지껄이는

소리 하나 들리지 않는다. 모두들,

"황자(皇子)가 오시는 거요?"

한다.

한 사람이 말을 탄 채 궐내로 들어가는데, 따르는 사람들은 모두 말에서 내려 걸어가는 것이었다. 이가 소위 황제의 여섯째아들 영용(永瑢)이다. 흰 얼굴에 얽은 자국이 낭자하고, 콧날은 낮고 작으나 볼이 몹시 넓으며, 흰 눈에 눈자위가 쌍꺼풀지고, 어깨가 넓고 가슴이 떡 벌어져서 체격이 건장하긴 하나, 전혀 귀기(貴氣)가 없어 보인다. 그러나 그는 글을 잘하고 글씨와 그림에도 능하여, 현재 『사고전서(四庫全書 : 10년 걸려 완성한 중국 최대의 총서)』 총재관(總裁官)으로, 민망(民望)이 높다고 한다.

내 일찍이 강녀묘(姜女廟)에 들어갔을 때, 그 벽 위에 황제의 셋째아들과 다섯째아들의 시(詩)를 깊이 간직한 것을 보았다.

다섯째아들의 호는 등금거사(藤琴居士)라 하며, 시가 몹시 쓸쓸하고 글씨마저 가냘파서, 재주는 있으나 황왕가(皇王家)의 부하고 귀한 기상이란 엿볼 수 없었다. 그리고 등금거사는 호부시랑(戶部侍郞) 김간(金簡)의 생질이요, 간(簡)은 또 상명(祥明)의 종손(從孫)이다. 상명의 조부는 본시 의주(義州) 사람으로 중국에 들어갔으며, 상명은 벼슬이 예부상서에 이르렀고, 옹정(雍正) 때 사람이다. 간(簡)의 누이동생이 궁중에 들어가서 귀비(貴妃)가 되어 총애를 받았었다.

건륭 황제의 뜻은 다섯째아들에게 뒷일을 맡기려 하였는데, 연전에 일찍이 죽어 버리고 지금은 영용이 총애를 독차지하여서, 지난해에 서장(西藏 : 티베트)에 가서 반선(班禪, 라마교의 교주)을 맞이해 왔다고 한다. 그 죽은 아들의 읊은 시(詩)는 뜻이 몹시 스산하고, 산 아들의 것도 역시 귀기가 전혀 없으니, 장차 청 황실의 미래가 어찌 될지 모를 노릇이다.

가산(嘉山) 사람 득룡(得龍)은 마두로 연경에 드나든 지 40년이어서 중국말에 능숙하였다. 이날 많은 사람 중에서 멀리 있는 나를 부르기에 사람들을 밀치고 가보니, 마침 한 늙은 몽고왕(蒙古王 : 부족장)과 서로 손잡고 이야기가 한창이었다.

몽고왕은 모자에 홍보석(紅寶石)을 달고 공작(孔雀)의 깃을 꽂았으며, 나이는 여든 하나다. 키가 거의 한 길이나 되는 장신인데, 허리가 구부러지고 얼굴 길이가 자 남짓할 듯 검은 바탕에 회색이 희끗희끗할 뿐더러, 몸을 부들부들 떨며 체머리를 흔드는 것이 아무런 보잘것없어 마치 장차 거꾸러지려는 썩은 나뭇등걸 같았다.

전신의 원기(元氣)가 모두 입에서 새어 나오는 듯하다. 그 늙은 모양이 이러하니, 그가 설사 모돈(冒頓, 흉노의 선우)일지라도 두려울 것이 못된다. 따르는 자가 수십 명이건만 부축하지도 않는다.

또 한 몽고왕이 있는데, 건장하고 기운이 세어 보이기에 득룡과 함께 가서 말을 붙이니, 그는 내 갓을 가리키며 무엇인지 묻고는 말도 채 알아듣지 못한 사이에 가마를 타고 가 버린다.

득룡이 그들 귀인(貴人)마다 찾아가서 읍하고 말을 붙이니 모두 읍으로 답례하며 대꾸하여 준다. 득룡이 나더러도 저와 같이 해보라 하나, 내 처음 배워서 어색할 뿐더러, 또 관화(官話 : 중국말)가 서툴러서 어찌할 수 없었다. 곧 이어 관제묘에 들어간즉, 사신들은 이미 나와서 옷을 갈아입고 있었다. 모두 함께 관(館 : 숙소)으로 돌아왔다.

아침 식사가 끝난 뒤에 후당(後堂)으로 들어가니 거인(擧人) 왕민호(王民皞)가 나와 맞는다. 왕민호의 호는 곡정(鵠汀)이었으며, 산동도사(山東都司) 학성(郝成)과 한 방에 거처하고 있었다. 학성의 자는 지정(志亭)이요, 호는 장성(長城)이라 한다. 곡정(鵠汀)이 우리나라 과거(科擧)의 제도를 물으면서,

"어떠한 문자(文字)로 무슨 글을 지어 바치는지요?"

하기에, 나는 간략하게 대강을 일러 주었다. 그는 또 혼인에 대한 예식을 묻기에 나는,

"관(冠)·혼(婚)·상(喪)·제(祭)는 모두 주자(朱子)의 가례(家禮)를 따릅니다."

하였더니 곡정은,

"가례는 주부자(朱夫子)가 완성하지 못한 책이므로, 중국에서도 반드시 이것만을 따르지 않습니다."

하고 그는 또,

"귀국의 아름다운 점 몇 가지를 들려주시면 고맙겠습니다."

하기에 나는,

"우리나라가 비록 바다 한쪽 구석에 자리를 잡고 있으나, 역시 네 가지 좋은 점이 있답니다. 온 나라 풍속이 유교(儒敎)를 숭상함이 첫째요, 땅에 황하(黃河)처럼 큰 물결 걱정이 없음이 둘째요, 고기와 소금을 다른 나라에서 빌지 않음이 셋째요, 여자가 두 지아비를 섬기지 아니함이 그 넷째 좋은 일입니다."

하였다. 학지정(郝志亭)이 곡정을 돌아보며 서로 무어라고 중얼중얼하더니 이윽고 곡정은,

"진실로 좋은 군자 나라이구려."

하고 학지정은,

"여자가 지아비를 바꾸지 않는다니, 온 나라가 모두 그럴 수야 있겠습니까?"

한다. 나는,

"온 나라의 미천한 농사짓는 백성이나 하인들까지 모두 그러하다는 것은 아닙니다. 명색이 사대부 집안의 사족(士

族)이라 하면, 비록 아무리 가난하고 또 삼종(三從, 여자가 어려서는 아버지를 따르고, 시집가서는 남편을 따르고, 남편이 죽었을 때에는 아들을 따르는 것)의 길이 이미 끊어졌다 하더라도, 평생 과부의 절개를 지켜 변하지 아니하며, 이러한 기품이 하인에까지지도 미쳐서, 저절로 풍속을 이룬 지 4백 년이 되었습니다.”

“법으로 금하고 있습니까?”

“특별히 드러난 금령(법)은 없습니다.”

하였다. 곡정은,

“중국에서도 이 풍속이 고질적인 폐단을 이루어서, 어떤 이는 납채(納采 : 혼인 때 사주단자 교환)만 하고 초례(醮禮)를 이루지 않았다거나 성례만 하고 아직 첫날밤을 치르지 아니하였는데도, 불행한 사고가 있으면 평생토록 과부의 절개를 지켜야 하는데, 이런 건 오히려 나은 편이고, 심지어는 대대로 집안끼리 정이 두터운 사이면 아이가 뱃속에 들었을 때 이미 언약한다거나, 또는 더벅머리 때 부모끼리 말이 있었다가 불행하면 독약을 마시거나 목을 매어서 같이 따라 합장되기를 구하니, 이는 예(禮)에 크게 어긋나는 일입니다.

군자(君子)들은 그런 것을 시분(尸奔, 시체를 따라서 음란한 짓거리를 하는 것)이라 기롱하기까지도 하고, 또는 절음(節淫, 절개를 구실로 하는 서방질)이라 불렀던 것입니다.

국법(國法)으로 이를 엄격히 단속하여 그 부모에게 죄를 주기로 하였으나, 마침내 습속을 이루었으며 동남 지방이 더욱 심합니다. 그러므로 유식한 집안에서는 여자가 성년(成年)이 된 뒤에야 비로소 혼인을 말하니 이는 요즈음의 일입니다."

한다. 나는 고개를 끄덕이며 말을 받았다.

"『유계외전(留溪外傳)』에 보면, 효자가 간(肝)을 내어서 그 어버이의 병을 낫게 한 일이 있으며, 조희건(趙希乾 : 명나라 말의 효자)은 가슴을 가르고 염통을 꺼내다가 잘못해서 그 창자에 자 남짓 생채기를 내면서 이를 끊어 삶아서 그 어머니의 병을 고쳤으나, 나중에 그 상처가 아물어 아무런 일이 없었다 하니, 이를 본다면 손가락을 끊었다든지 똥을 맛보았다함은 오히려 대단치 않은 일이었으며, 눈 속에서 죽순(竹筍)을 캐내었다거나, 얼음 구멍에서 잉어[鯉魚]를 잡았다거나 하는 일들도 어리석은 일이라 생각됩니다."

하였더니 곡정은,

"이런 일이 많습니다."

하고 학지정은,

"최근에도 산서(山西)에서 어떤 효자의 정문(旌門)을 세웠다는데, 참으로 기이한 일이지요."

하고 곡정은 또,

"눈 속에서 죽순을 캐고 얼음 구멍에서 잉어를 잡는

일이 진실이라면, 이는 천지의 기운이 온통 문란해진 것
이지요."

하고는 서로 한바탕 크게 웃었다. 학지정은 또,

"육수부(陸秀夫)가 임금을 업고 바다에 들어간 것과, 장
세걸(張世傑 : 송나라 말의 충신)이 향을 피워 배가 뒤집히기
를 원한 것과, 방효유(方孝孺)가 그 십족(十族)의 멸함을 달
갑게 받은 것과, 철현(鐵鉉)이 기름에 튀겨 죽임을 당했던
일들은 모두 예사롭지 않은 경우입니다. 이 정도가 되지
않으면 족히 자신의 마음에 차지 않았을 것입니다. 뒷세
상의 충신(忠臣)과 열사가 되는 것도 그 역시 어려운 노릇
입니다."

라고 하니 곡정은,

"천지가 개벽한 지 오래여서, 뛰어나게 마음에 찬 일이
아니면 이름을 이루지 못할 것이니, 남화노선(南華老仙 : 장
주(莊周))의 말에 '어찌 탄식하며 효자를 말하랴' 한 것은 이
를 두고 말함일 것입니다."

한다. 나는,

"아까 왕(王)선생께서 천지의 기운이 온통 문란하다고
하신 말씀이 옳습니다. 하지만 단술을 고아서 소주를 만
들었다면 더 이상 그 술의 순도를 말할 수 없을 것이요,
입으로 담배를 피운다면 다시는 매움을 말할 수 없습니다.
이런 것을 만일 깊이 따지고 캐어 말한다면, 절의(節義)를

배척하는 의론이 세상에 다시 일고 말 것입니다."

하였더니 곡정은 또,

"그렇습니다. 귀국 부인의 의관 제도는 어떠합니까?"

하고 묻기에 나는 대강 저고리·치마와 또 머리의 쪽지는 법을 이야기하고, 원삼(圓衫)과 당의(唐衣) 같은 차림은 탁자 위에 그 제도를 대충 그려서 보였더니, 두 사람이 모두 좋다 하였다.

학지정은,

"달리 약속한 곳이 있어서 잠시 나갔다 곧 돌아올 터이니, 선생께서 조금 더 앉아 계십시오."

하고는 이내 일어나 가 버린다. 곡정은 학지정을 극도로 칭찬하여,

"그는 무인(武人)이기는 하지만 문학이 넉넉하여 당세에 드문 사람입니다. 현재 사품(四品) 병관(兵官)이랍니다."

하고 그는 또,

"귀국 부인도 역시 발을 묶습니까?"

하고 묻기에 나는,

"아뇨, 중국 여자들의 활굽정이처럼 생긴 신은 차마 볼 수 없더군요. 뒤뚱거리며 땅을 디디고 가는 꼴이, 마치 보리씨를 뿌리는 것처럼 외로 흔들고 오른쪽으로 기우뚱거려 바람도 없는데 저절로 쓰러지곤 하니 이게 무슨 꼴입니까?"

하였더니 곡정은,

"전족은 처음 전쟁포로로부터 시작되었는데 이걸 통해 시대의 운세를 점쳐 볼 수 있답니다. 전조(前朝) 명(明)나라 때엔 그 죄가 부모에게 미쳤고, 청조에 와서도 이에 대한 금령(禁令)이 몹시 엄격하였으나, 끝끝내 이를 막을 수 없었지요. 청나라가 세워진 후, 한족 남자들은 청나라 풍속을 따라 변발을 해야 했지만 여자들은 따르지 않아도 되었습니다. 그러자 오히려 여자들은 자신들이 한족임을 드러내기 위해 더욱 전족을 고수하게 된 것이지요."

"모양이 흉하고 걸음이 불편한데, 왜 하필이면 그걸 합니까?"

하였더니, 곡정은

"만주 여자들과 한가지로 보일까봐 그런 게죠."

하고는 곧 붓으로 지워 버리고 그는 또 이어서,

"죽어도 고치지 않는답니다."

한다. 나는,

"삼하에서 통주로 오는 길에, 늙은 거지 여인이 머리에 가득히 꽃을 꽂고 발을 싸맨 채 말을 따라오면서 구걸하는데, 마치 오리가 배불리 먹은 것처럼 뒤뚱뒤뚱 넘어질 듯하니, 내 보기에는 도리어 만주 여자보다도 더 흉하더군요."

"그러니까 삼액(三厄)이라 하였습죠."

"삼액이란 무슨 말씀이어요?"

"남당(南唐, 남경의 수도를 정한 나라) 때 장소랑(張宵娘, 남당 후주의 궁인)이 송궁(宋宮 : 송나라 궁궐)에 사로잡혀 왔는데, 궁인(宮人)들이 모두 그 작은 발이 뾰족한 게 보기 좋다하여, 다투어서 헝겊으로 발을 팽팽하게 싸매어 마침내 풍속이 이룩되었답니다.

원(元)나라 시절엔 중국 여자들이 발을 싸맴으로써 스스로 표적을 삼았으며, 명(明)나라에 이르러선 이를 금했으나 소용이 없었지요. 그러나 만주족 여자들은 중국 여자들이 발을 싸맨 것을 비웃어 회음(誨淫, 음욕을 불러일으킴)이라 하지만 이는 실로 억울한 일입니다. 이것이 바로 족액(足厄)에 해당됩니다.

또 홍무(洪武) 때에 고황제(高皇帝)가 가만히 신락관(神樂觀 : 도관(道觀)의 이름)에 거둥했을 때의 일입니다. 황제는 한 도사(道士)가 실로 망건(網巾)을 떠서 머리칼을 싸매는 것이 보기에 편리할 듯해서, 이를 빌어 거울 앞에서 써 보고 크게 기뻐하여 마침내 그 제도를 천하에 명령하였답니다.

그 뒤부터 말갈기(말총)로써 실을 대신하여 꼭 졸라매어서(망건) 자국이 선명하게 나게 되었지요. 이를 호좌건(虎坐巾)이라 함은 그 앞이 높고 뒤가 낮아서 흡사 범이 쭈그리고 앉은 것 같다고 해서 붙여진 이름이지요. 또 수건(囚巾)

이라 함은 당시에도 벌써 이를 옳지 않게 여기는 사람이
있어서 천하의 두액(頭額)이 모두 그물 속에 갇혔다 함이었
으니, 대체 이를 불편하게 여긴 이가 많았던 것입니다.”

그러면서 붓으로 내 이마의 망건을 가리키며 놀린다.

“이게, 두액(頭厄)이 아닙니까?”

하기에 나는 웃으면서 그의 이마를 가리켜,

“이 번쩍번쩍하는 건 무슨 액(厄)입니까?”

하였다. 곡정은 별안간 슬픈 낯빛으로 고개를 끄덕이
고, 곧 천하두액(天下頭額) 이하의 글자를 모두 까맣게 지워
버렸다. 그리고 그는 또,

“이 담배는 만력(萬曆) 말년에 양절(兩浙 : 절동(浙東), 절서
(浙西)) 사이에 널리 퍼졌는데, 사람으로 하여금 가슴이 답
답하게 취하여 넘어지게 하는 천하의 독초(毒草)입니다. 먹
어서 배가 부른 것도 아니건만, 천하의 좋은 밭에 갈아서
이문(利文)이 좋은 곡식과 다름없고, 부인이며 어린아이들
까지도 즐겨 피우지 않는 이가 없을 뿐더러, 그 좋아하는
정도가 저 기름진 고기나 또는 차나 밥을 능가하더군요.
쇠붙이와 불이 함께 입을 뜸질하니 이 또한 세운(世運 : 세
상 운수)이지요. 이보다 더한 변괴가 어디 있겠습니까. 선
생께서도 역시 이것을 즐기시는 편이지요?”

한다. 내가,

“그렇습니다.”

하자 곡정은 또,

"저는 이걸 좋아하지 않습니다. 전에 한 번 시험삼아 피워 보았더니, 곧 취하여 쓰러질 것 같고 구역질이 나서 죽을 뻔했습지요. 이야말로 구액(口厄)이라 아니할 수 없겠습니다. 아마 귀국에서도 사람마다 이를 피우겠지요?"

"네. 그러나 부형이나 존장 앞에서는 감히 피우지 못합니다."

"그럴 테지요 독한 연기를 피움이 남의 앞에서 불공(不恭)한 일이거든 하물며 부형 앞에서이겠습니까?"

"비단 그래서 그럴 뿐만 아니라, 입에 긴 대를 물고 어른 앞에 나아감은 몹시 거만스럽고 무례하기 때문입니다."

"그럼 담배는 토종(土種)입니까? 혹은 중국에서 사 가는 것입니까?"

"만력 연간에 일본(日本)으로부터 들어와서, 지금은 토종이 중국 것과 별 다름없답니다. 청(淸)나라가 아직 만주(滿洲)에 있을 때에 담배가 우리나라에서 들어갔으며, 그 씨는 본시 일본으로부터 왔으므로 남초(南草)라 이른답니다."

"이는 본시 일본에서 나온 것이 아니라, 서양(西洋) 배편으로 온 것입니다. 서양 아미리사아(亞彌利奢亞 : 아메리카)의 임금이 여러 가지 풀을 맛보아서, 이것으로 백성들의 입병을 낫게 하였답니다. 사람은 비장(脾藏)이 토(土)에 속하였으므로, 허랭(虛冷 : 허하고 냉하다)해서 습기가 차면 벌레가 생기고, 그것이 입에까지 번지면 당장에 죽는답니다. 이에 불로써 벌레를 쳐서, 목(木)을 이기고 토(土)를 도와 장기(瘴氣)를 이겨 내고 습기를 제거하여 신봉한 효과를 거두었으므로 영초(靈草)라 일렀답니다.”

“우리나라에서도 이를 남령초(南靈草)라고 부르고 있습니다. 만일 그 신효함이 이와 같다면, 수백 년 동안에 온 세상이 다 함께 즐겨 피우는 것도 역시 세상 운수가 그 사이에 있는가 봅니다. 선생의 이른바 세운이라 하심이 실로 좋은 말씀입니다. 만일 이 풀이 아니었더라면 천하 사람이 모두 입창(입병)으로 죽었을는지 누가 알겠습니까?”

나는 진심으로 고개를 끄덕이며 말했으나 왕민호(곡정)는 고개를 가로저었다.

“저는 담배를 즐기지 아니하여도, 나이 예순에 아직 입병이란 없고, 학지정 역시 즐기지 않습니다. 서양 사람들이 대체로 부과하고 허황하여 이익을 낚는 데 교묘하니, 어찌 그 말을 다 곧이듣겠습니까?”

한다. 그때 마침 학지정이 돌아와서 곡정의 필담 중에 ‘저는 담배를 즐기지 아니하여도’와 ‘학지정 역시 즐기지 않습니다’라는 구절에 먹으로 동그라미를 치고,

“그거 아주 독하지요.”

하고는 서로 웃었다.

나는 이에 하직하고 숙소로 돌아왔다.

잠시 후 군기대신(軍機大臣)이 황제의 명령을 받들고 와서 전하기를,

"서번(西藩, 티베트)의 성승(聖僧 : 열하에 있던 판첸라마)에게 가 보지 않겠느냐?"

하매 사신은,

"황제께서 이 보잘것없는 사신들을 한 나라 백성과 다름없이 보시니, 중국의 인사(人士)와는 스스럽지 않게 오가도 무방하지만, 여느 외국 사람과는 함부로 사귀지 못하는 것이 우리나라의 법도입니다."

하였다. 군기대신(軍機大臣)이 가 버린 뒤, 사신들의 얼굴에 수심이 가득했다. 당번 역관들은 황황히 분주하여 마치 숙취(宿醉)에서 덜 깬 사람 같았다. 그리고 비장들은 공연히 성을 내며 투덜거렸다.

"황제의 분부가 고약하기 짝이 없네. 망하려고 작정을 했나. 반드시 망하지. 오랑캐니까 그렇지. 명나라 때야 어디 이런 일이 있었나?"

수역(首譯)은 그 황망한 중에서도 비장을 향하여,

"지금 춘추(春秋) 대의를 논할 때가 아닐세."

하고 핀잔을 주었다. 얼마 아니 되어 군기대신이 또 다시 말을 달려와서 황제의 명령을 거듭 전갈하기를,

“서번의 성승은 중국 사람과 마찬가지이므로 즉시 가 보도록 하라!”

한다. 이에 사신들이 심각한 표정으로 대책을 논하였다.

“가 보는 것은 결국 아주 난처한 일에 연루될 것이다.”

하고 또는,

“글을 예부에 보내어 이치에 맞는지 따지자.”

하고 당번 역관은 이 사람 저 사람 말에 맞춰서 말끝마다,

“예, 예.”

할 뿐이었다. 나는 본시 한산한 몸으로 구경할 뿐, 사행에 관한 일에 대해서는 조금도 간섭이 없었으려니와, 또 이때껏 내게 묻는 일도 없었다. 이때 마음속으로 하도 희한하여,

“이는 참으로 좋은 기회이다.”

하고는, 또 손가락 끝으로 공중에 무수히 권점(동그라미)을 치며 속으로 생각을 요리조리 굴려보았다.

“좋은 제목(題目)이다. 이럴 때 사신이 만일 소장을 올린다면, 그 의로운 명성이 천하에 떨치어서 크게 우리나라를 빛내리로다.”

하고 또 스스로 묻기를,

“그렇다고 군사를 낼 것인가?”

하고 또 스스로 답하기를,

"이건 사신의 허물이니 어찌 그 나라에까지 분풀이를
할 수야 있겠는가? 그러나 사신이 그 빌미로 진(滇 : 운남의
별칭) · 검(黔 : 귀주의 별칭), 곧 운남(雲南) · 귀쥬(貴州)니 하는
곳으로 귀양살이 가는 것쯤이야 하는 수 없는 일일 테지.
그리되면 의리상 나 혼자서 고국으로 돌아갈 수도 없으니,
서촉(西蜀)과 강남(江南)의 땅을 내 곧 밟게 되리로다. 강남
은 오히려 가깝되, 저 교쥬(交州 : 안남 하내(安南河內))니 광주
(光州 : 광동(廣東))니 하는 곳은 연경에서 만여 리 길이나 된
다니, 내 구경이 이처럼 풍성해지고도 남음이 있겠다!"

하고 하도 마음속으로 기뻐서 곧 밖으로 뛰어나가 동편
행랑 아래에서 건량마두 이동(二同)을 불러내어,

"얼른 술을 사오려무나. 네 돈일랑 아끼지 말고, 내 이
제부터 너와 더불어 영영 이별이다."

이동은 아리송한 표정으로 술을 사들고 왔다. 술을 금
방 마시고 들어갔으나, 여태껏 의논이 정하여지지 않아 설
왕설래 중이다. 그러나 예부의 독촉이 성화(星火) 같아서
비록 명나라 홍무 때의 명신 하원길(夏原吉)의 위풍(威風)일
지라도 배겨낼 수 없이 따라야 할 형편이었다. 일단 명을
따르기로 하고 안장과 말을 정돈하는 사이에 저절로 늦어
져서 해가 이미 기울었다.

낮이 지나면서 날씨가 몹시 뜨거웠다. 행재소의 대궐문
을 거쳐 성을 돌아서 서북으로 향해 반도 못 갔을 무렵에

별안간 황제의 조칙이 왔다.

"오늘은 이미 늦었으니 사신은 모름지기 돌아가서 다른 날을 기다려라."

이에 서로 돌아보며 놀라서 되돌아섰다.

소위 성승(聖僧)이란 서번의 승왕(僧王)인데, 호는 반선불(班禪佛)이요, 또 장리불(藏理佛)이라고도 한다.

중국 사람들은 모두 그를 존경하고 믿으며 살아 있는 부처, 활불(活佛)이라 일컫는다. 그는 스스로 말하기를,

"마흔두 대째 환생한 몸으로 전신(轉身, 전생)이라 하며, 전신(前身)은 많이 중국에서 태어났고 나이는 지금 마흔셋이라."

한다.

지난 5월 스무날에 열하(熱河)로 맞아들여 따로 궁궐을 짓고 황제의 스승으로 섬기고 있었다. 혹은 이르기를,

"반선불을 따르는 수행자들이 많아서, 이곳에 들어온 뒤에 점차 줄었으나, 그를 따라온 자가 그래도 수천 명이 넘으며 그들은 모두 비밀히 병장기를 감추고 있건만 황제만이 이를 모른답니다."

하였다. 이는 공연히 인심을 소란하게 하고자 하는 말인 듯싶다. 또 거리의 아이들이 부르는 '황화요(黃花謠)'는 이를 두고 말함이라 한다.

그리고 그 시(詩)는 욱리자(郁離子)가 지은 것이다.

"붉은 꽃 다 지고 누런 꽃이 피는구나."

붉은 꽃이란 청나라의 붉은 모자를 가리킴이었고, 누런 꽃이란 몽고와 서번이 누런 모자를 쓰는 것을 가리키는 이름이었다. 또 한 노래에,

"원(元, 원나라)래는 옛 물건이니 누가 정말 주인이 되어 볼 것인가?"

라고 하였으니, 이 두 노래를 보건대 모두 몽고를 두고 부름이다.

몽고는 지금 마흔여덟 부족이 강하고, 그 중 토번(吐蕃)이 가장 강하고 사납다. 토번은 서북의 호족(胡族)이었으며, 몽고의 별부(別部)로서 황제가 가장 두려워하는 상대였다.

박보수(朴寶樹)가 예부에 가서 이것저것을 탐문하고 와 하는 말이,

"황제께서 말씀하시기를 '그 나라는 예(禮)를 알건만 사신들은 예를 모르네 그려' 했답니다."

그러자 보수와 통관들이 모두 가슴을 치고 울부짖으면서 난리 법석이다.

"우리들은 다 죽었네그려."

이는 통관 무리들의 일쑤 잘하는 버릇이라 한다. 비록 털끝만한 작은 일일지라도, 황제의 명령이라면 문득 죽는다고 야료를 하기가 일쑤인데, 하물며 중도에서 돌아가라

함은 마음에 언짢음을 뜻함이다. 또 예부에서 전하는 말 중 '예(禮)를 모르네'라는 구절은 곧 황제가 불편한 심기를 노골적으로 드러낸 것이다. 통관들이 가슴을 치며 우는 것도 공연한 엄살만은 아니겠으나, 그 행동거지가 흉측하고 왈패스러워 보는 사람들로 하여금 요절복통하게 한다. 우리나라 역관들도 두렵긴 할 테지만, 조금도 까딱하지 않았다.

저녁에 예부에서 알려오기를,

"내일 식후에나 모래 아침결에 황제께서 사신을 만나보실 테니 일찍 서둘러서 늦지 말라."

한다. 저녁 뒤에 윤형산(尹亨山)을 찾았다. 마침 홀로 앉아서 담배를 피우다가, 손수 담아 불을 붙여서 내게 권하고는,

"영형 대인께서 귀중하신 몸 안녕하십니까?"

"황제 덕택에 별고 없으시답니다."

하였더니 그는 또 '계림유사(鷄林類事, 경주의 고사)'를 묻기에 나는,

"이는 열수(洌水) 지방의 방언(方言)과 다름없는 것입니다."

하였다. 윤형산은 또,

"귀국에 『악경(樂經)』이 있다는데 과연 그렇습니까?"

하는 중에 기풍액(奇豊額)이 와서 '악경'이란 글자를 보고

는 역시,

"귀국에 또 안부자(顔夫子 : 안회(顔回))가 지은 책이 있으나, 중국에 오는 사신(使臣)이 이 두 책을 지니고 오면 압록강(鴨綠江)을 건너지 못한다 하니 정말 그렇습니까?"

"공자가 계신데 안회(顔回)가 어찌 책을 지었겠습니까? 또한 진(秦)나라가 시(詩)와 서(書)를 불살랐으니 어찌『악경』만이 빠질 수 있겠습니까?"

하였더니 기풍액(奇豊額)은,

"참 그럴 것입니다."

"중국은 문명(文明)이 집중되는 곳이니, 만일 우리나라에 참으로 이 두 가지 책이 있어서 가져오려는 자가 있었다면, 이는 모든 신령이 두호할 일이거늘, 어찌 강물을 잘 건너지 못하였으리까?"

하였다. 윤형산(尹亨山)은,

"옳은 말씀입니다.『고려지(高麗志)』가 일본(日本)에서 나왔으니까요."

하기에 나는,

"『고려지』라니, 몇 권이나 됩니까?"

하였더니 윤형산은,

"난완(蘭畹) 무공련(武公璉)이 초(鈔)한『청정쇄어(蜻蜓瑣語)』에 고려서목(高麗書目)이 있습니다."

한다. 기풍액이 나를 이끌고 나와서 달을 구경하는데,

이때 달빛이 낮같이 밝았다. 나는,

"달 속에 만일 또 하나의 세계가 있다면, 달에서 땅을 바라보는 이 있어서, 그 난간(欄干) 밑에 비켜서서 우리와 함께 땅의 빛이 달에 가득함을 구경할 것입니다."

하였더니, 기풍액이 손으로 난간을 치면서 기이한 말이라 일컬었다.

8월 11일 정사(丁巳)

날이 맑았다. 새벽에 사신이 대궐로 들어갔다. 상서(尚書) 덕보(德保)가 사신과 문안 인사를 나눈 뒤에,

"내일은 황제께 의당 만나보시겠다는 명령이 내릴 것이나, 오늘도 역시 반드시 없으리라고는 확언할 수 없은즉, 잠깐 조방(朝房 : 황제 알현 대기실)에 앉아서 기다리십시오."

한다. 사신이 모두 조방에 들어간즉, 황제가 또 어찬(御饌) 세 그릇을 내리었는데, 그 내용은 어제 것과 같았다.

나는 궐문 밖에 나가서 천천히 걸어 다니면서 구경하였다. 어제 아침보다 더 혼잡하여 검은 티끌이 공중에 가득하며, 길가 다방(茶房)과 주점(酒店)에 수레와 말들이 들끓었다.

아침에 너무 일찍 일어났으므로 속이 헛헛하여 혼자 사관으로 돌아오는 도중에 한 젊은 중을 만났다. 준마(駿馬)를 타고서 검은 비단으로 만든 네모난 관을 쓰고 공단으로 지은 도포(道袍)를 입었다. 얼굴도 아름답고 의관의 차림도 말쑥한 품이, 중인 것이 아까웠다.

의기가 양양하게 지나가던 중이 아주 큰 노새를 타고 오는 한 사람과 만나 말 위에서 서로 손잡고 반기더니, 중이 별안간 성낸 빛을 띠었다. 그러다가 둘이 다 목청을 돋운 끝에, 마침내 말 위에서 서로 치고받기 시작했다. 중이 두 눈을 사납게 부릅뜨며 한 손으로 가슴을 움켜잡고, 또 한 손으로 머리를 내리친다. 노새 탄 자는 몸을 기울이며 약간 비키더니, 모자가 떨어져서 목에 걸렸다. 그도 역시 몸이 건장하고 머리와 수염이 약간 희끗희끗한데, 그 기색을 살피니 중에게 조금 꿀리는 모양이다. 둘이 서로 붙안은 채 안장에서 떨어져 땅에 뒹굴었다.

처음에 노새 탔던 자가 중을 가로탔으나, 나중에는 중이 뒤쳐서 위에 올랐다. 제각기 한 손으로 가슴을 움켜쥐어 서로 때릴 수는 없고, 다만 얼굴에 침을 뱉을 뿐이다. 노새와 말은 마주 우두커니 서서 움직이지 않는다. 둘이 한 덩어리가 되어 길을 굴러갈 뿐, 에워싸 구경하는 사람도 없고, 풀어 말리는 자도 없었다. 서로 쳐다보고 내려다보면서 헐떡일 뿐이다.

한 과일 가게에 들렀다. 마침 새로 난 과일이 산더미처럼 쌓여 있었다. 노전(老錢, 중국의 엽전) 일백(一陌)으로 배 두 개를 사가지고 나오니, 맞은편 술집의 깃발이 난간 앞에 펄럭이고, 은호(銀壺)·주병(酒甁)이 처마 밖에서 너울너울 춤을 춘다. 푸른 난간이 공중에 걸쳤고, 금빛 현판은 햇빛에 번쩍거린다.

좌우의 푸른 술집 깃발[酒旗]에는,

"신선은 허리띠를 풀고,

공경은 금관자와 웃옷을 끄르네."

라고 쓰여 있다.

다락 밑에는 수레와 말이 몇 필 놓여 있고, 다락 위에선 사람들의 웅얼거리는 소리가 마치 벌과 모기 떼 같았다.

나는 발걸음 가는 대로 다락 위로 올라가니, 층층대가 열둘이었다.

탁자를 사이에 놓고 교의에 앉아 서넛, 혹은 대여섯 사람들이 끼리끼리 둘러앉았는데, 모두 몽고 회자(回子)들이요, 무려 수십 패였다. 몽고 사람의 머리에 쓴 것은 마치 우리나라 쟁반 같고, 모자가 없으며, 그 위에는 양털로 꾸미고 누렇게 물들였다. 혹은 갓을 쓴 자도 없지 않으나, 그 모양은 우리나라 전립(氈笠, 갓벙거지)과 같은데, 혹은 등나무나 가죽으로 하여 안팎에 금칠을 하고, 혹은 오색 빛깔로 구름무늬 같은 것을 그렸다. 모두 누런 옷에 붉은 바지를 입었다.

회회인은 대체로 붉은 옷을 입었으나, 또한 검은 옷도 많았다. 붉은 전(氈)으로 고깔을 만들어 썼으나, 테두리가 너무 넓어서 다만 앞뒤에 차양을 달았을 뿐, 그 모양이 마치 돌돌 말린 연잎이 물속에서 갓 나온 것 같고, 또 약을 가는 쇠방망이처럼 두 끝이 뾰족하고 가볍고 부박해서 우스꽝스러워 보인다.

내가 쓴 갓은 벙거지같이 생긴 것으로, 은으로 술을 새기고 꼭지에 공작 깃을 꽂았으며, 턱을 수정 끈으로 매었으니, 두 오랑캐의 눈에 어떻게 보일 것인가?

만주족이고 한족이고 간에 중국 사람이라곤 한 사람도 다락에 없었다. 두 오랑캐의 생김생김이 사납고도 더러워서, 올라온 것이 후회가 되기는 하나, 이미 술을 청한지라 그 중 한 좋은 교의를 골라서 앉았다.

심부름꾼이 와서,

"몇 냥(兩)어치 술을 마시렵니까?"

하고 묻는다. 여기서는 술 무게를 달아 파는 것이다.

나는,

"넉 냥만 쳐 오려무나."

하였다. 심부름꾼이 가서 술을 데우려 하기에 나는,

"데워선 못써. 찬 것 그대로 달아 와."

했더니, 술 심부름꾼이 웃으면서 부어 와서 먼저 작은 잔 둘을 탁자 위에 벌여 놓으므로 나는 담뱃대로 그 잔을 쓸어 엎어 버리고,

"큰 술잔으로 가져 와."

하여 모두 부어서 대번에 다 들이켰다.

뭇 되놈들이 서로 돌아보면서 놀라지 않는 자가 없었다. 대체로 내가 쾌하게 마시는 것을 장하게 여기는 모양이었다.

중국의 술 마시는 법이 매우 얌전하여서, 비록 한여름에라도 반드시 데워 먹을 뿐더러, 심지어 소주까지도 역시 끓이며, 술잔은 작기가 은행알 만한데도 오히려 입에 대고 홀짝홀짝 조금씩 마신다. 탁자 위에 남겨 두었다가 때때로 다시 마시며, 단번에 쭉 기울이는 법이 없다.

다른 오랑캐들 역시 이와 같아서, 세속에서 이른바 큰 종지나 사발에 따라 마시는 일은 아주 없었다.

내가 찬 술을 달래서 넉 냥쯤을 단숨에 마신 것은, 이것으로 저들을 두렵게 하기 위하여 일부러 대담한 체하려 함이다. 이는 실로 겁쟁이가 호기를 부린 것이지 용기 있는 행동은 아니었다. 내가 찬 술을 달라고 할 때 여러 오랑캐들의 눈이 휘둥그레졌고 이미 3푼(分)쯤 놀랐는데, 단번에 마시는 것을 보고는 크게 놀라서, 도리어 저쪽에서 나를 두려워하는 기색이다.

주머니에서 8푼을 꺼내어 심부름꾼에게 술값을 치러 주고 나오려는데, 여러 오랑캐들이 모두 교의에서 내려 머리를 조아리며 다시 한 번 앉기를 권하고는, 그 중 한 사람이 제 자리를 비워서 나를 붙들어 앉힌다. 저희는 호의로

하는 것이나 나는 벌써 등에 식은땀이 배었다.

순간, 한 장면이 떠올랐다. 내 어릴 때 하인들이 끼리끼리 모여서 술 먹는 것을 본 적이 있었다. 그때 주령(酒令) 중에,

'평소 자기 집을 지나치면서도 들어가 본 적이 없는데, 나이 일흔에 생남하고 보니, 등에 땀이 젖었구료(술김에 아이를 만들었다는 뜻).'

라는 구절이 있었다.

내 성미가 본디 웃음을 참지 못하는 터라 그걸 보고는 사흘 동안 허리가 시큰거릴 정도로 웃었다.

오늘 아침에 만 리 변방에서 문득 뭇 오랑캐들과 더불어 술을 마시매 만일 주령을 세운다면 정말 술김에 호기를 부리다,

"등에 땀이 솟는다."

하여야 할 것이리라.

한 오랑캐가 일어나 술 석 잔을 부어 탁자를 치면서 마시기를 권한다. 나는 일어나 그릇에 남은 차(茶)를 난간 밖에 버리고는, 그 석 잔을 모두 부어 단숨에 쭉 들이켜고, 몸을 돌려 한 번 읍한 뒤 큰 걸음으로 층층대를 내려오는데, 머리끝이 으쓱하여 무엇이 뒤를 따라오는 것만 같았다. 나와서 길 가운데 서서 위층을 쳐다보니, 웃고 지껄이는 소리가 요란하다. 아마 내 말을 하는 모양이다.

태학관에 돌아오니 점심때가 아직 멀었기에 윤형산(尹亨山)의 처소에 들렀더니, 조정에 나가고 없었다. 다시 기안찰(奇按察)을 찾았으나, 역시 머물러 있지 않았다.

또 왕곡정(王鵠汀)을 찾았더니, 곡정이『구정시집 서(毬亭詩集序)』를 내어 보인다. 문장이 그다지 좋지 않을 뿐더러 또 전편이 오로지 강희 황제와 지금 황제의 성덕(成德)과 대업(大業)을 그린 것으로, 그들은 요(堯)임금·순(舜)임금에 비기어서 지나치게 번거롭다. 미처 다 읽기 전에 창대가 와서,

"아까 황제께서 사신을 부르시더니 또 활불(活佛)을 접견하라 하셨습니다."

한다.

나는 밥을 재촉하여 먹고 의주비장(義州裨將)과 함께 궐내에 들어가서 사신을 찾았으나, 이미 반선(班禪)의 처소로 가고 없었다. 곧 궐문을 나오니, 황육자(皇六子)가 문에 이르러 말에서 내려 문 밖에 매어 두고, 구종들과 더불어 바쁜 걸음으로 들어갔다.

어제는 말을 탄 채 그대로 들어가더니, 오늘은 말에서 내리는 것이 무슨 까닭인지 알 수 없다. 궁성을 끼고 왼편으로 돌아드니, 서북쪽 일대의 궁관(宮觀)과 사찰(寺刹)들이 면면이 눈에 들어온다. 거기에는 4, 5층 누각도 있다.

이는 이른바,

'상강(湘江)에 배를 타고 굽이굽이 돌아들 제,
 형산(衡山) 아홉 봉우리 그 얼굴 다 뵈누나.'
가 곧 이를 두고 일컬음이리라.

군포(軍鋪)가 있는 곳마다 숙위(宿衛)하는 장정들이 모두 나와서 구경하다가, 내가 혼자서 방황하고 있음을 보고 서로 다투어 서북쪽을 멀리 가리켜 준다.

그제야 강을 끼고 가노라니, 물가에 흰 군막이 수천 개나 있는데, 모두 수자리 사는 몽고병이었다. 또 북녘으로 눈을 돌려 멀리 하늘가를 바라본즉, 두 눈이 별안간 어지러워진다.

반공중(그리 높지 않은 허공)에 우뚝 금옥(金屋 : 황금 궁궐)이 솟았는데 구름 속에 들어가 번쩍번쩍 빛이 눈에 부신 까닭이다.

강에는 거의 1리(里)나 되는 다리가 놓였으며, 난간을 꾸민 단청이 서로 어리었고, 몇 사람이 그 위로 다니는 것이 아련히 그림 같다.

이 다리를 건너고자 하니, 모래 위로 사람이 급히 오면서 손을 휘젓는 것이, 건너지 말라는 것 같다. 마음은 몹시 바빠서 말을 곧장 채찍질하였으나, 오히려 더딘 것 같으므로 마침내 말에서 내려 강을 따라 올라가니, 돌다리가 있고 그 위에 우리나라 사람들이 많이 오가기에 문을 들어서니, 기이한 바위와 이상한 돌들이 층층으로 쌓이었고,

그 솜씨의 교묘함은 사람 아닌 귀신의 수법인 듯싶다.

사신과 당번 역관은, 궐내에서 바로 왔으므로 내게 미처 알리지 못한 것을 애석히 여기던 차에 내가 나타난 것이 뜻밖이어서, 모두들 내게 구경하는 버릇이 심하다고 조롱하였다.

연경에서도 숲 사이로 자주·다홍·초록·파랑 등 빛깔의 기와로 이은 집이 드러나 보이고, 더러는 정각(亭閣) 꼭대기에 금빛 호로병을 세운 것은 있었으나, 지붕 위에 금기와를 올린 것은 보지 못했다.

이제 이 전(殿)에 덮은 기와가 비록 순금인지 도금인지는 알 수 없겠으나, 2층 대전(大殿)이 둘, 누각이 하나, 문이 셋이었다. 그 나머지 정각은 여러 빛깔로 된 유리기와인데, 이에 비하면 무색하여 보잘것없었다.

동작대(銅雀臺)의 기와는 가끔 캐어서 고연(古硯 : 묵은 벼루)으로 쓰이나, 이는 가마에 구운 것이요, 유리가 아니었다.

유리기와는 어느 때 비롯된 것인지 알 수 없으나 시인(詩人)이 이른바,

"옥섬돌에 금지붕이여."

하고 떠들던 것이 정말 오늘 내가 보는 것과 같은 것인지는 알 수 없다.

그 일이 사전(史傳 : 역사책) 중에 나타난 것으로는,

“한(漢)나라 성제(成帝)가 소의(昭儀, 조비연의 자매)를 위하여 집을 짓는데, 그 체(砌)를 모두 구리로 하여 황금을 입히었다.”

하였는데, 안사고(顔師古)가 이에 주(註)를 달았다.

“체(砌)란 문지방이니, 구리를 그 위에 입히고, 게다가 또 금을 입히었다.”

하였다. 또 사전에 이르기를,

“바람벽 가운데엔 가끔 황금 항(缸)을 해 박고는, 남전산(藍田山)에서 나는 옥과 진주와 비취(翡翠)의 날개로 장식하였다.”

하였는데 복건(服虔)은 이르기를,

“항(缸)이란 벽 가운데 가로지르는 띠이다.”

하였고 진작(晉灼)은,

“금환(金環)으로 꾸민 것이다.”

하였다.

대체로 영인(伶人) 현(伭)이나 반맹견(班孟堅) 같은 사람들의 글에는 짐짓 ‘황금(黃金)’이란 글자를 되풀이하여 묘사했으므로, 천 년 뒤에 한 번 책을 펼치면 오히려 눈부시고 휘황할 지경이다. 그러나 이들은 벽이나 문지방에 금칠한 정도임을 보고, 역사를 쓰는 이들이 지나치게 과장했을 뿐이리라.

참으로 소의(昭儀)의 자매(姉妹)에게 이 집을 보였던들,

반드시 앙탈을 부리며 침대에 쓰러져 울고 밥을 먹지 않았을 것이다. 그리고 설사 성제(成帝)가 화려하게 하고 싶었더라도, 안창(安昌)·무양(武陽)의 무리가 모두 유자(儒者)인지라, 반드시 옛 경서를 이끌어 붙여서 이를 반대했을 것인즉, 성제의 역량으로서는 어떻게 할 수 없었을 것이다. 또 설혹 그 뜻대로 되었다 하더라도, 반맹견의 필력(筆力)으로써 과연 어떻게 표현하였을까? 알지 못하겠다.

'금으로 된 궁전이 으리으리하구나'하고 금방 지워버렸을 것이요, 또, '금궐(金闕)이 하늘 높이 솟았다.'고 하였을 것이다.

그리고 나서는 한 번 읊어 보고 또 지워버렸을 것이요, 또 '2층 대궐을 세우고 기와에 황금을 칠했다.' 하였거나 또는, '임금께서 황금전(黃金殿)을 세웠다.' 라 하였을까?

비록 양한(兩漢) 때 문장가라 하였지만 제대로 다 표현해 낼 도리가 없었을 것이니, 이는 천고 작가(作家)의 끼친 한(恨)이 아닐 수 없겠다.

예를 들면, 저 그림을 그리는데 궁실을 잘한다 하더라도 궁실에는 사면이 있고 또 안팎이 있으며, 또 덧놓이고 겹친 곳도 없지 않다. 이에 비록 서양의 그림이 제 아무리 교묘하다고 한들, 다만 한 면을 그렸으니 남은 세 면은 그릴 수 없을 것이다. 그 밖은 그려도 속은 그릴 수 없으며, 복전(複殿)·첩사(疊榭)와 회랑(回廊)·중각(重閣)은 단지 그 날아갈 듯한 처마와 아련한 대마루를 모사했을 뿐이다.

그 파고 새김이 섬세하여 털끝 같으니, 그림으로는 이를 다 표현해 낼 수 없는 것이 곧 천고 화가(畵家)의 끼친 한이리라. 그러므로 우리 공부자께서 이미 이 두 가지에 대하여 탄식하시되,

"글월은 말로 다할 수 없고, 그림도 뜻으로 다 표현할 수 없겠다."

하였던 것이다.

천하에 사관(寺觀 : 사찰과 도관)이 만을 헤아리지만, 금을 입힌 것은 다만 산서(山西)성에 있는 오대산(五臺山)의 금각사(金閣寺)가 있을 뿐이다.

당나라 대종(代宗 : 이예(李豫)) 대력(大曆) 2년(767년)에 왕진(王縉)이 정승이 되어, 중서성(中書省) 부첩(符牒)을 내려서 오대산의 중 수십 명을 사방에 흩어 보내어 시주(施主)를 모아 이 절을 짓게 하였다.

구리쇠로 기와를 굽고 금을 입히어서 그 비용이 여러 만금인데, 그 집이 아직도 남아 있다 한다. 지금 이 기와 역시 구리쇠로 굽고 금을 씌웠을 것이다.

내가 요양의 거리에서 잠시 쉴 때였다. 모두들 다투어,

"황금을 갖고 오셨지요?"

하고 묻기에 나는,

"금은 조선의 토산물(土産物)이 아니오."

하였더니, 그들은 모두 비웃었다.

심양·산해관·영평·통주를 지나칠 때에도 모두들 금을 묻지 않는 자가 없었다. 내가 번번이 처음같이 대답하면, 그들은 문득 제 모자 꼭대기를 가리키면서,

"이게, 조선 금이라오."

한다.

연암(燕巖)에 있는 우리 집이 송도(松都)에 가까워서 가끔 그곳에 드나들었는데, 송도는 곧 연상(燕商 : 연경에 드나드는 장사치)들의 거점이었다.

해마다 7, 8월서부터 10월까지의 사이에 금값이 폭등하여, 한 푼쭝에 엽전으로 마흔다섯 닢, 또는 쉰 닢씩 한다.

우리나라에서는 금을 쓸 곳이 별로 없으며, 문무(文武) 이품(二品) 이상의 금관자나 금띠로 말하더라도, 늘 만드는 것이 아니요, 흔히들 서로 빌어서 쓰고, 또 시집가는 색시의 가락지나 머리꽂이도 그리 많지 않다. 그러다보니 금은 그 가치가 흙이나 다름없을 것이거늘, 이곳에서 금이 이토록 귀하게 취급되는 것은 어인 까닭일까?

내가 압록강을 건너기 전에, 박천(博川)땅에 이르러 말을 길옆에 세우고 버드나무 밑에서 땀을 들일 때였다. 남부여대(男負女戴 : 남자는 등에, 여자는 머리에 짐을 인다는 뜻으로 떠돌이 삶)하고 가는 사람들이 떼를 지었는데, 모두 열아홉 살 되는 사내와 계집아이들을 데리고 마치 흉년에 유리걸

식하러 가는 것 같기에 이상히 여겨서 물은즉,

"성천(成川) 금광으로 가는 것이옵니다."

한다. 손에 든 그 기구를 보니, 나무바가지 하나, 포대 하나, 끌 하나일 뿐이다. 끌로 흙을 파내어 포대에 담아서 바가지로 이는 것이다. 온종일 흙 한 포대만 일면 별로 애쓰지 않아도 먹고 살 수 있단다. 조그만 계집아이들이 더욱 잘 팔뿐더러, 눈이 밝아서 금을 잘 얻곤 한다.

나는 그들에게,

"하루 종일 하면 금을 얼마나 얻는 거요?"

하였더니 그들은,

"그건 재수에 달렸지요. 혹은 하루에 여남은 알을 얻는 경우도 있고, 재수가 없으면 서너 알에 그치며, 재수가 트이면 삽시에 부자가 된답니다."

한다.

"그럼, 그 알이 어떻게 생겼는가?"

하였더니,

"거의 피 낟알만합니다."

한다. 금을 캐는 것이 농사짓기보다 이익이 나으니, 한 사람이 하루에 얻는 금이 적어도 예닐곱 푼쭝은 되어서, 돈으로 바꾸면 두세 냥이나 된단다.

비단 농사꾼들 태반이 농장을 떠나 이에 모여들 뿐 아니라, 사방의 건달패와 놈팡이들이 달려와 저절로 부락이 이룩되어서 무려 십만여 명이 들끓고, 쌀이나 기타 여러 가지의 물건이 모여들어, 술과 밥이며 떡과 엿 같은 것을 파는 장사들이 산골에 가득 차 있다한다.

나는 알지 못하겠노라. 그 금이 어디로 가며, 그 캐낸 금이 많을수록 그 값이 더욱 오름이 무슨 까닭일까? 이제 이 기와에 물들인 것이 우리나라 금인지 아닌지 어찌 알 수 있으랴?

청나라 초기에 새해에 진상하는 예물 목록에서 제일 먼저 금을 면제하였음은, 토산품이 아니기 때문이다. 이제 만일 간교한 장사꾼들이 법을 어기고 몰래 이를 팔다가, 혹시 이것이 청의 조정에 알려지게 된다면, 비단 사단이 생길 염려가 있을 뿐 아니라, 황제가 이미 황금으로 지붕을 칠하였으니 우리나라에도 금광을 열지 않을 줄 누가 알겠는가?

대(臺) 위의 작은 전각문의 창호지는 모두 우리나라 종이로 도배하였다. 창틈으로 들여다보니 아무 것도 없이 텅 비었고, 의자·탁자·향로·화병 등이 모두 운치 있어 보인다. 사신들이 하인들을 문 밖에 남겨 두고서 함부로 들어오지 말도록 엄명하였는데, 조금 뒤에 모두 기어올랐다. 역관과 통관들이 크게 놀라서 꾸짖어 도로 나가게 하였다.

그들은,

"저희들이 감히 함부로 들어왔겠습니까? 문지기가 오히려 저희들이 들어가지 않을까 저어하는 듯이 인도해서 올라온 것이옵니다."

한다. 여기에 대하여 『찰십륜포(札什倫布)』와 『반선시말(班禪始末)』의 기록이 따로 있다.

정사가 말하기를 '아침나절 사찬(賜饌 : 황제가 내린 음식)이 있은 뒤 조금 지나서 궐에 들어가 보라'는 명령이 내려졌다고 한다. 통관이 인도하여 사신 일행이 정문 앞에 이르렀더니, 그 동쪽 협문에 시위(侍衛)하는 여러 신하들이 섰거나 혹은 앉아 있었다. 상서 덕보와 낭중 몇 사람이 와서, 사신의 출입을 주선하는 절차를 지휘하고 갔다.

이윽고 군기대신이 황제의 뜻을 받들어,

"그대의 나라에도 사찰이 있으며, 또 관제묘도 있는가?"

하고 묻더니, 얼마 아니 되어 황제가 정문으로 해서 문 안의 벽돌을 깔아 놓은 자리에 앉았다. 의자와 탁자도 내어 오지 않고, 다만 평상에 누런 보료를 깔았으며, 좌우의 시위는 모두 누런 옷을 입었다. 그 중에서 칼을 찬 자는 서너 쌍에 불과하고, 누런 일산을 받들고 선 자는 두 쌍이다. 그들은 모두 엄숙한 표정으로 조용하다.

먼저 회회국(回回國)의 태자가 앞으로 나와 몇 마디 아뢰고 물러간 뒤에, 사신과 세 통사(通事)를 나오라 하매 모두 나아가 무릎을 꿇었다. 이는 무릎이 땅에 닿을 뿐, 뒤를

붙이고 앉은 것은 아니다. 황제가,

"국왕(國王)께서 평안하신가?"

하고 물으니 사신은 공손히,

"평안하옵니다."

하고 대답하였다. 황제는 또,

"만주말을 잘하는 이가 있는가?"

하니 상통사(上通事) 윤갑종(尹甲宗)이,

"약간 아옵니다."

하고 만주말로 대답하였더니, 황제가 좌우를 돌아보며 기뻐 웃었다. 황제는 모난 얼굴이 희멀겋고 약간 누런빛을 띠었으며, 수염이 반쯤 희고, 나이는 예순이 된 듯싶다. 봄바람과 같은 온화한 기운, 춘풍화기(春風和氣)를 지녔다.

사신이 반열(班列)에서 물러서자, 무사 예닐곱이 차례로 들어와 활을 쏘는데, 살 하나를 쏘고는 반드시 꿇어앉아서 고함을 친다. 그리하여 과녁을 맞힌 자가 두 명인데, 그 과녁은 마치 우리나라의 풀로 만든 과녁과 같으면서 한복판에 짐승 한 마리를 그렸다. 활쏘기가 끝나자 황제가 곧 돌아갈 제, 내시들은 모두 물러가고 사신도 역시 물러갔다.

문 하나를 채 못 나와서 군기(軍機)가 와서,

"사신은 곧장 찰십륜포(札什倫布, 반선 라마 활불이 살고 있는 곳)로 가서 반선(班禪) 액이덕니(額爾德尼)를 뵈오라."

하고 황제의 전갈이 내려왔다.

옛 역사를 상고하건대, 서번(西蕃)은 멀리 사천(四川)·운남(雲南)의 밖에 있는데, 이른바 서장(西藏)의 땅이다. 대체로 변방에 있어서, 중국과 거리가 더욱 멀었다. 당나라 때는 '토번(吐蕃)'이라 불렀다. 반선이란 서번 말로는 '빛' 또는 '지혜'라는 뜻이다.

강희 59년(1720년)에 몽고 서부 신강 지방에 있던 오이라트 부족의 장수, 책망아라포원(策妄阿喇布坦)이 납장한(拉藏汗, 몽고 부족의 추장)을 유인하여 죽이고 그 성지(城地)를 점령하여, 묘당을 헐어 버리고 번승(番僧)의 지위를 박탈하였다. 그래서 도통(都通) 연신(延信)을 평역장군(平逆將軍)으로, 갈이필(噶爾弼)을 정서장군(定西將軍)으로 삼고는, 장병(將兵)을 거느리고 새로 봉한 달뢰라마(達賴喇麻 : 달라이 라마)를 보내어 사장의 일대를 평정한 뒤에, 황교(黃敎 : 라마교의 별칭)를 진흥시켰다 한다.

소위 황교라는 것은 무슨 도(道)인 줄을 알 수 없겠으나, 대체 몽고 제부(諸部 : 여러 부족)가 숭배하는 교이므로, 서장이 혹시 침략의 걱정이 있으면, 강희 황제 때부터 친히 황제의 군사인 육군(六軍)을 거느리고 영하(寧夏 : 감숙성(甘肅省)에 있는 지명)까지 이르러 장수를 보내서 구원하여 동란을 진정시킨 것이 한두 번이 아니었다.

건륭 을미(1775년)에도 토사(土司 : 원나라 이후 서남 지방에

둔 벼슬. 회유책으로 그 지역 추장을 주로 임명함) 삭락목(索諾木)
이 사천 서북쪽 금천(金川)에서 반기를 들었을 제, 황제가
서장 길이 막힐까보아 두려워해서 아계(阿桂)를 정서장군
으로, 풍승액(豊昇額)·명량(明亮)을 부장(副將)으로, 해란찰
(海蘭察)·서상(舒常)을 참찬(參贊)으로, 복강안(福康安)·규림
(奎林) 등을 영대(領隊)로 삼아 군사를 이끌고 가서 평정한
적이 있다. 이도 역시 서장을 위함이다.

대체 서장의 땅은 황제가 친히 보호하는 곳이요, 그 법
왕은 천자가 스승으로 섬기었다. 또 황(黃)으로 그 교의 이
름을 지은 것은, 혹시 중국 최초의 임금으로 여기는 황제
(黃帝)와 노자(老子)의 도(道)를 숭배함이 아닌가 싶었다.

서장 사람들의 옷과 갓은 모두 누렇다. 몽고 사람이 이
를 본받아서 역시 누런빛을 숭상한다. 그렇다면 황제의
시기함과 사나움이 어찌 유독 이 황화요(黃花謠)를 꺼리지
않았는지 모르겠다.

액이덕니(額爾德尼)는 서승(西僧 : 서번의 승려)의 이름이 아
니라, 서번의 땅 이름이다. 땅 이름으로 별호를 삼으니 괴
이하고도 황당(荒唐)하여 그 요령을 얻기 어려운 일이다.

사신은 비록 억지로 나아가 반선(班禪)을 보았으나 마음
속으로는 불평을 품었으며, 당번 역관들은 오히려 일이 날
까보아 급급히 미봉(彌縫)하는 것을 다행으로 알았고, 하인
들은 모두 마음속으로 번승과 황제의 잘못을 욕하고 비방

하였다.

왜냐하면, 그들은 만국의 공통된 군주로서 그 한 가지의 거조(擧措 : 말이나 행동하는 태도 또는 어떤 일을 꾸미거나 처리하기 위한 조치)라도 삼가지 않을 수 없음을 의미함이다.

태학(太學)에 돌아오니, 중국의 사대부들은 모두 내가 반선을 만나보았음을 영광으로 생각하였다. 또한 그 도술(道術)의 신통(新通)함을 극구 칭찬하지 않는 자 없었으니, 그들의 시세에 영합하는 기풍이 이러하였다.

대체 예로부터 세도의 승침(昇沈)이나 인심의 선악이 모두 윗사람으로부터 인도되지 않음이 없었던 것이다.

학지정의 집에서 잠시 술을 마셨다. 이날 밤에는 달이 유난히 밝았다.

8월 12일 무오(戊午)

날이 맑았다. 새벽에 사신이 조회에 참례하여 연극 구경을 한다고 한다.

나는 너무나 피곤하고 졸음이 와서 이내 누워서 편안히 한숨 자다가 아침밥이 끝난 뒤 슬슬 걸어서 궐내에 들어 갔다.

사신은 조회에 참례한 지 이미 오래되었는데도, 당번 역관 및 모든 비장은 뒤에 떨어져 궁문 밖 낮은 언덕 위에 머물러 대기중이었다. 통관들도 역시 이곳에 앉아서 들어 가지 못하였다.

음악 소리가 담장 안 가까이 새어 나오기에 좁은 문틈 으로 엿보았으나 아무것도 보이지 않았다. 담장을 돌아 여남은 걸음을 가서 작은 일각문(一角門)이 있는데, 한 쪽 은 열려 있고 또 한 쪽은 닫혀 있다. 내가 조금 들러서 보 려 한즉, 군졸 몇이 말리며 문 밖에서 바라보기만을 허용

한다.

문 안 사람들은 모두 문을 등진 채 즐비하게 섰는데, 조금도 자리를 옮기지 않고 마치 허수아비를 세워 놓은 듯하였으며, 엿보려고 하여도 도무지 틈이 없기에 다만 그들 머리 사이 빈 곳으로 바라본즉, 무대 장치에서는 은은히 한 더미 푸른 산에 소나무와 잣나무가 울창하였다. 푸른 동산 하나가 언뜻 보이다 말다 하여 어디로인지 사라져 버린다.

또 울긋불긋한 적삼에 수놓은 도포를 입은 자가, 얼굴에는 붉은 연지를 바르고 허리 이상이 사람들 머리 위로 헌걸차게 솟았으니, 아마 초헌(貂軒)을 탄 것 같았다. 그리고 그 무대(舞臺)의 거리는 멀지 않으나 그늘지고 깊디깊어, 마치 꿈속에 성찬(盛饌)을 만난 것처럼 먹어도 맛을 알 방법이 없었다. 문지기가 담배를 달라기에 곧 내어 주었다.

또 한 사람이 내가 오랫동안 발꿈치를 들고 선 것을 보고는 걸상[凳] 하나를 가져다가 그 위에 올라서서 바라보게 하기에 나는 한 손으로 그의 어깨를 잡고 또 한 손으로 문지방을 짚고 그 위에 올랐다. 출연하는 자들은 모두 한 족의 옷과 갓으로 차렸으며, 4, 5백 명이 함께 몰려들었다가 일제히 노래를 부른다. 하지만 나는 횃대를 탄 오리 모양이 되어 오래 서 있기가 어렵기에, 돌아 나와 작은 언덕의 나무 그늘 밑에 앉았다.

이날은 몹시 더웠으나 구경꾼들은 빽빽하게 둘러서 있었다. 그들 중에 수정 꼭지를 단 사람이 많았으나, 그들이 어떤 관원(官員)인지는 알 길이 없었다. 한 청년이 문을 나서니, 사람들이 모두 그를 피한다. 그 청년이 잠시 발을 멈추고 종자(從者)에게 무슨 말을 하는데, 돌아보는 모습이 몹시 사나워 보였다. 사람들은 모두 두려워 잠자코 있었다.

두 군졸이 채찍을 갖고 와서 사람을 몰아내니, 회회사람 하나가 앉았다가 성내어 일어나서 두 군졸의 뺨을 치고 한 주먹으로 때려 눕혔다. 청년 관원은 눈을 흘기면서 어디로 사라져 버린다. 남들에게 누구냐고 물은즉, 모자 정수리에 수정을 단 자는 호부상서(戶部尙書) 화신(和珅)이라 한다. 눈매가 곱고 준수한 얼굴에 기운이 날카로웠으나, 다만 덕기가 없으며, 나이는 이제 서른하나라 한다.

그는 애초 난의사(鑾儀司) 호위 군졸의 출신으로 성격이 몹시 교활하여 윗사람의 비위를 잘 맞추었으므로, 불과 대여섯 해 사이에 갑자기 귀한 자리를 얻어서 화성 구문(九門)을 총괄하는 제독이 되어, 병부상서(兵部尙書) 복강안(福康安)과 함께 언제나 황제의 좌우에 붙어 있으므로, 그 세력이 조정에 떨쳤다.

이시요(李侍堯)가 해명(海明)에게 뇌물 받은 것을 적발하

여 우민중(于敏中 : 청의 건륭 때의 고관)의 집을 몰수하고 아
계장군(阿桂將軍)을 내친 것이 모두 화신의 힘이었다. 이런
일은 모두 금년 봄과 여름 사이의 일이었다.

그렇기 때문에 모든 사람들이 함부로 눈을 뜨고 바로
보지 못한다. 그리고 황제가 이제 여섯 살 나는 딸을 화신
의 어린 자식에게 약혼시켰는데, 황제의 나이가 늙어서 성
격이 점차 조급해져 노여움이 잦으므로 좌우에게 매질하
기가 일쑤였으나, 그가 이 어린 딸을 가장 사랑했으므로,
황제가 크게 성낼 때면 궁인이 번번이 이 어린 딸을 껴안
고 와서 황제의 앞에 놓는다. 그러면 황제가 노여움을 그
친다 하였다. 그만큼 어린 딸을 사랑한다는 뜻인데, 그런
딸을 화신에게 주었으니 화신의 권세가 어느 정도인지 가
히 짐작할 만하다.

이날 조회 반열에 차와 음식이 세 차례나 내렸다. 사신
도 역시 조정 대신들과 마찬가지로 떡 한 그릇을 얻어먹
었다. 떡은 누런 것과 흰 것 두 층으로 괴었는데, 네모반
듯하였으며, 그 빛은 마치 누런 납(蠟 : 밀랍)과 같았다.

단단하고 가늘고도 매끄러워 칼이 잘 들지 않았으며,
그 위층이 더욱 옥처럼 윤기가 나고 기름졌다. 떡 위에는
한 선관(仙官)을 만들어 세웠는데 수염과 눈썹이 생동하는
듯하고 도포와 홀(笏)이 화려했다. 그 좌우에는 또 선동(仙
童)을 세웠는데, 그 조각이 몹시 기교하였다.

이들은 대개 밀가루에다 설탕가루를 섞어 만든 것이다.

옛말에 땅에 묻는 허수아비를 만드는 것도 옳지 않다 하였거늘, 하물며 이 인죠(人造) 사람을 차마 먹을 수 있겠는가? 설탕 여남은 가지를 곁들여 담은 것이 한 그릇, 또 양고기가 한 그릇이다. 또 조정대신들에게 채색 비단과 수놓은 주머니 등을 주었는데, 사신들 중 정사에게는 채단이 다섯 필, 주머니가 여섯 쌍, 코담배호리병 하나를 내리고, 부사와 서장관에게는 각기 조금씩 줄어들었다. 차등을 두고자 한 것이다.

8월 13일 기미(己未)

새벽에 비가 잠시 내리다 곧 쾌청하였다. 사신들이 만수절(萬壽節) 축하례에 참석하기 위해 오경(五更 : 새벽 3~5시)에 대궐로 들어갔기에, 나는 포근히 잘 수 있었다.

아침에 느긋하게 일어나 조용히 걸어서 대궐 아래에 이르렀다.

사람들이 누런 보자기로 싼 걸방짐 일곱 개를 궐문 앞에 두고 쉬고 있었다. 짐 속에는 옥으로 만든 그릇과 골동품이 담겨 있고, 또 보통 사람만큼 커다란 금부처 하나를 앉혀 놓았으니, 이들은 모두 호부상서 화신이 진상한 물품이라 한다.

이날도 음식을 세 차례나 내리고, 또 사신에게 백자(白瓷)로 만든 차호(茶壺 : 차 항아리) 하나, 찻잔과 받침대까지 갖추어 한 벌, 실로 뜬 빈랑(檳榔) 주머니 하나, 작은 칼 하나, 자양차(紫陽茶)를 넣은 주석 주전자 하나를 하사했다.

또 저녁에 작은 황문(黃門 : 환시(宦侍))이 와서 모난 호리병 하나를 내렸다.

통관이,

"이건 차(茶)로군요."

하자, 황문은 곧 가 버린다.

누런 비단으로 항아리 마개를 봉했기에, 떼고 본즉 빛이 누런 가운데 약간 붉은 것이 술과 같았다. 서장관이,

"이건 정말 황봉주(黃封酒 : 송나라 때부터 관에서 만들어 병 입구를 누런 비단이나 종이로 봉한 술 이름)요."

한다. 맛이 달고 향내가 풍겨 술기운이란 전혀 없었다. 다 따르자, 여지(荔支) 여남은 개가 떠오른다. 모두들,

"이건 여지로 빚은 술이군요."

하고 각기 한 잔씩 마시고는,

"참 좋은 술입니다."

한다. 비장과 역관들에게 찻잔이 이르니, 마시지 않는 자도 있거니와 대번에 들이키는 이가 없다. 이는 너무 지나치게 취할까 봐서 그런 것이다. 통관들이 목을 내밀어 침을 흘린다.

수역이 남은 것을 얻어서 주었더니 돌아가며 맛보고는,

"좋은 궁중 술이네."

하며 칭찬하지 않는 이가 없었다. 이윽고 일행이 서로 돌아보며,

"취했어, 취했구먼."

한다.

이날 밤에 기공(奇公, 기풍액)을 찾았을 때 한 잔을 따라서 맛보게 하였더니 기풍액은,

"이건 술이 아닌 여지즙(荔支汁)이랍니다."

하며 깔깔대고는 곧 소주 대여섯 잔을 내어 거기다가 타니 맑은 빛깔, 매운 맛에 이상한 향내가 배로 풍긴다. 이는 대체 여지 향내가 술기운을 얻어서 더욱 은은한 향내를 드러내는 것이었다. 아까 꿀물을 마시고 향내를 논한 것이나 여지즙을 맛보고 취함을 말하는 것이, 곧 종소리를 듣고서 해를 측량함이나 매실을 바라보고 갈증을 푸는 것과 무엇이 다르리오.

이날 밤 달빛이 유난히 밝았다. 기풍액과 함께 명륜당(明倫堂)으로 나가 난간 아래를 거닐었다. 나는 달을 가리키면서 물었다.

"달의 몸뚱이는 언제나 둥글어 햇빛을 빙 둘러 받고 보니, 이 때문에 지구(地球)에서 본 달이 찼다가 기울었다 하는 것이 아닐까요?

오늘 저녁 저 달은 온 세계가 한가지로 본다면, 보는 장소에 따라서 달은 살찌고 여위며 깊고 옅음이 있지 않을까요?

별은 달보다 크고, 해는 땅덩어리보다 크되, 보기에는

그와 달라 보이는 것이 멀고 가까운 까닭이 아닐까요?

만약에 그것이 참말이라면 해와 땅과 달들은 모두 허공에 둥둥 뜬 별들로 보임이 아닐까요?

별에서 땅을 볼 때에도 역시 그렇게 보일 것이 아닐까요? 땅과 해와 달을 함께 꿰어서 반짝반짝 세 개로 놓여 있는, 견우성 북쪽에 있는 삼태성(三台星)과 다름없을 것이 아닐까요?

땅 위에 붙어 있는 가지가지의 만물은 어떤 것이고 모양이 모두 둥글둥글할 뿐, 하나도 네모진 것은 볼 수가 없는데, 다만 네모진 대나무, 방죽(方竹)과 익모초(益母草) 줄기가 네모졌지마는, 이것 역시 네모반듯한 것이라고는 할 수 없은즉, 네모반듯한 물건은 과연 찾을 수 없거늘, 무엇 때문에 땅에 대해서만 네모난 물건이라고들 하였을까요?

만일에 땅덩어리가 네모졌다고 하면, 저 월식(月蝕)을 할 때에 달을 검게 먹어 들어가는 변두리가 왜 활등처럼 둥글게 보일까요?

땅덩어리가 네모졌다고 우기는 자는 무어나 방정(方正)해야 된다는 대의(大義)에 입각해서 물체(物體)를 이해시키려 함이요, 땅덩이가 둥글다고 주장하는 자는 실제로 보이는 형태를 믿고 다른 뜻은 염두에 두지 않는 것입니다. 이런 의미로 보아서 땅덩어리란 물체는 실제 모양은 둥글지만 담고 있는 의리가 방정하다고 말함이 아닐까요?

해와 달은 오른쪽으로 수레바퀴처럼 돌고 돌아, 도는 궤도가 해는 크고 달은 작으며, 도는 속도가 늦고 빠름이 있어 한 해와 한 달은 일정한 도수에 맞거늘, 해와 달이 땅을 둘러싸고 왼편으로 돈다는 말은 우물 속에서 보는 지식이 아닐까요?

땅덩어리의 본바탕이란 둥글둥글 허공에 걸려, 사방도 없고 아래위도 없이 마치 쐐기 돌듯 돌다가 햇빛을 처음 받은 곳을 날이 샌다고 말하는 것이 아닐까요?

지구가 점점 돌면서 처음에 해와 마주 대하는 데는 차차 어긋나며 멀어져서, 정오도 되고 해가 기울기도 하여 밤과 낮이 되는 것이 아닐까요?

비유해 말하자면, 창구멍이 뚫어진 곳으로부터 햇살이 새어 콩알만 하게 비친다고 합시다. 창 아래는 맷돌을 햇살 비추는 자리에 놓고, 바로 햇살 비추는 자리에 먹으로써 표를 해 두고는, 그 다음에 맷돌을 돌리고 보면 먹 자국은 햇살 비추는 곳에 그대로 남아 있을 것일까요? 그렇지 않고서 서로 떨어져 사이가 멀어져 갈 것일까요? 맷돌 짝이 한 바퀴를 돌아 다시 그 자리에 돌아오면, 햇살 비추는 자리와 먹 자국은 잠시 마주 포개어졌다가는 또 다시 떨어지게 될 것이니, 지구가 한 바퀴 돌아 하루가 되는 것도 이런 이치가 아닐까요?

또 등불 앞에 놓인 물레를 가만히 두고 보면, 물레바퀴가 돌 적에는 물레바퀴의 군데군데가 등불 빛을 받고 있으나, 그렇다고 등불이 물레바퀴를 돌고 있는 것은 결코 아닙니다. 지구의 밝고 어두운 이치도 역시 이런 것이 아닐까요?

그러면 해와 달은 애초부터 뜨고 지는 것이 아니요, 또 오고가는 것도 아닌데, 사람들은 땅이 움직여 돌지를 않고 언제나 한 자리에 박혀 있다고 너무 믿기 때문에 생긴 착각이 아닐까요?

명백한 이론을 찾지 못하면, 이 땅의 춘·하·추·동을 가리켜 그 방위를 따라 '노는 것'이라고 해 버렸으니, 결국 '논다'는 것은 나가고 물러서고 하는 것을 말함이요, 올라갔다 내려갔다 하는 것을 말하는 것으로서, 이미 '논다'고 할 바엔 차라리 '돈다'고 함이 어떨까요?

저 착각을 한 자는 이렇게 말하리다. 땅덩어리가 돌 때는 땅위에 실렸던 일체 물건들은 엎어지고 자빠지고 기울어져 떨어질 터이라고. 만일에 쏟아져 떨어진다면 어느 땅에 떨어질까요?

만일에 그렇다면 저 허공에 달린 별들과 은하(銀河)는 기운을 따라 돌아가면서 무엇 때문에 떨어져 쏟아지지 않고 그대로 있을까요?

움직이지도 않고, 돌지도 않고, 생명도 없는 덩이진 물건이 어째서 썩지도 부서지지도 흩어지지도 않고 그대로 남아 견딜까요?

지구 표면에 생물들이 붙어서 살 때는 공과 같은 물체의 표면에다 발을 붙이고 어디서나 머리에 하늘을 이고 있는 것을 비겨 본다면, 수많은 개미와 별들이 혹시는 꼿꼿이 선 바람벽에 기어가기도 하고, 혹은 천장에 붙어서 사는 것을 누가 바람벽에 가로 붙어 섰다고 하겠습니까?

지금도 지구 저편에는 응당 바다가 있을 터인데, 만일에 땅 표면에 붙어사는 생물들이 왜 안 떨어지는가를 의심을 한다면, 땅 밑 바다는 누가 둑을 쌓아 두었기에 물이 안 쏟아지고 그대로 있을까요?

저 하늘에 총총한 별들은 그 크기가 얼마씩이나 될 것이며, 역시 표면이 지구나 다름없지 않을까요? 별도 표면이 있을진대 생물이 붙어 살 터이니 역시 그러할까요?

만일 거기에도 생물이 있다면 각기 자기의 세상을 열어 놓고 새끼까지 쳐 가면서 살겠지요?

지구는 둥글게 생겨 원래 음양이 없을 터인데, 해로부터 불기운을 받고 달로부터 물 기운을 얻어, 흡사 살림꾼이 동쪽 이웃에서 불을 빌리고 서쪽 집에서 물을 얻는 것이나 다름없으매, 한 쪽은 불이요, 또 한 쪽은 물이라 하여 이를 소위 음양(陰陽)이라 하는 것이 아닐까요?

이를 억지로 오행(五行)이라 이름 붙여 저마다 서로 상생한다 하고 서로 상극한다고 하나, 큰 바다에 풍랑이 일

때에 불꽃이 너울너울 타오르는 현상은 무슨 까닭이라 할
까요?

얼음 속에는 누에가 살고[빙잠(氷蠶)], 불 속에 쥐가 살고
[화서(火鼠)] 물 속에는 고기가 살아서, 저들 각종 생물들은
어디나 붙어 있는 곳이 저들로 보아서는 다 땅입니다. 만
일에 달 속에도 세계가 있다면, 오늘 이 밤에 어떤 두 명
의 달세계의 사람이 난간머리에 마주 서서 달빛 아닌 지
구 빛의 차고 기우는 이야기를 속삭이지 아니한다고 누가
증명할 것이겠습니까?"

기풍액은 껄껄대며 묻는다.

"참 기이한 이야기입니다. 지구가 둥글다는 이야기는
서양 사람들이 처음 말했지만 지구가 돈다는 말은 하지
않았는데, 선생의 이 학설은 선생이 터득한 것인가요, 그
렇지 않으면 어느 스승으로부터 이어받으신 것인가요?"

한다. 나는,

"사람의 일도 모르는 터에 하늘 일을 어찌 알겠소? 나는
본시 도수(度數 : 수학)의 학(學)에 어두우니까요. 비록 칠원
옹(漆園翁 : 장주(莊周)의 별칭)의 깊은 생각으로써도 아득한
우주에 관한 지식은 덮어 두고 해설을 하지 않았더군요.
이것은 실로 내가 터득한 지식이 아니라 귀동냥이랍니다.

우리 친구 중에 홍대용(洪大容)이라는 사람이 있어 호는
담헌(湛軒)인데 그의 학문은 좁지 않아서 일찍이 나와 함께

달구경을 하면서 장난삼아 이런 이야기를 했답니다. 대체
로 황당하여 종잡기 어려우니, 비록 성지(聖智)를 지닌 이
라도 이 학설을 깨뜨리기는 어려울까 합니다."

하였더니 기풍액은 크게 웃으며,

"남의 꿈속 길을 동행할 수야 없지요. 당신의 친구 되시
는 담헌(湛軒) 선생께서는 이에 관한 저서가 몇 권이나 됩
니까?"

한다. 나는,

"아직 저서는 없나 봅니다. 선배되시는 김석문(金錫文)
이란 분이 있어서 일찍이 해와 달과 땅, 세 개의 둥근 중
방울이 공중에 떠서 있다는 삼환부공설(三丸浮空說)을 말했
는데, 제 친구가 이를 부연해서 설명하였답니다. 그러나
그도 실제로 보아 얻은 것이 이렇다는 것도 아니요, 또
일찍이 남더러 꼭 이것을 믿어 달라고 한 적도 없었습니
다. 나 역시 오늘밤 달구경을 하다가, 문득 그 친구 생각
이 나서 말을 한바탕 늘어놓고 보니, 그 친구를 만나본
듯도 합니다."

했다. 대체 여천(麗川 : 기풍액)은 한인(漢人)과는 다르기
때문에, 담헌이 일찍이 항주(杭州) 인사들과 섞여 논 옛 일
들을 터놓고 이야기할 수는 없었다.

기풍액은 또 나에게,

"김석문 선생이 지은 시(詩) 중에서 아름다운 몇 구절만

들려주실 수 없을까요?"

하기에 나는,

"그분의 시를 외우는 것이 없습니다."

했다. 기풍액은 나를 이끌고 자기 방으로 들었다. 벌써 촛불을 네 자루나 켜 놓고 큰 교자상에 음식을 잘 차려 두었다. 특별히 나를 위해서 차린 것이다.

향고(香糕 : 쌀로 만든 떡 같은 과자) 세 그릇, 가지각색의 사탕이 세 그릇, 용안육(龍眼肉)·여지(荔支)·낙화생(落花生)·매실(梅實)을 담은 것이 서너 그릇, 닭·거위·오리들을 주둥이와 발이 달린 채로, 또 통돼지를 껍질만 벗겨서 용안과 여지·대추·밤·마늘·후추·호도·살구씨·수박씨 등을 섞어 쪄서 떡같이 만들었는데, 맛은 달고 매끄러우면서도 너무 짜서 먹기는 어려웠다.

떡이나 과실들은 모두 자 넘게 높이 괴었다. 이윽고 다 물리고는, 다시 채소와 과실만 각기 두 접시씩 차리고, 소주 한 주전자로 시름시름 따라가면서 조용히 이야기들을 하였다.

닭이 두 홰째 울어서 자리를 파하고 숙소에 돌아와 누워 이리 뒤척 저리 뒤척 잠을 이루지 못했는데, 하인들이 벌써 일어나라고 깨운다.

8월 14일 경신(庚申)

날이 맑았다.

삼시는 날이 밝기 전에 대궐에 들어가고, 나는 혼자서 실컷 잠을 잤다. 아침에 일어나 윤형산(尹亭山)를 찾아갔으나 만나지 못하고 다시 왕곡정(王鵠汀)을 찾아 함께 시습재(時習齋)로 들어가서 악기(樂器) 구경을 했다.

거문고나 비파는 모두 길고도 넓으며, 붉은 비단에 솜을 넣어서 주머니를 만들었고, 겉은 붉은 털 천으로 쌌다. 종(鍾)과 경(磬)은 시렁에 달아매어 있는데 역시 두툼한 비단으로 덮었고, 비록 나무로 만든 축어(柷語) 같은 악기라도 다들 진기한 비단으로 집을 만들어 넣어 두었다. 대개 거문고와 비파 등속은 그 본이 너무 크고 칠이 지나치게 두꺼웠으며, 젓대와 퉁소 등속은 궤짝 속에 넣고 단단하게 잠가 놓았기 때문에 구경할 길이 없었다.

곡정은,

"악기를 보관해 두기는 매우 까다로워 습기 있는 곳을 피해야 되고, 또 너무 건조한 것도 좋지 않을 뿐더러, 거문고 위에 앉은 먼지는 사자학(獅子瘧)이라 하고, 거문고 줄 위의 손때는 앵무장(鸚鵡瘴)이라 하며, 생황(笙簧)의 부는 구멍에 말라붙은 침은 봉황과(鳳凰過)라고 하며, 종이나 경에 앉은 파리똥은 나화상(癩和尙)이라 한답니다."

한다. 웬 얼굴이 곱게 생긴 청년 하나가 바쁘게 들어오더니, 눈을 부라리고 나를 보면서 내 손에 든 작은 거문고를 빼앗아 급히 거문고집에 넣는다.

곡정은 퍽 두려워하는 얼굴로 내게 눈짓하여 나가자는 것이다. 그 청년은 별안간 웃으면서 나를 붙들고 청심환을 달라 한다. 나는 없다고 대답하면서 곧 나왔다. 그 자는 몹시 무안한 기색이다. 사실인즉 내 허리 전대 속에는 환약 여남은 알이 있었지마는, 그의 버릇이 괘씸하여 주지 않았던 것이다.

그는 곡정에게 한 번 읍하고는 가 버린다. 나는,
"그는 누구요?"
하고 물었다. 곡정은,
"그는 윤대인(尹大人)을 따라서 북경에서 온 자랍니다."
"그가 악기에 무슨 참견을 하나요?"
"아무런 상관이 없고, 단순히 조선 환약을 얻기 위하여 염치를 돌보지 않고 선생을 속이려고 든 것이니, 선생은 마음에 두실 것 없으십니다."

한다. 나는 생각 없이 문 밖을 나섰다. 수백 필의 말 떼가 문 앞을 지나간다. 한 목동(牧童)이 큰 말에 올라앉아 수숫대 한 개비를 쥐고 따라간다. 또 뒤따라 소 3, 40마리가 가는데, 코도 꿰지 않고 뿔도 잡아매지 않고, 뿔은 모두 자 남짓씩 길며 빛깔은 푸른 것이 많았다.

또 당나귀 몇십 마리가 따라가는데, 목동이 절굿공이만 한 막대기를 가지고 맨 앞의 푸른 놈을 힘껏 한 대 후려갈기니까 소가 씩씩거리며 달려갔다. 그러자 모든 소 떼도 그 뒤를 따르는데, 마치 대오가 행진하는 듯하였다. 이는 대개 아침나절 방목하기 위하여 끌고 나서는 것이었다.

한가한 때에 다니면서 살펴보니, 집집마다 대문을 열고 말이며 나귀며 소며 양들을 몇십 마리씩 몰아 내놓는다. 돌아와서 우리 사관 밖에 매어 둔 우리나라 말의 꼴을 보니 참으로 한심하게 보였다.

내 일찍이 정석치(鄭石癡)와 함께 우리나라 말 값의 높낮이를 이야기하다가 내가,

"불과 몇십 년이 안 가서 베갯머리에서 조그마한 담뱃대 통을 말구유로 삼아 말을 먹이게 될 것이야."

"그게 무슨 말이야?"

하고 반문하기에 나는 웃으면서,

"서리배(가을) 병아리를 여러 번 번갈아 씨를 받아서 네

몇 해를 지나면 베개 속에서 울음을 우는 꼬마닭이 되는데, 이놈을 '침계(枕鷄)'라고 부른다네. 말도 역시 종자가 작아지기 시작하면 맨 나중은 '침마(枕馬)'가 아니 되리라고 누가 장담하겠는가?"

하였다. 정석치는 크게 웃으며,

"우리들이 점차 더 늙어 가면 새벽잠이 자꾸만 없어지는 터에 베개 속에서 닭 울음소리를 듣게 될 것이요, 또 베갯말을 타고 뒷간 길을 가도 무방하겠군. 그러나 요즘 시속에 말 흘레붙이는 것을 매우 꺼리고 있어 기르는 말이 수놈 암놈 할 것 없이 모두 동정으로 늙어 죽거든. 국내의 말이 그래도 몇만 필이나 되는데, 그 놈들에게 흘레를 안 붙이고 새끼도 안 치면 기르는 말이 어떻게 번식될 것인가? 이리하여 국내에서는 해마다 말 몇만 필을 잃게 되니, 이러고는 몇십 년이 못 가 베갯말이고 무어고 다 멸종이 될 것이야."

하고는 둘이 서로 웃으며 희담을 한 일이었다.

실상 내가 연암(燕巖)에 살 곳을 마련한 것은 일찍부터 목축에 뜻을 두었던 때문이다.

연암에 자리잡으니 첩첩산중에 양쪽이 평편한 골짜기인 데다가, 수초(水草)가 매우 좋아서 마소·노새·나귀 등 몇백 마리를 치기에 넉넉하였다. 나는 일찍부터 이에 대하여 다음과 같이 논한 적이 있었다.

"우리나라가 이토록 가난한 것은 대체로 목축이 제대로 되지 못한 까닭이다. 우리나라에서 목장이라야 가장 큰 곳은 다만 탐라(耽羅 : 제주도)가 있을 뿐인데, 그곳의 말들은 모두 원세조(元世祖 : 홀필열(忽必烈))가 방복한 종자이다. 4, 5백 년을 두고 내려오면서 종자를 한 번도 갈지 않고 보니, 비록 애초에는 용매(龍媒 : 준마(駿馬)) · 악와(渥洼 : 신마(神馬))와 같은 우수한 종자였을지라도, 마침내는 과하(果下) · 관단(款段 : 꼬마말의 이름)과 같은 꼬마말이 될 것은 이치에 너무나 당연한 일일 것이다.

이 과하와 관단을 대궐 지키는 장수들에게까지 내주니, 고금 천하에 이런 느림뱅이와 꼬마말을 타고 적진을 향하여 달리는 꼴이 어디 있을 일인가?

이것이 첫째로 한심한 일이다.

대궐 안에서 먹이는 말로부터 장수들이 타는 말에 이르기까지 토산 말이란 하나도 볼 수 없고, 모두가 요동 · 심양 등지로부터 사들인 말들로서, 한 해에 새로 생기는 말이라고는 네댓 필에 지나지 않는 형편이다. 만일 요동이나 심양 길이 끊어지는 날이면 어디에서 또 말을 얻을 것인가?

이것이 둘째로 한심한 일이다.

임금이 거둥할 때 배종하는 반열에는, 백관들이 말을 많이 빌려 타기도 하고 혹은 나귀를 타고도 임금의 뒤를 따르게 되어, 이 꼴로서는 위의를 갖추지 못하게 된다.

이것이 셋째로 한심한 일이다.

문신들로서 초헌(貂軒, 외바퀴 달린 가마)을 탈 수 있는 자 이상은 말을 탈 일도 없고, 또 말을 집 안에서 먹이기도 어려워서, 탈 것을 없애 버리고 자제들이 걷지 않으려고 겨우 작은 나귀나 한 마리쯤 먹이게 된다.

옛날에는 백 리의 강토에 불과한 나라라도, 대부(大夫)쯤 되면 타는 수레 열 대쯤은 가지는 법이다. 그래도 우리나라로 말한다면 둘레가 몇천 리나 되는 나라로서, 경(卿)·상(相)급쯤 된다면 타는 수레 백 대쯤은 갖추어야만 할 것이거늘, 이제 우리나라 대부의 집안에서 수레 열 대는 그만두고라도 단 두 대인들 어디에서 나올 것인가?

이것이 넷째로 한심한 일이다.

삼영(三營, 훈련원, 금위영, 용호영)의 군관들은 다들 백 명 졸개의 장이 되는 터에 말 한 필을 가질 형편이 못되고 보니, 한 달에도 세 번씩 치르는 훈련에도 임시로 삯말을 내어 타게 된다. 삯말을 타고 전쟁에 나간다는 소리는 아예 이웃 나라에 들릴 수 없는 창피이다.

이것이 다섯째 한심한 일이다.

서울 영문에 있는 장수들이 이러할 바에야, 팔도(八道)에 나누어 둔 병기들이란 이름만 남고 실상은 형편없을 것은 이로써도 뻔한 일일 것이다.

이것이 여섯째로 한심한 일이다.

국내에 있는 역마들이란 모두가 토산 말들로서, 그 중에서 좀 낫다는 놈이라도 한 번 사신(使臣) 손님이라도 치르고 나면 죽거나 병이 들고 만다. 왜 그러냐 하면, 그런 사신 손님들이 타는 쌍가마란 잔뜩 무거운데다가, 네 명의 교군(轎軍)은 으레 말에다가 몸을 싣듯이 양 옆에 붙어서 탄 사람이 까불려 흔들리지 못하도록 가마채를 붙잡고 간다.

말 등에 실린 짐이 이토록 무거우니, 말은 짐을 피하듯이 빨리 안 달릴 수 없게 되었고, 말이 달릴수록 짐은 더욱 눌려지기 때문에 말이 죽지 않으면 병이 든다는 것이다. 죽은 말이 날로 불어나고 보니 따라서 말 값은 뛰어오른다.

이것이 일곱째 한심한 일이다.

말 등에다 짐을 싣는다는 것은 벌써 틀려먹은 노릇이다. 우리나라에서는 이미 수레가 국내에서 다니지 못하고 보니, 관청에서고 민간에서고 짐이란 짐은 말 잔등이 아니고는 못 실어 나를 줄만 알고 있는 것이다. 그리하여 말이야 죽든 말든 많이 싣기에만 욕심을 부리기 때문에, 부득불 힘을 쓸 만큼 먹이를 먹인다고 더운 여물죽을 많이 먹이게 된다.

그러므로 말 정강이가 힘을 못 쓰고 말굽은 물씬물씬해

저, 한 번만 흘레를 붙이면 뒤를 못 가누게 되므로, 요즘 세상에서는 흔히들 말이 흘레붙어 새끼 치는 것을 금한다. 이리고서야 말이 어디서 생길 것인가? 이는 다름이 아니라, 말을 다루는 솜씨가 없고, 말을 먹이는 방법이 옳지 못했으며, 좋은 종자를 받을 줄 모르고 일 맡은 관원이 목마에 무식하기 때문이다.

그러고도 채찍을 잡고 나앉은 자마다 국내엔 좋은 말이 없다고 떠든다. 그래 정말 국내엔 쓸 만한 말이 없단 말인가? 이런 한심한 일이 이루 다 손꼽을 수 없는 것들이다. 그러면 말을 다루는 솜씨가 틀렸다는 말은 무엇을 두고 말하는 것인가?

무릇 생물들의 성질이란, 사람이나 다름없이 고달프면 쉬고 싶고, 답답할 때엔 시원한 데를 찾고 싶으며, 구부러든 놈은 펴고 싶고, 가려우면 긁고 싶을 뿐더러, 그놈들은 비록 사람이 먹을 것을 주면 먹는다 하더라도, 때로는 제 마음대로 편한 것을 찾고 싶은 경우가 얼마든지 있다. 그러므로 말도 반드시 이따금 굴레와 고삐를 풀어 놓아 물가 시원한 곳에 놀게 해서 답답증을 풀도록 할 것이니, 이것이 곧 생물의 성질에 따라 그 뜻을 맞추어 주는 것이다.

우리나라에서 말 먹이는 법이란, 북떠나 굴레가 단단하지 않은가 염려하여 이것을 될수록 졸라매어서, 빨리 몰 때에도 말은 견마 잡는 고통을 벗어날 수 없고, 쉴 때만해도 긁는 재미나 땅에 뒹구는 맛을 얻어 볼 수 없으며, 사람과 말 사이는 언제나 뜻이 통하지 못하여 사람은 툭하면 욕질하기 일쑤요, 말은 자나깨나 사람을 상대로 살기(殺氣)가 등등하니, 이런 것이 다 말을 다루는 솜씨가 틀렸다는 것이다.

또 말을 먹이는 방법이 옳지 못하다는 말은 무엇을 두고 하는 말인가? 무릇 목마른 고통은 배고픈 고통보다도 심한 법이다.

우리나라 말들은 아직껏 찬물을 안 먹이고 있다. 말의 성질인즉, 익힌 음식을 가장 싫어하니, 이는 말에게 더운 것은 병이 되기 때문이다. 콩이나 여물죽에 소금을 뿌리는 것은 먹이를 짜게 하여 물을 켜도록 하려는 때문이요, 오줌을 잘 누도록 하는 것은 몸에 지닌 열을 풀게 함이요, 냉수를 먹이는 것은 정강이를 굳세게 만들고 말굽을 단단하게 만들기 위함이거늘, 우리나라 말들은 삶은 콩과 끓인 죽을 먹여, 하루 종일을 달리면 벌써 신열을 못 이겨 병이 되었다.

그리하여 한 끼라도 죽을 못 먹어 건너면 시들부들 몸을 못 가누며 느림뱅이 걸음을 걸어 길 낭패를 보기가 십상이다. 이것은 모두가 더운죽을 먹인 탓이다. 이보다도 군마가 되고 보면 더운죽을 먹인다는 것은 더욱 잘못된 방법이다.

이것을 일러서 말 먹이는 방법이 틀렸다는 것이다. 그러면 또 무엇을 가리켜 종자를 잘 받지 못한다고 하는 것인가? 말이란 어떻든 커야지 작은 종자는 못쓰는 법이요, 건장해야지 약해선 못 쓰며, 준수해야만 되지 노둔해서는 못 쓰는 법이다.

말에다가 무거운 짐을 싣고 먼 길을 달리지 않는다면 모르겠지만, 만일 그것이 필요하다면 이러한 토산 말로서는 단 하루의 보통 집안일도 치러내지 못할 것이요, 또한 나라의 무비(武備)와 군용(軍用)을 돌보지 않는다면 모르겠으나, 만일 그것이 필요하다면 이 꼴인 토산 말로서는 단 하루도 군사를 치러내지 못할 것이다.

오늘의 시세로 보아 우리와 청국(淸國) 두 나라는 태평으로 지나는 사이, 암놈 수놈 아울러 몇십 필쯤 청구한다 해서 저 큰 나라에서 이것쯤을 아끼지는 않을 것이다. 만일 외국으로부터 말을 구해 들여, 이것을 사사로 기른다는 것이 좀 혐의쩍어 보인다면, 해마다 드나드는 사신들 편에 가만히 사들일 수도 없지 않을 것이다.

그리하여 서울 근교에 널찍한 수초(水草) 좋은 땅을 골라, 10년 동안을 두고 새끼를 쳐 가면서 점차로 탐라를 비롯한 국내의 여러 군데에 목장을 퍼뜨려 종자를 개량해야 할 것이며, 또 새끼를 치게 하는 방법으로서는 반드시 주례(周禮)와 월령(月令)으로 표준을 삼아야 할 것이다. 주례에는 대체 말을 먹이는데 수놈이 4분의 1을 차지한다 하니, 그 주석(注釋)에는 그의 비위에 알맞게 하고 싶어 함이다. 생물은 기질이 같으면 마음도 같다고 했다.

그리고 정사농(鄭司農, 후한의 명신)은 말하기를 '4분의 1이라는 말은 암놈 세 마리에 수놈 한 마리를 끼운다는 말이다'했다. 월령에 보면, 늦은 봄 삼월쯤 되어 종마(種馬)와 종우(種牛)를 암놈 있는 목장에다 풀어 놓는다 하였다.

진혜전(秦蕙田)은 말하기를 '말 먹이는 사람이 종마(흘레말)를 교대하여 부리되 그 몸을 너무 피로하지 않게 하여 기운과 혈기를 안정하게 할 것이요, 또 말을 맡은 관리는 반드시 여름에는 수놈을 치워 두어야 한다' 하였다.

암말이 새끼를 뱄을 때에는 수놈이 암놈 곁에 못 가도록 함으로써 말 새끼 치는 방법으로 삼아야 한다. 이것이 모두 옛 임금들이 때를 맞춰서 생물을 길러 생물의 제 특성을 살린다는 뜻이다.

이제 중국에서는 매년 봄날이 화창하고 풀들이 푸릇푸릇 돋을 때 수놈 목에다가 방울을 달아서 내놓아 흘레를 붙이면, 수놈 임자는 흘레의 대가로 닷 돈씩을 받게 된다. 그리하여 말이나 노새를 낳을 때 수놈으로 준수한 놈을 낳으면, 또 다시 닷 돈을 받는다.

낳은 새끼가 신통하지 못하거나 털빛이 좋지 못하고 길들이기도 어려울 때는 아비말은 반드시 불알을 까버려서 나쁜 종자를 끊어 버리는 동시에, 종자를 부쩍 크도록 하고 길들이기 쉽게 만든다.

우리나라에서는 목장을 감독하는 관리들이 이런 생각을 못하고, 덮어놓고 토산말로만 종자를 받기 때문에 낳으면 낳을수록 종자는 자꾸만 작아지게 되어, 필경은 똥통이나 나뭇짐 한 짐도 변변히 견디지 못할 만큼 되었다. 하물며 한 나라의 군사에 이바지할 수 있으랴? 이런 것이 곧 좋은 종자를 못 받는다는 것이다. 그러면 또 관직에 있는 자가 목마에 무식하다는 말은 무엇을 두고 이른 것인가?

우리나라 벼슬하는 양반들은 일반 허드렛일을 알려고도 않으려는 버릇들이 있어서, 옛날 어디서는 여럿이들 모인 자리에서 누군가가 마부에게, 말에게 콩을 좀 더 주라는 말을 한마디 했다가, 사람이 좀스럽다고 이조(吏曹)의 전랑(銓郎 : 좌랑(佐郎))에게 버림을 받은 일까지 있었다.

요즘은 어떤 학사가 평소에 말을 사랑하는 버릇이 있어 말을 잘 고르는 법이 백락(伯樂)이나 다름없으나, 사람들은 그를 가리켜 '옛적에는 양고기 잘 굽는 도위(都尉)가 있다더니, 지금 세상에는 말 잘 다루는 학사가 있네그려' 하며 비방하여 까다롭기 짝이 없다.

한 나라의 큰 정책으로 이를 고려하지 않고, 도리어 수치로 삼아 하인들의 손에 맡겨 두고 있으니, 비록 그 직책은 감목(監牧)이라고 하지마는 사람은 벼슬에 있는 사람으로서 목마의 지식이라고는 조금도 없다. 이것은 실로 능력이 없다기보다는 배우기를 사리기 때문이다. 이런 것을 들어서 관원들이 목마에 무식하다고 나무라는 것이다.

옛날 당나라 초기에 암컷 수컷이 섞인 말 3천 필을 석수(赤水)의 언덕에서 몰아내어 농우(隴右 : 감숙성의 서쪽)에다 옮기고는, 태복(太僕 : 목축을 맡은 관리) 장만세(張萬歲 : 당나라 태종 때 유명한 목축가)로 하여금 감독하게 하였다.

정관(貞觀)으로부터 인덕(麟德 : 당나라 고종(唐高宗)의 연호)까지 이르는 동안에 말은 70만 필로 번식되었는데, 측천무후(則武天后) 때는 말이 줄어들었으나, 당 명황(明皇) 때에 아직도 24만 필이 남아 있었다. 그리하여 왕모중(王毛仲)과 장경순(張景順) 등으로서 한구사(閑廐使)를 삼아 여남은 해 동안을 먹인 결과 43만 마리나 불었다.

개원(開元) 13년(725)에는 명나라 황제가 동쪽으로 가서 태산(泰山)에 제사할 제, 말 몇만 필을 털빛에 따라 대열을 지어 놓은 것이, 멀리서 바라보면 비단필처럼 보였다고 하니, 이것은 담당한 관직에 적당한 사람을 얻었기 때문이다. 참으로 말을 좋아하고 말을 잘 먹일 줄 아는 자를 얻어 목마하는 행정을 맡긴다면, 비록 '말 잘 치는 학사'라는 조롱을 들을망정, 태복 벼슬감으로서는 알맞다고 할 수 있을 것이다."

어떤 한 사람이 와서,

“연암 박선생님이 누구십니까?”

하고 묻는다. 기풍액의 심부름하는 이가 나를 가리켜 준다.

그는 곧 내게 읍하면서 몹시 기뻐하는 얼굴이 마치 옛 벗을 만나는 듯하였다.

“저는 바로 광동(廣東) 안찰사(按察使)의 청지기온데, 우리 댁 영감님께옵서 그저께 선생님을 만나뵙고는 퍽도 기뻐하시어, 내일 정오쯤은 꼭 다시 찾아뵙겠다고 하시면서, 절강(浙江)에서 만든 부채에 금칠로 서화 그린 것을 올리시겠다고 하십니다.”

한다. 나는,

“전일은 왕공(汪公)의 과분한 사랑을 입고서도 아무런 대접을 못했는데, 먼저 귀한 선물까지 받는다는 것은 도리어 당치 않은가 하오.”

했더니 그는,

“제가 이번에 갖고 온 것은 아닙니다. 영감님께서 오실 적에 몸소 지니고 오시겠답니다. 명일 정오 선생님께서는 부디 다른 데 출입하시지 말아 주셨으면 합니다.”

한다. 나는 고개를 끄덕이면서,

“약속하지요. 그런데 댁은 고향이 어디고, 성함은 뉘신지요?”

하였더니 그는,

“저는 강소(江蘇) 사람이요, 성은 누(廔), 이름은 일왕(一旺)이며, 호는 원우(鴛圩)라 한답니다. 일찍이 영감님을 따라서 광동에 갔던 것입니다. 그런데 선생님은 귀국을 떠나신 지가 얼마나 되셨는지요?”

“금년 오월에 고국을 떠났습니다.”

“우리 광동에 비하면, 오히려 문 밖이나 다름없군요.”

하고는 그는 또,

“귀국 황제의 연호(年號)는 무어라 부릅니까?”

한다. 나는,

“무슨 말씀이오?”

하고 되물었더니 누는,

“황제의 기원 연호 말입니다.”

“우리나라는 중국의 기원을 쓰고 보니, 어찌 따로 연호가 있겠소. 금년이 곧 건륭 곧 건륭 45년이죠.”

“귀국의 임금은 중국과 대등한 천자가 아니옵니까?”

“만국이 한 천자를 받들고, 천지가 모두 대청(大淸)이요, 해와 달이 다 건륭인가 봅니다.”

“그러시다면 관영(寬永)이니 상평(常平)이니 하는 연호는 어디에서 난 것이옵니까?”

“그게 무슨 말씀이요?”

“제가 바다에서 표류해 온 귀국의 배에서 보았는데, 관영통보(寬永通寶)라는 돈을 잔뜩 실려 있었습니다.”

"그건 일본(日本) 사람들이 참칭한 연호요, 우리나라의 것은 아니요?"

하였더니 누는 고개를 끄덕인다.

그의 행동거지라든지 말하는 태도로 보아서는, 얼굴만 풍후하고 맑은 듯하나 어딘지 무식해 보인다.

당초 그의 묻는 바가 무슨 깊은 뜻이 있었던 것이 아니요, 돈이란 워낙 금물인데도, 그가 묻는 까닭은 금물(禁物)이라고 해서 물은 것도 아니고, 우리나라를 정말 천자가 있는 나라로만 알았기 때문에 지금의 연호까지도 물었던 것이요 그가,

"귀국 황제."

하고 묻는 그 한 마디 말에 벌써 그의 무식을 알 수 있겠고, 또 비록 관영이니 상평이니 하는 것들을 우리나라 연호로 알았다 하더라도, 그것이 못 쓸 것을 쓰는 것인 줄도 모르는 모양이다.

또 우리나라의 표류한 배가 돈을 실었다 손치더라도 그리 이상할 일도 아니지마는, 관영통보를 한 배나 가득 실었을 리야 어디 있을 것인가? 그는 필시 관영통보를 구경하고는, 또 상평통보를 구경했던 것이 뒤범벅이 되어, 모두 우리나라 돈인 줄만 알았던 모양이다.

그는 정말 우리나라에서 중국의 책력을 쓰는 줄도 몰랐고 돈을 보고는 우리나라에도 연호가 있는 줄만 알았던

모양으로, 특별히 다른 의심을 갖고 내 속을 떠보려고 물었던 것이 아님을 알았다.

"내일은 부디 다른 데 출입을 말아 주십시오."

하고 거듭 부탁한다. 내가 고개를 끄덕인즉, 그는 곰곰 섭섭해 하는 빛을 보이면서 한 번 읍하고 가 버린다. 나는 수역을 보고,

"돈을 금하다니 대관절 무슨 까닭이요?"

"별반 약조된 일은 없다 하더라도, 우리나라 안에서는 중국 돈을 쓰는 것을 금했고, 또 작은 나라로서 돈을 따로 주조한다는 것은 온당한 일이 아닐까 합니다."

"옛날 제나라 태공(太公 : 여상(呂尙))이 모든 재물과 돈을 관리하는 아홉 곳의 관부, 구부(九府)를 두었지만, 주(周)의 천자가 이를 금한 적이 없었고, 또 돈을 근래에 와서 쓰기 시작하기는 숙종(肅宗 : 이돈(李焞)) 경신년(1680)이니까, 올해는 벌써 101년이나 지났은즉, 청(淸)의 초기에 두 나라가 맺은 약조에도 이런 금법이 들지 않았던 것 같습니다.

우리나라에서는 세종(世宗 : 이도(李祹)) 때 돈을 한 번 만들어 한 7, 8년 동안이나 쓰다가는, 민간에서 불편하다고 하여 다시 저폐(楮幣, 화폐로 쓰던 지폐로 한 장에 쌀 세 되)를 쓰게 되었고, 인조(仁祖) 때 와서 두 번째로 돈을 만들다가 곧 그만두었으나, 모두 민간에서 불편하다 해서 그랬던 것이지, 청(淸)나라를 두려워하여 그랬던 것은 아니었다.

이제 북도 지방은 돈을 금하고 무명을 돈으로 삼아 쓰고 있으니, 국경이 가깝다 해서 그런 것이요, 관서(關西) 지방으로는 의주로부터 압록강 가의 여러 고을까지 아직 한 번도 돈을 금한 적이 없으니, 이것도 알쏭달쏭하여 종잡을 수 없는 일이다.

그런데 우리나라의 표류된 배가 지닌 돈을 금한다는 말은 무슨 말인가?"

하였더니, 수역은

"그렇습니다. 지금도 역원(譯院 : 통역을 맡은 기관)에서는 몇 해를 두고 임시 변법으로 중국 돈을 사용하는 것이 좋을 듯합니다. 우리나라 은(銀)은 자꾸만 귀해지고 중국 물건값은 날로 비싸지니, 이로써 역원의 손해는 막심하지요. 은 한 냥으로 중국 돈 7초(鈔)를 바꾸고 보니, 만일 중국 돈을 통용한다면 우리나라에서는 돈을 만들 수고도 없이 돈은 저절로 흔해질 것이요, 이익은 막대해질 것입니다."

한다. 주주부(周主簿)가 있다가,

"조선통보(朝鮮通寶)는 한(漢)나라의 오수전(五銖錢)보다도 더 잘 되었을 뿐더러 돈 중에는 가장 오래된 돈이기 때문에 귀신이 붙어 점치는 돈으로 쓴다죠?"

"오래 돼서 귀신이 붙다니?"

"조선통보는 기자(箕子) 때 만든 돈으로 중국 사람들이 보면 의당히 커다란 보물로 삼을 텐데 애석도 하이, 이걸 못 갖고 와서."

하기에 내가,

"그 동전은 세종 때 만든 돈이야. 기자 때에 해자(楷子)가 어디 있었어. 송(宋)나라 동유(董逌)의 『전보(錢譜)』에 의하면 우리나라 돈이 네 가지 실렸는데, 삼한중보(三韓重寶)·삼한통보(三韓通寶)·동국중보(東國重寶)·동국통보(東國通寶)만 실려 있을 뿐이지 조선통보는 실리지 않은 것을 보면, 그 돈이 오래된 돈이 아닌 것을 알 것이네."

하고 설명해 주었다.

오후에는 세 분의 사신이 대성전(大成殿)에 들어가 배알하였다. 주자(朱子)의 배양 순위를 높여서 십철(十哲, 공자의 제자)의 아랫자리에 모셔 두었다. 위패(位牌)는 모두 번들번들한 붉은 칠을 하고 금자로 썼는데 옆에는 만주 글자로 썼다.

대성문(大成門) 바깥벽에는 검은 빗돌을 둘러 세우고, 강희·옹정과 지금 황제의 훈시와 친히 지은 학규(學規)를 새겨 두었으며, 마당에 세운 빗돌은 작년에 세웠다는데, 역시 황제가 세운 것이라 한다.

그리고 대성전 뜰에는 한 길 남짓되는 향정(香鼎 : 향 피우는 솥)을 두었는데, 아로새긴 솜씨는 말할 수 없이 정교했다. 전각 안에는 위패 앞마다 작은 향로 한 개씩을 두었는데, 모두 건륭(乾隆) 기해제(己亥製)라 새겨져 있다. 위패 앞마다 붉은 운문단(雲紋緞) 휘장을 드리웠다. 양쪽 행랑채 안 위패들 앞에 차려 놓은 것도 본전의 내용과 다름없이 장엄하고도 화려한 품이 이루 다 형용할 수 없었다.

삼사는 돌아와 각기 청심환 몇 알과 부채 몇 자루씩을 거인(擧人) 추사시(鄒舍是) 왕민호(王民皥)에게 보냈다.

숭정(崇禎) 갑술(1634) 6월 20일에 명(明)나라의 칙사(勅使) 노유령(盧有齡)이 우리나라로 왔는데, 그는 바로 환관이었 다. 그는 24일에 성균관에 나아가 참배를 하면서 참례했 던 유생들에게, 백금 50냥을 내놓은 일이 있었다.

이제 우리 사신들이 큰 나라에 와서 성묘(聖廟)를 배알 하면서 공부하는 두 명 거인에게, 겨우 변변치도 못한 환 약과 부채 따위를 선물로 보낸다는 것은 정말 부끄러운 일이다.

나는 몸소 두 선비가 있는 숙소를 찾아서,

"창졸간에 나선 나그네의 처지라, 아무것도 지닌 것이 없어 변변치 못한 환약과 부채를 올린다는 것은 부끄럽기 짝이 없습니다."

하고 말했더니, 두 거인은 허리를 굽히고 사례를 한다.

"주인된 도리로 인도를 한다는 것이 무슨 수고랄 것이 있겠습니까? 여러분께서 이토록 분에 넘치는 선물을 주시 니 충심으로 감사하옵니다."

저녁을 치른 뒤에 왕곡정(王鵠汀)이 학도 아이를 시켜 붉은 종이 편지 쪽지를 한 장 보내왔다.

'왕민호는 삼가 연암 박노선생(朴老先生)님께 부탁을 드리나이다. 수고스럽겠사오나 여기 천은(天銀) 누 냥을 보내오니, 청심환 한 알만 사 주시면 감사하겠습니다.'

나는 보내 온 은을 돌려보내면서 청심환 두 알을 보냈다.

저녁 황혼녘에, 황제로부터 사신은 황성(皇城)으로 돌아가라는 명령이 떨어졌다. 일행은 부산하게 밤이 이슥하도록 길 떠날 차비를 꾸렸다.

밤에 여천(麗川 : 기풍액)과 작별하였다. 여천은,

"18일에 열하(熱河)를 출발하여 25일에는 북경에 도착해서 26, 7, 8 사흘 동안은 두루 작별 인사를 다니고, 9월 6일에는 선산에 성묘를 갔다가 9일에는 집으로 돌아와 있을 것입니다. 11일에는 귀주(貴州)로 떠날 터인데, 떠나는 전날은 집에서 기다릴 터이니 꼭 왕림해 주십시오."

하기에 나는 응낙하고, 다시 왕곡정(王鵠汀)에게 작별차로 들렀다. 곡정은 눈물을 지으면서, '이 밤에 길이 이별을 하면, 또 뵈올 기약이 없겠소이다. 더구나 다가올 밝은 달밤에 그 심회를 어찌하오리까?' 한다.

이는 전일 추석날 달밤에 명륜당(明倫堂)에서 만나 이야기를 하자고 약속하였기 때문이다. 다시 학지정(郝志亭)의 처소를 찾았더니, 학지정은 다른 곳에 자러 나가고 없어 서운하기 짝이 없었다. 또 윤형산(尹亨山)에게 들렀더니 형산은 눈물을 닦으면서,

"내 나이 늙고 보니 이제야 아침 이슬이나 다름없나 봅니다. 선생은 아직 좋은 나이로, 또다시 연경 걸음이 계시게 된다면 응당 오늘밤 생각을 하실 거외다."

하고는 술잔을 들어 달을 가리키면서,

"달 아래 이별을 하고 보니, 다른 날 만 리 밖에 계신 선생이 그리울 적엔 저 달을 보고 선생을 대하는 듯하리다. 보아하니 선생은 술도 잘 자시고, 또 한창 시절에 호색하실 터이라, 이제부터는 부디 몸조심하시와 수련의 길을 찾도록 하시옵소서. 저는 18일에 연경으로 돌아갈 테니, 선생이 만일 그때까지 귀국하시지 않으셨거든, 다시 한 번 찾아 주십시오. 동단패루(東單牌樓) 둘째 골목[衙衕] 두 번째 집 대문 위에 대경(大卿 : 대리시경(大理寺卿)) 편액이 붙어 있는 것이 곧 저의 집이올시다."

한다. 그리고는 서로 악수하고 작별하였다.

북경으로 돌아오면서[환연도중록還燕道中錄]

황제의 만수절 행사를 마친 후, 8월 15일부터 8월 19일까지 열하에서 다시 북경으로 돌아가는 여정을 기록한 내용이다.

이는 곧 열하로 갈 때에는 계획 없이 떠난 일이라 경황이 없어 주변을 잘 살펴보지 못했지만 돌아오는 길에는 여유를 가지고 서술한다고 저자는 밝힌다.

8월 15일 신유(辛酉)

날씨가 맑았으나 약간 서늘하였다.

사신 일행이 모여서 의논하기를,

"이제 우리는 마땅히 연경으로 돌아가야 될 것이나, 예부에서는 우리나라 사신에게 알리지도 않고 몰래 정문(呈文)의 내용을 고쳐서 황제께 올렸답니다. 이는 비단 눈앞의 일이 해괴할 뿐 아니라, 이를 그대로 두고 이의를 제기하지 않는다면 장래의 폐단이 클 것인즉, 마땅히 다시 예부에 정문을 제출하여 그들이 몰래 고쳤다는 사실을 밝힌연후에 길을 떠나야겠습니다."

하고는, 곧 역관에게 정문을 작성케 하여 예부에 제출하였다. 그러자 제독(提督)이 크게 두려워하니, 이는 대체로 벌써 상서(尙書) 덕보(德保)에게 먼저 통지했기 때문이다. 상서 등도 크게 두려워하여 우리에게 위협을 가했다.

"이 일에 대한 책임을 장차 우리 예부에다 넘기고자 하는 거냐? 예부에서 죄를 얻는다면 너희 사신인들 좋겠는가? 그리고 너희들이 보낸 정문이야말로 사연이 모호하여 전연 성의를 표한 실상이 없었으나, 내 실로 너희들을 위하여 여러 가지 방도로 꾸며 진달(進達)해서 그 영광스럽고 감격하는 뜻을 펴 주었는데도 불구하고 너희들은 도리어 이렇게 한단 말이냐? 이는 실로 제독의 허물이 더 크다고 해야겠지.”

하고는 정문을 떼어 보지도 않고 물리쳤다.

사신이 그제야 제독을 맞이하여 예부에 대한 모든 사정을 상세히 물어보았으나 그 이야기가 몹시 장황하고도 알아듣기 어려워 한참 동안을 멍하니 듣고 있다.

그리고 예부에서는 사람을 보내어 곧 길 떠날 것을 재촉하되,

“사신 일행의 떠나는 시간을 적어서 곧 위에다 아뢰겠다.”

하니, 이다지 떠나기를 재촉함은 대체로 다시 정문을 제출하지 못하게 하려는 수단이다.

아침밥이 끝난 뒤에 곧 길을 떠났다. 해가 벌써 점심나절이 지났다.

돌이켜 생각하건대, 저 뽕나무 아래서 사흘 밤을 묵은 일도 오히려 추억에 남았다는데, 하물며 나는 우리 부자(夫子 : 공자)님을 모시고 엿새 밤을 지난 것임에랴. 또 더군

다나 그 자고 나온 곳이 신선하고 화려하여 저절로 잊히지 않는다.

내 일찍부터 과거를 폐하여 하찮은 진사(進士) 하나도 이루지 못했은즉, 비록 국학(國學)에 몸을 수양하고자 한들 얻을 수 없음도 사실이거늘, 이제 별안간 나라를 떠나서 만리 머나먼 변새 밖에 와 엿새 동안을 노닐다 보니 내가 원래부터 이렇게 지냈던 듯한 착각이 든다.

이 어찌 우연한 일이겠느냐?

그뿐 아니라 우리나라 선비 중에 능히 멀리 이 중국의 한복판에서 놀아 본 이로서 신라의 고운(孤雲) 최치원(崔致遠)이나 고려의 익재(益齋) 이제현(李齊賢)과 같은 이도 비록 서촉(西蜀)과 강남(江南)의 땅을 두루 밟았으나, 새북(塞北 : 북쪽 변방)이야말로 이를 길이 전혀 없었다.

이로부터 천백 년 후일지라도 몇 사람이나 다시 이곳에 걸음을 할는지는 모르겠으나, 나의 이번 걸음에는 기정(沂鄭 : 송나라의 왕기공과 부정공)이나 영빈(潁濱 : 소철)이 사신으로 거란을 가면서 지나던 수레자국과 말 발자국이 모두 눈앞에 선하다.

아아, 사람이 세상에 나서 헤아려 작정된 일이 없음이 어찌 이러할 줄이야 알았으리요?

광인점(廣仁店)과 삼분구(三坌口)를 거쳐 쌍탑산(雙塔山)에 이르러서 말을 멈추고 한 번 바라본즉, 참으로 기이하기 짝이 없다. 바윗돌의 빛깔은 마치 우리나라 황해도 봉산 동선령(洞仙嶺)에 있는, 동선관(洞仙館)의 사인암(舍人巖 : 바위 이름)과 비슷하고, 탑같이 높이 솟은 태세는 금강산(金剛山)의 증명탑(證明塔)처럼 뾰족하게 마주 섰는데, 아래위의 넓이가 꼭 같아서 남에게 의지할 아무런 생각도 없는 듯이 짝짐도 없고, 기울어짐도 없었다.

똑바로 단정하며 정교하고 화려하여 웅장하기까지 하니 햇빛과 구름 기운이 마치 비단처럼 찬란할 뿐이다.

난하(灤河)를 건너서 하둔(河屯)에서 묵었다. 이날에는 모두 40리를 갔다.

8월 16일 임술(壬戌)

날씨가 맑았다. 동틀 무렵에 길을 떠나 왕가영(王家營)에서 점심을 먹었다. 황포령(黃鋪嶺)을 지날 때, 나이 스무 살쯤 되어 보이는 어떤 귀족 청년 하나가 붉은 보석과 푸른 날개로 장식한 모자를 쓰고 검은 말을 탄 채 달려가는데, 그 앞에 한 사람이 가고 뒤에 따르는 자가 기병 30여 명이나 되었다. 모두들 금빛 안장을 한 준마(駿馬)를 탔는데 모자와 의복의 차림이 선명하고도 화려다.

어떤 사람은 화살을 지기도 하고, 어떤 사람은 조총(鳥銃)을 메기도 하고, 어떤 사람은 찻[茶]그릇을 받들기도 하였으며, 어떤 사람은 연기 나는 향로를 들고서 번개처럼 달리면서도 벽제(辟除) 소리 한 마디 내지 않는데, 다만 말굽 소리만이 들릴 뿐이다.

그 구종군(말몰이꾼)에게 물었더니 그는,

"황제의 친조카 예왕(豫王)이십니다."

한다. 그 뒤에는 태평차가 따라가는데, 힘센 노새 세 필로 멍에를 씌웠다. 초록빛 천으로 겉을 가리고 사면엔 유리를 부쳐서 창을 내었으며, 지붕 위에는 파란 실그물로 얽고 네 모서리에는 술을 드리웠다. 일반적으로 귀족들이 탄 가마나 수레는 모두 이런 것들로 꾸며서 그 지위와 위엄을 표시하였다.

그 수레 속은 마치 보일 듯하나 뵈지는 않고, 다만 여인의 소리가 흘러나오더니, 얼마 아니 되어 노새가 멎고 오줌을 흘리는 순간, 우리의 말도 역시 오줌을 눈다. 수레 속으로부터 여인이 북쪽 차창을 열고 다투어 가며 얼굴을 내민다.

아름답게 올린 머리에는 구름이 얽힌 듯, 반짝이는 귀고리는 별처럼 흔들린다. 노란꽃과 파란 줄구슬이 꿈결인 듯이 얽히어, 예쁘고도 화려함이 마치 낙수(洛水)의 놀란 기러기와 같은데 잠자코 창을 닫고 선뜻 가 버린다. 그들은 모두 셋인데 예왕을 모시는 궁녀(宮女)들이라 한다.

마권자(馬圈子)에 이르러서 묵었다. 이날에는 80리를 갔다.

8월 17일 계해(癸亥)

날씨가 맑고 따뜻하다. 새벽에 길을 떠나 청석령(靑石嶺)을 지났다. 때마침 황제가 계주(薊州) 동릉(東陵, 청나라 역대 왕들의 묘)에 거둥하게 되었으므로, 도로와 교량을 닦아 놓았다. 한가운데에는 치도(馳道 : 말이 달리는 길)를 쌓았고, 각 고을에서 미리 역군을 징발하여 높은 데는 깎고 깊은 곳은 메우되, 맷돌로 다지고 흙손으로 바른 듯 마치 베[布]를 펴놓은 듯싶다. 표목을 세웠으되 먹줄로 그은 듯 곧아서 조금 굽은 것도 없고 기운 것도 없으며, 치도의 넓이는 두 길이요, 좌우의 협로(夾路)는 각기 한 길 남짓하다.

『시경(詩經)』에 이르기를,

"주나라 가는 길이 숫돌처럼 바르구나."

라 하였더니, 이제 이 길이 숫돌처럼 되었으니 그 비용이 적지 않을 것이다. 그러므로 흙을 메고 물을 지는 이들이 가는 곳마다 떼를 이루어서, 허물어지면 곧 흙으로 보수하되, 한 번 말굽이 지나간 곳이면 벌써 흙손질하고는, 나무를 새끼로 어긋나게 묶어 치도 위로 다니는 자들을 금했다.

그러나 우리나라 사람들은 반드시 그 나무를 거꾸러뜨리며 늦줄을 끊어 버리고는 지나간다. 나는 곧 마부에게 타일러 치도 밑으로 가게 했다. 이는 내가 감히 그 위로 가지 못해서가 아니라 인정상 차마 하지 못할 일이기 때문이다.

길 한편에는 몇 걸음마다 반드시 돌담을 쌓아두었다. 높이는 어깨에 닿을 정도이고, 넓이는 대략 여섯 자쯤 되는데, 마치 성(城)에 치첩(雉堞 : 성가퀴)이 있는 듯싶으며, 교량치고는 난간이 없는 게 없고, 돌난간에는 천록(天祿 : 상상적으로 생긴 짐승)이나 사자 모양을 앉혔는데, 모두들 입을 열어 생동하는 듯싶고, 나무 난간인즉 단청이 눈부시다.

강물의 폭이 넓은 곳에는 어린대나무로 광주리처럼 만들되 둘레는 거의 한 칸, 길이는 한 길쯤 되게 해서, 물가의 자갈을 채워 물속에 굳게 꽂아서 교량의 기둥 역할을 하게 했다. 난하(灤河)나 조하(潮河)에는 모두 수십 척의 큰 배를 띄워서 부교(浮橋)로 삼았다.

삼간방(三間房)에서 아침을 지어 먹었다. 우리 일행은 여관에 들고, 어제 길에서 만난 예왕(豫王)이 관제묘에 들었으므로, 우리가 든 여관과는 아래위 사이다. 그를 따라온 말 탄 사람들은 모두 다른 여관에 흩어져 떡과 고기, 술과 차 따위들을 사서 먹었다.

내가 우연히 관제묘를 구경하기 위하여 조용히 들어간즉, 문에는 지키는 자도 없이 뜰 안이 물을 끼얹은 듯 아무런 사람 하나도 없이 고요하였다.

나는 애당초 예왕이 그 안에 머무른 줄을 몰랐던 것이다. 뜰 가운데에는 석류가 주렁주렁 달려 있고, 낮은 소나무는 용이 서린 듯이 굼틀굼틀 한다. 내가 그곳을 서성거려 두루 구경하고 섬돌을 디디고 마루턱으로 오르려는 즈음에 어떤 한 아름다운 청년이 모자를 벗은 채 맨머리로 문 밖을 나서 나를 보고 웃으며 맞이하되,

"씬쿠[辛苦]"

하니 이 말은 '수고 많다'는 뜻으로 나를 위로하는 말이다. 나는,

"하오아[好阿]."

하고 답하였다. 이는 곧 우리나라 사람들의 안부(安否)를 묻는 인사의 말이다.

그 섬돌 위에는 아로새긴 난간이 있고, 난간 아래에는 의자 두 개가 있다. 그 가운데에 붉은 탁자를 놓고는, 나에게 '쭈어줘[坐着]'라고 하는 것은 주인이 손님에게 앉기를 청함이다. 혹은 '칭줘[請坐] 칭줘'라고도 하고, 혹은 '쭈어저

쭈어저'라고 거듭 부르기도 하려니와 '칭[請]칭 칭'을 잇달
아내기도 하니, 이는 정중하고도 간곡함을 표함이다. 그리
고 길가에 오면서 어떤 집에 들어갔을 때마다 주인들은
모두 그렇지 않은 이가 없으니, 이는 대체로 손님을 접대
하는 예식이다.

그리고 그 청년이 모자를 벗고 사복(私服)을 입었으므로,
나는 애초에 그가 주승(主僧 : 주지스님)이 아닌가 하였는데,
급기야 상세히 살펴본즉, 그가 곧 예왕인 듯하다. 나는 그
래도 아는 체하지 않고 심상하게 봐 버리고, 그도 역시 교
만하고 고귀한 서슬을 보이지 않으나, 붉은 빛이 얼굴에
부풀어 올랐음을 보아서 아침술을 많이 마셨음을 짐작할
수 있겠다. 그는 곧 손수 술 두 잔을 따라서 나에게 권한
다. 나는 연거푸 두 잔을 기울였다. 그는 나더러,

"만주 말을 할 줄 아십니까?"

하고 묻기에 나는,

"모릅니다."

하고 답했다. 그가 별안간 난간 밑을 향해서 토하기 시
작하자, 술이 마치 폭포처럼 쏟아졌다. 문안을 돌아보며,

"량아(凉阿 : 시원하다)"

한다. 웬 늙은 내시 하나가 방 안에서 단비 갖옷[貂裘]
한 벌을 갖고 나오더니, 예왕의 등을 덮어 주며 손으로 나
에게 나가라는 시늉을 하기에, 나는 곧 일어서서 나오며

난간머리를 돌아본즉, 그는 오히려 난간에 비껴 앉았다.

그의 행동은 몹시 경박하고 얼굴은 유달리 창백하여, 조금도 위엄이 없이 마치 시정배의 아들 같았다.

아침밥이 끝난 뒤에 곧 떠나서 몇십 리를 나아갔다. 뒤에 백여 명이나 되는 말 탄 사냥꾼들이 멀리 산 밑을 바라보며 달린다. 독수리를 안은 자 10여 명이 산골에 흩어져 갔다.

한 사람은 큰 독수리를 안았는데, 독수리의 다리는 마치 사냥개 뒷다리처럼 살지고, 누런 비늘이 정강이에 번쩍인다. 검은 가죽으로 머리를 싸매고 눈을 가렸으며, 그 남은 것들도 모두 눈을 가렸으니, 이는 그것들이 행여나 물건이 눈에 뜨이면 함부로 퍼덕이다가 다리에 생채기를 내거나 또는 위협을 느낄까 보아서 그런 것이고, 또는 그렇게 해야만 눈의 정기를 기르는 동시에 사나운 성질을 그대로 지니기 때문이다.

나는 그제야 말에서 내려 모래 위에 앉아서 담뱃대를 털어 담뱃불을 붙였다. 그 중 활과 살을 몸에 두른 자 하나가 역시 말에서 내려 담배를 넣더니 불을 청한다. 나는 그제야 그에게 말을 물었더니,

"황제의 조카 예왕께옵서, 열다섯 살 되는 황손과 또 열한 살 되는 황손 둘을 데리고 열하(熱河)로부터 북경으로 돌아오시는 길에 사냥하시는 것이옵니다."

"그럼 얼마나 잡았소?"

하였더니 그는,

"사흘 동안에 겨우 메추라기 한 마리를 얻었답니다."

한다. 그 즈음에 별안간 옥수숫대 꺾이는 소리가 나며 등골이 서늘해진다. 말 탄 한 사람이 나는 듯이 밭 가운데로부터 달려 나오는데, 화살을 메고 안장 위에 엎드린 채 달린다. 그의 흰 얼굴은 눈인 양 눈부시다.

담배에 불을 붙이던 자가 그를 가리키며,

"저이가 열한 살에 드는 황손입니다."

한다. 그는 토끼 한 마리를 쫓아 달렸는데, 토끼는 달리다가 모래 위에 넘어져 누워서 네 발을 모은다. 말을 빨리 달려 쏘았으나 맞히지 못하였다. 토끼는 다시 일어나 산 밑으로 달음질친다. 그제야 백여 명이 달려가 에워싸니, 아득한 평원에 티끌이 공중을 가리고 총소리가 진동하더니 별안간 에워쌌던 것을 풀고 가버릴 때 티끌 그림자 속에 일단(一團)의 무엇이 감돌더니 아득히 그 자취가 보이지 않는다.

과연 토끼를 잡았는지는 모르겠으나, 말 달리는 재주에 있어서는 어른이나 아이를 불구하고 모두 타고난 천재들이다.

대체 책문으로부터 연산관(連山關)에 이르기까지 높은 산과 험한 재가 많고 숲이 울창하여 가끔 새들이 지저귀더니, 요동에서 연경까지 2천 리 사이에는 공중에는 나는 새가 끊이고 땅에는 달리는 짐승도 눈에 보이지 않았다.

때마침 장마 지고 날씨가 찌는 듯하나, 벌레와 뱀이 숲 속에 다니는 것도 보지 못하였거니와, 개구리 소리도, 누꺼비 뛰노는 것도 보이지 않으며, 벼가 한창 누럴 때이지만 참새 한 마리가 내리지 않고, 물가 모래톱 근방에도 물새 한 마리가 보이지 않는다.

다만 이제묘(夷帝廟) 앞 난하(灤河)에서 비로소 두 쌍의 갈매기를 보았다. 그리고 까마귀·까치·솔개 따위는 흔히 도시 중에 모여들게 마련이지만 이 연경에선 좀처럼 보기 힘들다. 하늘을 새까맣게 뒤덮으며 날아다니는 우리 나라 들녘 풍경과는 사뭇 다르다.

애초에는 이러한 변방의 수렵(狩獵) 지역에는 반드시 날짐승과 들짐승이 많으리라 생각하였더니, 이제 이곳의 모든 산은 갈수록 초목이 없고 새 한 마리도 나타나지 않는 것을 보아서 비로소 호인(오랑캐)들이 사냥으로써 생명을 유지함이 이와 같음을 알았다.

그러나 그들이 장차 어느 곳에서 사냥을 하겠는지, 짐승들을 이렇게 멸종시켰음을 이치에 맞는 일인지, 또는 짐승들이 별도로 도피할 곳이 있는지를 알 수 없겠다.

강희 황제가 위에 오른 지 20년 만에 오대산(五臺山)에 갔을 때 범이 숲속에서 뛰어나오자, 황제가 친히 쏘아서 죽였다. 그때 산서(山西) 도어사(都御史) 목이새(穆爾賽)와 안찰사(按察使) 고이강(庫爾康)이 황제에게 여쭈어 그 땅 이름을 사호천(射虎川)이라 하고, 범의 가죽은 대문수원(大文殊院)에 간직하여 지금까지 그대로 전해온다.

황제는 또 친히 화살 서른 대를 쏘아서 토끼 스물아홉 마리를 잡았다.

또한 송정(松亭)에서 사냥할 때에 큰 범 세 마리를 쏘아 죽였는데, 이 장면을 그림으로 그려서 민간에서 서로 팔고 사니, 이는 실로 신기한 기예가 아닐 수 없다.

이제 여러 공자(公子)들이 사냥할 때 재빨리 달리는 것을 구경한즉, 그들의 가법(家法)이 그러함을 알겠다. 만일 그때 옥수수밭 속에서 범이 뛰어나왔더라면, 비단 그가 기뻐하였을 뿐만 아니라, 만 리의 길을 온 나로 하여금 한 번 유쾌하게 했을 것인데, 이제 그렇지 못하였음이 한스런 일이 아닐 수 없다.

장성 밖에 다다랐다. 산에 잇달아서 성을 쌓았으므로 높낮이와 굽이가 생겼고, 그 요충지(要衝地)에는 속이 텅 빈 돈대를 세웠는데, 높이는 예닐곱 발, 넓이는 열네댓 발이나 되었다.

그런데 대체로 요충지에는 4, 50걸음 만에 돈대가 하나씩 있고, 덜 중요한 곳에는 2백 걸음 만에 돈대 하나씩을 두었으며, 돈대마다 백총(百總 : 소위(小尉)에 해당되는 무관)이

지키고, 열 돈대를 천총(千總 : 지휘관에 해당되는 무관)이 지키게 마련이다.

그리하여 1, 2리 사이마다 방울 소리가 들린다. 만일 어떤 사람이 경보를 울릴 일이 있을 때에는 좌우에서 횃불을 들어 서로 나누어 전달하므로 수백 리 사이에서도 모두 재빨리 알아차리고 예비하게 되었다. 이는 모두 명나라 장수척남궁(戚南宮)이 깨우처 준 책략이라 한다.

옛날 전국시대, 육국(六國) 때에도 역시 장성이 있었다. 조(趙)나라의 장수 이목(李牧)이 흉노(匈奴)를 크게 깨뜨려 십여만 명의 기병을 죽이고 첨람족(襜襤族)을 전멸시켰으며, 산서성의 임호(林胡)·누번(樓煩) 부족을 깨뜨리고 장성을 쌓았다.

대(代)땅에서 병음산(並陰山) 지역을 거쳐 내려와 고궐(高闕)에 이르기까지 변방의 관문을 만들고 운중(雲中)·안문(雁門)·대군(代郡) 등의 여러 고을을 두었다.

진(秦)나라의 의거(義渠 : 감숙성 지방에 있던 부족)를 멸한 뒤에 비로소 농서(隴西)·북지(北地)·상군(上郡) 등지에다 장성을 쌓아서 오랑캐를 막았다.

연(燕)나라는 또 동호(東胡 : 동쪽 오랑캐)를 깨뜨려서 천리를 넓히고 역시 장성을 쌓았는데, 조양(造陽)으로부터 양평(襄平)에 이르기까지 상곡(上谷)·어양(漁陽)·우북평(右北平)·요동(遼東) 등의 여러 군을 설치했다. 그리하여 진·

연·조 세 나라가 모두 저 세 곳의 변방에 관문을 설치하였다.

그들이 장성을 쌓은 지가 오래고 각기 쌓아 놓은 장성을 서로 이어 놓으면 북·동·서에 뻗은 것이 족히 만 리나 되었다.

진(秦)나라가 천하를 통일하고 천자가 되자 곧 몽염(蒙恬)으로 하여금 장성을 쌓되 지세를 따라 험한 곳을 이용하여 변방을 제압하되, 임조(臨洮)로부터 요동에 이르기까지 만 리에 뻗었다. 생각하건대 몽염이 옛 성을 모두 증수(增修)한 것이었던가, 또는 연나라와 조나라의 옛 성터에다 새로 쌓았던 것인지는 알 수 없겠다.

몽염의 말에,

"이 성은 임조에서 일으켜서 요동까지 잇닿았다."

하였으니, 이 성이 만여 리에 뻗은 그 사이에 지맥(地脈)을 끊지 않을 수 없었겠고, 또 사마천(司馬遷)이 북변(北邊 : 북쪽 오랑캐)에 가서 몽염(蒙恬)이 진나라를 위해 쌓은 장성을 보면, 그 역정(驛亭)과 돈대가 모두 산을 끊고 골을 메운 것을 보고 그가 가벼이 백성의 힘을 허비하였음을 책망하였다.

그렇다면 이 성은 정말 몽염이 쌓은 것으로, 연나라와 조나라의 옛 것이 아닌지도 모르겠다. 이 성은 모두 벽돌로 쌓았으며, 벽돌은 모두 한 기계에서 찍어 낸 것으로서 두껍고 얇음이나 크고 작은 것이 조금도 차이가 없다.

성 밑 돈대는 돌을 다듬어서 쌓았으되 땅 밑에 포갠 것이 다섯이요, 땅 위에 포갠 것이 셋이라 한다. 그 돈대는 가끔 무너진 곳이 있었다. 두께를 헤아려 보니 나섯 길쯤 되나, 흙을 섞지 않고 오로지 벽돌에 석회를 발랐는데, 종이를 가린 듯이 얇아서, 겨우 벽돌을 이어붙인 것이 마치 나무에 아교를 합친 듯싶다.

성의 안팎이 대패로 깎은 듯하되 아래는 넓고 위는 좁아서 비록 대포와 충차(衝車)라도 갑자기 깨뜨리기는 어렵게 되어 있다. 대체 그 바깥 벽돌은 비록 이지러졌으나, 그 속에 쌓은 것은 그대로 남아 있었다.

담결핵(痰結核)을 다스리는 데에는 천년 묵은 석회에다가 초를 타서 떡을 만들어 붙이곤 한다. 오래도록 해묵은 석회로는 장성이 으뜸이었으므로, 으레 사신이 오가는 편에 이를 구했던 것이다. 내 일찍이 젊었을 때 주먹만큼 큰 것을 본 적이 있었는데, 이제 와서 보고 결코 그 참된 것이 아님을 알게 되었다.

길가의 모든 성의 제도는 모두들 장성과 다름없으니, 어디에서 주먹처럼 큰 석회를 얻을 수 있겠으며, 또한 어찌 일부러 변방 북쪽으로 멀리 돌아서 구해 올 수 있었겠는가? 이는 우리나라 길가의 무너진 성 밑을 지나다가 주운 것에 지나지 않으리라 생각될 뿐이다.

돌아오는 길에 고북구(古北口)에 들렀다. 지난번 변방의 관문을 나갈 때에는 마침 밤이 깊어서 두루 구경하지 못하였더니, 지금은 그와 반대로 대낮이므로 수역과 더불어 잠깐 모래벌판에서 쉬다가 곧 첫째 관(關)으로 들어섰다.

말 수천 필이 관문을 메우도록 서 있고, 둘째 관문을 들어갔더니 군졸 4, 50명이 칼을 차고 뺑 둘러섰고, 또 두 사람이 의자를 맞대고 앉았다. 나는 수역과 함께 말에서 내려 조용히 걸었다. 그 둘은 기쁜 얼굴로 재빨리 앞에 와서 몸을 굽히고 읍하며 위안의 말을 간곡히 보내는데, 그 하나는 머리에 수정관(水晶冠)을 썼고, 또 하나는 산호관(珊瑚冠)을 썼다. 그들은 모두 수비하는 참장(參將)이라 한다.

석진(石晉, 석경당이 세운 나라)의 개운(開運) 2년(945년)에 거란(契丹) 임금 덕광(德光)이 쳐들어왔다가 호북구(虎北口)로 돌아갈 때 진(晉)나라가 태주(泰州)를 함락하고 다시 군대를 끌고 남쪽으로 내려간다는 소식을 들었다.

거란 임금은 수레에서 철요기(鐵鷂騎, 거란의 기병대)의 기병(騎兵)에게 명령을 내린 뒤 말에서 내려 진나라 군사의 녹각(鹿角, 방어물)을 무찌르고 쳐들어갔다고 한다. 대체 장성(長城)을 둘러 '구(口)'라는 이름을 지닌 곳이 무려 몇 백이나 되었는데, 태원(太原 : 산서성에 있다) 분수(汾水)의 북쪽에도 역시 '호북구'라는 지명이 있다. 그때 덕광(德光)의 군사가 기양(祈陽)으로부터 북으로 향해 갔던 바, 그 길이 아

니고 보니 아마도 유쥬(幽州)와 단주(檀州)의 호북구가 곧
이 관(關)이리라 생각된다.

　당(唐)나라의 선조 중에 '호(虎)'라는 휘(諱)가 있으므로
호(虎)를 고쳐 '고북구'라 하였으리라 추정된다.

　송인(宋人)이 지은 『사료행정록(使遼行程錄)』에 이르기를,

　"단주(檀州)로부터 북으로 80리를 지나고, 거기에서 또
80리를 가서 호북구관(虎北口關)에 이르렀다."

　하였으니, 단주의 고북구도 역시 호북구라고 일컬었던
것이다.

　송(宋)나라 선화(宣和 : 송나라 휘종(徽宗)의 연호) 31년(1121
년)에 금나라 사람들이 요나라 군대를 고북구에서 깨뜨렸
고, 가정(嘉定 : 송나라 영종(寧宗)의 연호) 2년(1209년) 몽고(蒙
古)가 금(金)나라를 침입하여 고북구에 이르자 금나라는 물
러가서 거용관(居庸關)을 지켰다.

　원(元)나라의 치화(致化 : 원나라 태정제(泰定帝)의 연호) 원년
(1328년)에 태정제(泰定帝 : 야손철목이(也孫鐵木爾))의 아들 아
속길팔(阿速吉八)이 　상도(上都 : 찰합이다륜현(察哈爾多倫縣))에
서 임금이 되어 여러 길로 나누어 군대를 보내서 연(燕)나
라의 철첩목아(鐵帖木兒)를 대도(大都 : 북경)에서 싸울 때에
탈탈목아(脫脫木兒)는 고북구를 지키다가 상도의 군대와 더
불어 의흥(宜興)에서 싸웠다. 명(明)나라의 홍무(洪武) 22년
(1389년)에는 연왕(燕王)에게 명령을 내려 군사를 거느리고

고북구로 나가서 내안불화(乃顏不花)를 이도(迤都)에서 습격하였다.

영락(永樂 : 명나라 성제(成帝)의 연호) 8년(1410년)에는 고북구 소관(小關)의 입구를 막아버리고 대관(大關)의 바깥문을 메워서 겨우 사람 하나 말 한 필만 드나들 수 있게 했다. 이 관은 다섯 겹이나 되는 문이 있으나 아무런 메운 흔적이 없음을 볼 수 있었다.

대체 이 관은 천고의 전쟁을 치른 마당이다. 천하가 한 번 어지러우면 곧 백골(白骨)이 산더미처럼 포개어지게 되니, 이야말로 진실로 이른바 호북구, 즉 '범 아가리'라 할 만하다.

이제 태평이 계속된 지 1백여 년이나 되어서 사방 경내(境內)에 병혁(兵革 : 전쟁)의 어지러움을 보지 못하였을 뿐더러, 삼과 뽕나무가 빽빽이 서 있으며, 개와 닭 울음이 멀리 들려온다.

이와 같이 풍족한 휴양(休養)과 생식(生息)이야말로 한(漢)나라와 당(唐)나라 이후로는 일찍이 보지 못한 일이었으니, 그들은 무슨 덕화(德化)를 베풀었기에 이 경지에 이르렀을까?

그러나 그 성함의 기세도 극도에 달하면 반드시 허물어짐은 이치가 으레 그러한 것인 만큼, 이곳 백성이 전쟁을 치르지 못한 지가 오래 되었은즉, 아아, 앞으로 다가올 토붕(土崩 : 흙더미가 무너지다)과 와해(瓦解 : 기왓장이 깨지다)도 걱정이 아닐 수 없구나!

이 관(關)은 대체 산 위에 자리잡아 비록 수많은 산봉우리가 삥 둘렀으나 큰 바다가 오히려 눈앞에 보인다.

『금사(金史)』를 상고하면,

"정우(貞祐 : 금나라 선종(宣宗)의 연호) 2년(1214년)에 조수(潮水)가 흘러넘쳐 고북구의 쇠로 장식한 관문을 허물어 버렸다."

하였으니 대체 북방 오랑캐들이 중국을 하찮게 여기는 것은, 그의 나라가 상류(上流)에 웅거하여 형세가 병 목을 거꾸로 달아 놓은 것처럼 된 까닭이다. 내 어렸을 때에 어떤 어른이 백곤(伯鯀, 하우씨의 아버지, 실패하여 귀양갔다)의 홍수(洪水)를 메움에 대하여 다음과 같은 변증(辨證)이 있었음이 기억에 떠올랐다.

중국에 커다란 근심 두 가지가 있으니, 곧 황하(黃河)의 범람과 오랑캐의 침입이다. 대체 우(禹)임금의 아버지, 백곤의 재주나 힘이나 인격이나 슬기 그 어느 것이나 저 오랑캐들이 제멋대로 날뛸 것을 알고도 남음이 있었다. 그래서 그는 유주(幽州)와 기주(冀州)를 통하게 하고 항산(恒山)과 대군(代郡)을 뚫어서 구주(九州)의 물을 이끌어 사막에 끌어대고는, 중국이 도리어 그 상류에 웅거하여 되놈[胡]을 견제하기를 꾀하였다.

그리하여 당시의 사악(四岳, 사방 산악의 관리를 맡은 책임자)역시 그의 제안을 옳게 여겨 한 번 시험해 보려 하였으니, 이는 이른바 '시험해 보고 말 것이다'가 곧 그것이다. 요(堯)임금은 비록 물을 거꾸로 흐르게 하는 것이 옳다고 여기지 않았건마는, 백곤의 변론이 몹시 강력하므로 반박을 하지 못하였다.

우(禹)임금도 물의 역행이 의당한 일이 아님을 알았지마는, 백곤의 재주와 슬기가 심히 뛰어났으므로 감히 간하지도 못하였다.

이는 이른바 『서경』의 '하늘의 뜻을 어겨 백성을 못 살게 하며, 화합을 깨뜨린다'가 곧 그것이었던 것이다.

대체 백곤의 사람됨이 사납고도 꼿꼿하였을 뿐더러, 제 마음대로 의견을 주장하되, 오로지 북방 오랑캐의 침입만을 중국의 영원한 고질이 될 걱정으로 알았지. 저 높은 데까지도 물에 잠길 것은 눈앞의 둘째 일로 보고서, 지형도 측량하지 않고 공비도 아낌없이 거꾸로 개울을 파서 거슬러 흐르게 하였다.

이는 이른바 물이 거슬러 행함을 홍수(洚水)라 하므로 '홍수란 곧 홍수(洪水)이다'라는 말이 바로 여기에서 비롯된 것이다.

그러나 개울도 치고 구덩이도 파려니와, 뚫고 터뜨리고 씻어 내기도 하는 도중에 지세가 점차 높아짐에 따라 흙이 저절로 메워지게 되었으니, 이른바 '백곤이 홍수를 메웠다'는 것이다. 만일 그렇지 않다면, 그가 유독 무슨 마음으로 이처럼 커다란 물을 메워서 스스로 죄과를 범하였으며, 또 당시의 사악과 십이목(十二牧 : 열두 고을의 장관)은 어찌하여 그를 역천(力薦 : 힘써 추천함)하였으며, 또 요임금으로서도 어떻게 차마 9년 동안이나 두고 보면서 그가 실패할 것을 기다렸을까?

아아, 갸륵하도다. 백곤이 만일 이 공업을 이룩하였더라면 중국이 오랑캐를 막는 것이나 황하의 범람을 막는 계책이 한꺼번에 이룩되어 만세를 두고 힘을 입는 동시에, 그의 커다란 공로와 거룩한 사업이 의당히 우(禹)임금보다 더 높이 칭송되었을 것이다.

그런데 이제 이곳 지형을 살펴본즉, 이는 맹랑한 말이다. 그리고 이백(李白)의 시에 이르기를,

"황하수 깊은 물이 하늘에서 내려오네."

이라 하였으니, 대체 그 지형이 서편이 높은 탓에 황하가 마치 하늘에서 내려 흐르는 듯하다는 것이다.

관내(關內) 여관에서 점심을 먹었다. 그 벽에는 황제의 어필 칠절(七絶) 한 수가 붙어 있었다. 이는 공민(孔敏)이라는 사람에게 내린 것이다.

황제가 일찍이 남으로 순행하고는 열하로 돌아올 때, 곡부(曲阜)의 모든 공씨(孔氏)가 나와서 알현하였다. 이에

황제가 이 시를 지어 공씨 가문의 문장(門長)인 공민에게
내려 준 것이다.

공민이 이에 발(跋)을 달았는데, 황제의 융숭한 은혜를
성대하게 칭송하고 은총과 영광을 도배하듯 극도로 포장
하였을 뿐더러, 벌써 돌에 새겨 널리 찍어서 이 여관 주인
에게 한 벌을 주고 갔다 한다.

그 시는 비록 변변치 못하나 글씨는 묘하게 잘 썼다. 여
관 주인이 나에게 이를 사라고 조르기에 시험조로 그 값
을 물었더니, 그는 돈 서른 냥을 부른다.

식사가 끝난 뒤 곧 떠나서 셋째 관문에 들어갔다. 양쪽
벼랑의 석벽이 깎은 듯이 높이 서 있고, 그 가운데에는 수
레 한 대가 지나칠 수 있게 되었으며, 아래에는 깊은 골짜
기도 커다란 바위가 여기저기 쌓여 있다.

옛날 송나라 기공(沂公) 왕증(王曾)과 정공(鄭公) 부필(富
弼)이 일찍이 거란에 사신으로 갈 때 역시 이 길을 경유하
였으므로, 그의 『행정록(行程錄)』 중에,

"고북구는 양편에 준엄한 석벽이 있고, 그 사이에는 길
이 났으되, 겨우 수레가 드나들 만큼 되었다."

하였음을 보아서 그가 이곳으로 지나간 것을 알 수 있
겠다.

한 소사(蕭寺 : 절)에서 묵었는데, 거기에 영빈(穎濱) 소철
(蘇轍)의 시(詩)가 새겨져 있었다.

어지러운 산이 꼬불꼬불 둘렀으니 갈 길이 없나 싶었는데
작은 길 얽힌 채 시냇가를 감돌아든다.
꿈 속에 잠긴 듯이 서쪽 길을 헤매니
흥주(興州)의 동쪽 골짜기가 봉주(鳳州)에선 서쪽이라네.

『송사(宋史)』를 상고해 보면,

'원우(元祐) 연간(1086~1094)에 소철이 그의 형 소식(蘇軾)을 대신하여 한림학사(翰林學士)가 되었다가, 얼마 안 되어 예부상서(禮部尙書)의 직을 대리하여 거란에 사신으로 갔다. 그의 관반(館伴) 시독학사(侍讀學士) 왕사동(王師同)이 능히 소순(蘇洵), 소식의 글과 소철이 지은 『복령부(茯苓賦)』를 외웠다.'

하였으니, 이 시는 곧 문정공(文定公 : 소철의 시호)이 사신으로 갈 때에 이곳으로 지나치다가 쓴 것이리라.

절에 살고 있는 중은 겨우 둘뿐이고, 난간 밑에는 바야흐로 오미자(五味子) 두어 섬을 말리고 있었다.

내가 우연히 두어 낟알 주워서 입에 넣었다. 한 중이 멀뚱히 쳐다보다가 별안간 크게 노하여 눈을 부릅뜨며 호통 치는데, 그의 행동이 몹시 흉패(凶悖)하였다. 나는 곧 일어서서 난간가로 비켜섰다.

때마침 마두(馬頭) 춘택(春宅)이 담뱃불을 붙이러 들어섰다가, 그 꼴을 보고는 크게 노하여 곧장 앞으로 다가서며,

"우리 영감께옵서 더운 날씨에 찬물 생각이 나서서, 이 자리에 가득찬 것들 중에서 불과 몇 알 아니 되는 것을 씹어 침을 돋우려 함이거늘, 너같이 양심 없는 이 까까중놈아, 하늘에도 높은 하늘이 있고, 물에도 깊은 물이 있음을 모르고, 당나귀가 높낮이도 분간하지 못하고 얕은 것과 깊은 것도 측량할 줄 모르는 이런 무례한 놈, 이게 무슨 경우냐?"

하고 꾸짖는다. 그러자 중은 모자를 벗어 던졌다. 입가에는 흰 거품이 부풀어 오르고 어깻죽지를 기웃거리면서 까치걸음으로 앞으로 나서서,

"너희들 영감이 내게 무슨 상관이 있어 하늘 높다 하는가? 너나 두려워하지, 나는 두려울 게 없어. 제아무리 관노야(關老爺, 관우의 높임말)가 현령(顯靈)하고 태세(太歲)가 문에 들었다. 내가 두려워할 게 뭐냐?"

한다. 춘택이 곧 그에게 뺨 한 대를 치고 이어서 수없이 우리나라 말로 욕지거리를 더한다. 중이 그제야 뺨을 손으로 가리고 비틀거리며 들어가 버린다.

나는 목청을 높여 춘택에게 요란을 일으키지 못하게 하였다. 춘택은 오히려 분기를 이기지 못하여, 곧장 그 자리에서 싸워 죽이고 말 기세였다. 한 중은 부엌문에 서서 웃음을 머금은 채 편을 들지도 않았을 뿐 아니라, 역시 말리지도 않는다.

춘택은 또 한 주먹으로 그를 두들겨 엎고는,

"우리 영감께옵서 이 일을 만세야(萬歲爺 : 황제를 높여 부르는 말) 앞에 아뢰어서, 네놈의 대가리를 쪼개 버리든지, 그렇지 않다면 이 절을 소탕하어 깨끗이 평지를 만들겠어, 이놈."

하며 호통친다. 중도 옷을 툭툭 털고 일어나며,

"너희 영감 말이야, 공짜로 오미자를 훔치고, 또 네놈을 시켜 사발처럼 모진 주먹을 보내니, 이게 무슨 도리냐?"

하며 꾸짖으나, 그의 기색은 차차 죽어 간다.

춘택은 더욱 기가 살아서,

"무슨 공짜야, 기껏해야 한 말이 되겠느냐? 한 되가 되겠느냐? 그까짓 눈곱처럼 작은 한 알 때문에 우리 영감님의 높으신 위신을 깎았단 말이냐. 만세야께옵서 만일 이 일을 아신다면 너같은 까까중놈의 머리통을 대번에 쪼개 버릴 거야. 네놈이 우리 영감은 두렵지 않다지마는 만세야도 두렵지 않단 말이냐!"

하고 폭언을 퍼부었다. 그제야 중이 기가 죽어서 다시 앙갚음의 말도 내지 못한다. 춘택은 또 무수히 욕지거리를 하는데, 툭하면 만세야를 팔아 댄다.

이때에는 응당 만세야의 두 귀가 가려웠으리라 생각된다. 대체 춘택이 말끝마다 황제를 일컬으니, 그가 헛 세력을 믿고 성세를 과장하는 꼴이야말로 사람으로 하여금 포

복절도(抱腹絶倒)하게 할 일이다. 그 중은 진짜 그를 두려워하여, '만세야'라는 석 자를 듣자 마치 뇌성이나 귀신을 본 것처럼 두려워한다.

그제야 춘택이 벽돌 하나를 뽑아서 중에게 던지려 한다. 두 중은 별안간 웃음을 지으며 달아나 숨어 버렸다가, 곧 산사(山樝 : 아가위) 열매 두 개를 갖고 와서 오히려 웃는 얼굴로 바치며 청심환을 요구한다.

그러고 보면, 애초에 이러한 소란을 떤 것은 청심환을 얻기 위함에 불과한 것이었다. 그의 마음씨를 따져 본다면, 실로 나쁘다 이르지 않을 수 없겠다. 나는 곧 청심환 한 알을 주었더니, 중은 머리를 무수히 조아리곤 한다. 그 염치없는 일이 심하였다. 대체 산사는 살구처럼 굵기는 하지마는, 몹시 시금털털하여 먹을 수 없었다.

옛 성인은 물건을 주고받는 일에 있어서 매우 조심했다.

"만일 옳은 일이 아니라면, 비록 한낱 지푸라기라도 함부로 남에게 주지도 않을 뿐더러, 남에게서 받지도 않는 것이다."

하였던 것이다.

대체 한낱 지푸라기로 말한다면, 천하에 지극히 작고도 가벼운 물건이어서, 족히 만물 중에서 손꼽을 존재조차 없겠으니, 어찌 이것으로써 사양하고 받는다든지 취하고 준다든지 하는 순간을 논할 나위가 될까 보냐? 그러나 성인

(聖人)은 이와 같이 엄청나게 심한 말씀을 하여 마치 이에 커다란 염치와 의리가 존재하는 듯 말하였음을 이상히 여겼더니, 이제 이 오미자로 인하여 일어난 일을 체험하고 나서, 비로소 성인의 한낱 지푸라기를 이끈 말씀이 과연 지나치게 심함이 아님을 깨달았다.

아아, 성인이 어찌 나를 속이겠느냐?

두어 낱알의 오미자는 실로 한낱 지푸라기와 같은 물건이건마는 저 완패(頑悖)한 중이 나에게 무례(無禮)한 행위를 한 것은 가히 상식에 어긋난 짓이라 할 만하다.

그리하여 이로 말미암아 다투기 시작하여서 주먹다짐에 이르렀을 뿐더러 바야흐로 그들이 싸울 때에는 분한 마음을 이기지 못하여 제각기 생사를 분간하지 않았으니, 이때를 당해서는 비록 두어 낱알의 오미자일망정 재화가 산더미처럼 높았던 만큼 이는 결코 천하에 지극히 가늘고도 가벼운 물건이라 얕보기는 어려울 것이다.

옛날 춘추(春秋) 전국(戰國) 시대에 종리(鍾離)에 살고 있는 한 여인이 초(楚)나라의 여인과 뽕따기를 다투다가 종말에는 두 나라의 전쟁을 일으켰던 일이 연상된다.

이제 그를 이 일에 비한다면, 두어 낱알의 오미자가 성인이 말씀하신 이른바 지푸라기 하나보다 많았을 뿐더러 그 옳고 그름을 따지자면 초나라의 여인의 뽕따기 다툼과 다름없음을 보아서, 만일 이때에 그들이 싸우는 도중에 목숨을 잃은 사변이 생겼더라면, 어찌 군사를 일으켜 문책할 일이 없으리라는 것을 누가 예측하겠는가?

"내 일찍이 학문이 성글고 얕아서 애초에 오얏나무 아래서 갓을 바로잡고 오이밭에서 신발끈을 매는 혐의를 삼가지 못하여 스스로 공짜로 오미자를 먹었다는 모욕을 취하였으니, 어찌 부끄럽고도 두려움을 이루 다 말할 수 있으리오?

길을 따라 빈 수레가 열하로 달려가는 것이 날마다 몇 천 몇 만인지 모른 만큼 많았다. 이는 황제가 장차 준화(遵化), 역주(易州) 등지에 거둥하는 까닭으로 짐바리를 실으러 가는 것이다.

그리고 몇 천의 탁타(橐駝 : 낙타)가 떼를 지어 물건을 싣고 나온다. 이놈들은 대체 한결같이 크고 작은 놈이 없이 모두 엷은 흰빛에 약간 누런빛을 띠었다.

짧은 털에 머리는 말과 다름없으나 작은 눈매는 양과 같고, 꼬리는 마치 소와 같이 생겼다. 그리고 다닐 때에는 반드시 목을 움츠리고 머리를 쳐들되 마치 날아가는 해오라기처럼 생겼고, 무릎에는 두 마디가 생겼으며, 발은 두 쪽으로 쪼개졌고, 걸음은 학처럼, 소리는 거위와 같았다.

옛날 가서한(哥舒翰)이 서하(西河)에 머무르고 있을 때, 그 주사관(奏事官)이 장안(長安)으로 향할 때마다 흰 낙타를 타고 하루에 5백 리를 달렸다고 한다.

후진 개운(開運) 2년에 부언경(苻彦卿)이 거란(契丹) 철요(鐵鷂)의 군사를 크게 깨치자 거란 임금이 해차(奚車)를 타고 달아날 제 뒤에 쫓아오는 적병이 급하기에 거란의 장수 덕광(德光)이 낙타 한 마리를 잡아 그를 태워서 달아났다고 한다.

이제 낙타의 걸음걸이를 보건대, 몹시 더디고도 둔하니 뒤에 쫓아오는 적군에게 포로를 면하기 어려울 듯싶다.

혹시나 그놈들 중에서도 석계륜(石季倫)이 탔던 소와 같이 잘 달리는 놈이 있었는지도 알 수 없는 일이다.

고려 태조(太祖) 때에 거란이 낙타 40마리를 바쳤으나, 태조는 거란이 워낙 무도(無道)한 나라라 하여 다리 밑에 매어 놓은 지 10여일 만에 모두 굶겨 죽였으니, 거란은 비록 무도한 나라라 할지라도 낙타야 무슨 죄가 있겠는가?

대체 낙타는 하루에 소금 몇 말과 꼴 열 단쯤을 먹기는 일쑤인 만큼 우리나라에서 세운 목장이 몹시 빈곤하여 이런 짐승은 먹이기도 어렵다.

또는 그를 이용하여 물건을 싣고자 하여도 도시의 건물이 낮고 좁으며 거리가 더욱 비좁아서 그를 수용할 수 없는 형편이었으니, 실로 이는 쓸데없는 물건이 되고 말았던 것이다.

지금까지도 그 다리 이름을 낙타라 하여 개성(開城) 유수부(留守府)에서 3리쯤 되는 거리에 있다. 다리 곁에 돌을 세워 탁타교(橐駝橋)라 새겼으나, 그 지역 사람들은 낙타교라 부르지 않고 모두 '약대다리(若大多利)'라 한다. 이는 그들의 사투리에 약대는 낙타, 교량은 다리이기 때문이다. 이에서 또 와전되어 '야다리(野多利)'라 부르는 것이 일쑤이다.

내 처음 개성에 놀러 갔을 때 낙타교를 물었으나, 어느 곳에 있는지를 아는 이가 없었으니 아아, 지방 사투리가 아무런 의의(意義) 없이 함부로 되었음이 이와 같았다.

이날에 80리를 갔다.

8월 18일 갑자(甲子)

날이 맑았다가 늦게 가랑비가 잠시 내리고 오후에는 바람과 우레가 크게 일며 소나기가 쏟아졌다. 아침에 일찍 출발하여 거화장(車花莊)과 사자교(獅子橋)를 거쳤는데, 행궁(行宮)이 있었다. 목가곡(穆家谷)에 이르러 점점 식사를 마치고, 곧 떠나서 석자령(石子嶺)을 지나 밀운(密雲)에 이르니 청실(淸室)의 여러 왕들과 보국공(輔國公 : 황실로부터 봉작을 받은 자)들을 비롯하여 수많은 관원들이 북경으로 돌아가기 위해 길에 잇달았다.

백하(白河)에 이르자, 나루에 모여든 사람들이 서로 먼저 건너려고 시끄럽게 다툰다. 이들은 한꺼번에 건너 주기가 어려우므로 바야흐로 부교(浮橋)를 매고 있다. 모든 배들은 대체로 돌을 운반하는 것이었고 사람을 건너 주는 배는 다만 한 척이 있을 뿐이다.

지난날 이곳을 지날 때에는 군기(軍機)가 나와 맞이하고

낭중(郎中)은 건너는 일을 감독하고 황문(黃門)은 길을 인도
해 주었었다. 그리고 제독과 통관들의 기세가 당당하여
물가에서 채찍을 들어 친히 지휘하여, 그 위세가 산하(山
河)를 움직일 만큼 되었더니, 이제 연경으로 돌아오는 길
에는 그들 근신(近臣)의 호송도 없거니와 황제로서도 역시
한마디 위로의 말씀이 없었다.

이는 대체 사신들이 부처님 뵙기를 꺼려 한 까닭으로
이러한 푸대접을 받는 것이다. 그들의 기색을 살펴보면,
갈 때와 올 때의 대우가 다름을 현저히 느낄 수 있었다.

대체 저 백하(白河)는 며칠 전에 건너던 물이었으며 모
래 언덕은 지난번에 서 있던 곳이었다.

제독의 수중에 가진 채찍이나 물 위에 떠 노는 배까지
도 올 때의 것들과 다름이 없건마는 그럼에도 불구하고
제독은 입을 다물고 통관마저 머리를 숙였을 뿐이었으며,
저 강산은 아무런 변함이 없건마는 세태의 염량(炎凉)은 완
연히 달라져 있었다.

아아, 슬프다. 대체 시세의 믿지 못할 것이 이러하구려.
그리고 세력이 있는 곳에는 모두들 달음질 쳐서 따르곤
하였으나, 눈 한 번 끔뻑할 사이에 시세는 옮겨지고, 일은
식어져서 전연 빙자할 곳 없이 되어 마치 저 진흙에 빠진
소가 바다로 들어가는 듯이, 얼음산이 햇빛을 만나 녹아지
듯이 천고의 모든 일이 거의 이와 다름없으니, 어찌 슬프

지 않을까보냐?

이렇게 생각하는 차에 별안간 어지러운 구름이 공중을 덮으면서 바람과 우레가 크게 일었다. 그러나 오히려 갈 때에 비하면 그처럼 가공할 위세는 아니었다. 다만 갈 때나 올 때가 모두 이러함을 보아서 이상한 일이라 아니할 수 없겠다.

옛 역사를 더듬어 보건대,

"명(明)나라 천순(天順) 7년(1463년)에 밀운(密雲) 회유현(懷柔縣)에 홍수가 나서 백하가 몇 길이나 부풀어 올라 밀운의 군기고(軍機庫)와 문서방(文書房)이 떠내려갔다."

하였으니, 아마 이곳은 옛 전쟁터로서 맹풍(盲風)과 괴우(怪雨)가 일기 일쑤여서 분노한 번개와 우레와 그 침울한 원혼이 아직도 풀리지 않았나 보다.

물길을 지나오는 곳마다 그들의 배는 제도가 한결같지 않았음은 물론 이 백하의 배는 마치 우리나라의 나룻배와 비슷하면서 어떤 것에는 톱으로 배 한 허리를 베어서 몇 채를 노끈으로 묶어 하나를 만든 것이 있었다. 그 꼴이 한 척도 이상한데 거기다 세 척을 연결한 것은 더욱 그러함을 느꼈다.

글자를 만드는 데는 상형(象形)이 가장 많았음이 사실이다. 그리하여 배 주(舟)자의 변에는 도(舠)니 접(艓)이니 책(舴)이니 항(航)이니 맹(艋)이니 정(艇)이니 함(艦)이니 몽(艨)

이니 하는 따위가 모두 배의 모양에 따라 글자가 만들어
진 것이다. 모든 사물이 다 그러하다.

우리나라에서는 작은 배는 걸오(傑傲), 나룻배는 날오(捏傲), 커다란 배는 만장이(漫藏伊), 곡식을 실은 배는 송풍배(松風排) 라 하였을 뿐만 아니라, 바다에 출범(出帆)할 때에는 당돌이(唐突伊), 상류로 다니는 배는 물우배(物遇排)라 하였고, 또 관서(關西) 지역에서는 배를 마상이(馬上伊)라 일컫는다.

이렇듯 명칭과 만드는 법이 다 다른데도 우리나라에서는 배를 나타낼 때 다만 '선(船)'의 한 글자로 통일되어 있을 뿐이다. 또 비록 도(舠)·접(艓)·책(舴)·맹(艋) 등의 글자도 쓰기는 하였으나, 중국배의 형상을 볼 때 만든 명칭인지라 그 이름과 실물이 맞지 않는 것이다.

때마침 4, 50명의 기병이 선풍처럼 달려온다. 그 기세는 퍽이나 사나워서 우리나라의 피로한 경마꾼이나 말을 보고서는 눈앞에 띄는 체도 하지 않는다. 그들은 한꺼번에 배에 오른다. 가장 뒤에 따르는 기병 하나가 팔에는 푸른빛 큰 매를 앉히고 채찍을 드날려 대번에 배에 뛰어올랐다.

순간 말의 뒷굽이 미끄러져 안장채를 맨 채 물속에 떨어졌다. 첨벙거리며 다시 솟구쳐 일어서려고 허우적거렸지만 아무런 힘도 쓰지 못하고 이리저리 휩쓸렸다. 한참

을 용쓰더니 가까스로 지친 몸을 이끌고 배에 오른다. 그리고 매는 마치 기름 항아리에 던진 나방과 같고, 말은 오줌통에 빠진 쥐와 같았다.

그 고운 옷과 화려한 채찍이 애처롭게도 물방울서 몸 둘 곳이 없음에도 오히려 말만을 채질하자 매는 더욱 놀라 날곤 한다. 대체 제 몸을 과장하고 남을 업신여기던 앙갚음이 즉시에 이르고 마는 것을 보아서 족히 경계하여야 함을 느꼈다.

강을 건넌 뒤에 그를 따르는 기병에게 물었더니, 그는 말 등에서 몸을 갸우뚱하면서 채찍으로 진흙 위에다가,

"그이는 사천장군(四川將軍)이랍니다. 나이가 늙어서 용맹이 줄었답니다."

쓴다. 부마장(駙馬莊)에 이르러서 묵었다.

객점(여관)은 그 성 밑에 있고 성은 곧 회유현(懷柔縣)이다. 밤에 문을 나서 뒷간으로 향하였다. 때마침 기병들은 2, 30명씩 또는 4백여 명씩 한 곳에 몰려 달릴 제 한 대열마다 등불 하나가 앞을 인도한다. 그들은 아마 모두 귀족인 듯싶다. 그리하여 수레와 말 달리는 소리가 밤새 끊이지 않았다.

이날에는 모두 65리를 갔다.

8월 19일 을축(乙丑)

맑았으나 가끔 비가 뿌렸으며 늦게 개어 날씨가 몹시 더웠다. 새벽에 회유현을 떠나 남석교(南石橋)에 이르러서 점심을 먹었다. 처음으로 홍시(紅枾)를 맛보았다. 그 감은 네 골이 졌는데 또 턱이 생긴 것이 우리나라의 이른바 반시(盤枾)와 다름없으나, 다만 달고 연하기 짝이 없고 또 물이 많았다. 이 감은 계주(薊州)의 반산(盤山)에서 나는데, 그곳 울창한 숲이 모두 감나무와 배나무, 대추나무, 밤나무 따위라 한다.

임구(林溝)를 지나 청하(淸河)에 이르러서 묵었다. 이곳에는 곧 큰 길이 나옴을 보아서 갈 때의 길이 아님을 알았다.

길에 한 묘우(廟宇 : 묘당)에 들렀다. 강희 황제(康熙皇帝)의 어필이 걸렸는데,

"좌성 우불(左聖右佛)"

이라 쓰여 있으니, 좌성은 곧 관운장(關雲長)을 말함이다. 그리고 좌우의 주련(柱聯)에는 그의 도덕과 학문을 높이 찬양하였다.

내체 그들이 관공(關公)을 숭봉한 것은 명(明)나라 초기의 일이었으며, 심지어 그의 이름도 함부로 부르지 않게 되어 패관(稗官) 소설에까지도 모두 관모(關某)라 일컬었다. 명(明)나라 · 청(淸)나라 시대에 와서는 공이(公移 : 공문서)와 부첩(簿牒)까지도 관성(關聖)이니 관부자(關夫子)니 하고 높여 불렀다. 그 그릇됨과 야비함을 그대로 좇아서 천하의 사대부(士大夫)들이 모두 그를 학문하는 이로 높여 왔던 것이다.

대체 소위 학문이란 삼가 생각함과, 밝게 변증(辨證)함과, 상세히 물음과, 널리 배움을 말한다. 그리하여 한갓 덕성(德性)만을 높임에 그쳐서는 아니 되므로 문학(問學 : 묻고 배움)을 거듭하지 않을 수 없는 것이다.

비록 옛날 하우씨(夏禹氏)의 '착한 말을 하는 자에게는 절을 하고 촌음(寸陰)을 아꼈다는 것'이나, 안자(顔子)의 '허물을 거듭 범하지 않음과 노여움을 남에게 옮기지 않았다' 하더라도 오히려 그의 마음이 완전하다고 평할 수 없을 터인바, 이는 그들이 학문하는 극치(極致)에 이르러서도 객(客)된 기운이 전혀 없을 수는 없다는 것이다.

이러한 객기(客氣)를 온전히 제거함에 있어서의 제몸의

사욕(私慾)을 누르며 잃어버렸던 것을 예법의 행동 안으로 돌아오도록 하는 방법을 써야 할 것이다. 대체 '나'라는 것이 벌써 사욕에 지나지 않으니, 만일 조금이라도 그 사욕이 몸에 따르면 성인은 반드시 그를 마치 원수나 노석처럼 간주하여 기어코 끊어 없애 버려야 한다.

그러므로 『서경(書經)』에는,

"상(商)나라를 쳐서 기어코 이겨야 하겠다."

하였고, 『역경(易經)』에는 또,

"고종(高宗)이 귀방(鬼方 : 현재 귀주 지방)을 쳐서 3년 만에 이겼다."

하였으니, 전쟁을 3년 동안이나 이끌어 가면서도 반드시 이기고 만다는 것은 실로 싸움을 이기지 못한다면, 나라가 나라의 구실을 하지 못하는 까닭이리라. 그러므로 자기 자신의 사욕을 이긴 뒤에야 비로소 예법으로 돌아올 것이니, 이 돌아온다는 말은 조금이라도 미진한 것이 없음을 의미함이다.

예를 들면 저 해와 달이 일식이나 월식처럼 다시 그 둥근 형태로 회복되는 것이요, 또 잃었던 물건을 도로 찾음과 같이 그 무게가 조금도 감하지 않는 것과 다름없는 것이다.

이 경지에 이르러서는 결코 슬기와 어짊과 용맹의 세 달덕(達德 : 지(智)·인(仁)·용(勇))을 갖추지 않는 이로서는, 이 학문이란 이룩하기 어려울 것이다. 이에 관공(關公)과 같은 정의와 용맹이야말로 자기의 사욕을 이기기 전에 벌써 예법에 돌아온 분이겠지만, 다만 이제 그를 학문한 분으로 일컫는 것은 다만 그가 『춘추(春秋)』에 밝았던 까닭이리라.

그리하여 그가 일찍이 오(吳)나라, 위(魏)나라 등 참람스러운 역적을 엄격히 배격했던 바, 그가 어찌 스스로 망령되게 높여 준 '제(帝)'라는 칭호를 마음 편히 차지할까보냐. 그의 영혼이 천추에 살아 있다면 반드시 이런 따위의 명분에 어긋난 일을 받지 않을 것이요, 만일 그의 영혼이 이미 사라졌다면 이렇게 아첨해 본들 무엇이 유익하겠는가?

그리고 그들 오경박사(五經博士, 오경에 능통한 학자)도 역시 성현의 후예로서 이어받는 것이었으므로, 동야씨(東野氏 : 주공(周公)의 후예)·공씨(孔氏 : 공자의 후예)를 비롯하여 안씨(顏氏 : 안회(顏回)의 후예)·증씨(曾氏 : 증삼(曾參)의 후예)·맹씨(孟氏 : 맹가(孟軻)의 후예) 등은 으레 모두 성인의 후예니, 현인의 후예니 하였고, 관씨(關氏 : 관우의 후예)의 박사(博士)도 역시 성인의 후예라 하여 동야씨·공씨의 사이에 참여시킨 것은 심히 부당한 일이다.

그뿐 아니라 진(滇 : 운남성(雲南省))에 문묘(文廟)가 있는데 왕희지(王羲之)를 주로 모셨으니, 이는 그를 서성(書聖)이니 필종(筆宗)이니 하여 높였음에 그릇됨을 깨닫지 못함이다.

성현의 도(道)가 점점 멀어지면서 오랑캐들이 바꾸어 가며 중국의 임금이 되었으므로, 제각기 제 방법으로 천하를 어지럽게 하여 바른 학문이 아득히 끄나풀처럼 끊어지지 않았을 뿐이지, 어찌 천년 후의 사람들이 저 『수호전(水滸傳)』으로써 정사(正史)를 삼지나 않을지 모를 일이다.

혹은 어떤 사람이 이르기를,

"남만(南蠻)·북적(北狄)이 줄곧 중국의 임금 노릇을 하였으니, 왕우군(王右軍, 왕희지)을 문묘에 모셔도 무방할 것이며, 『수호전』으로써 정사(正史)를 삼는다 하더라도 아니 될 것이 없을 것입니다. 비록 문묘에 모신 공자와 안연을 내쫓아 버리고 석가(釋迦)를 들여 모신다 하더라도, 나는 아무런 유감이 없을 것입니다."

하고는 서로 한바탕 크게 웃고 일어섰다.

연경(북경)으로 돌아가는 관원들이 이곳에 이르러서는 더욱 많아졌음을 깨달았다. 그리하여 빈 수레가 열하로 향하는 것이 밤낮으로 끊어지지 않았다.

마부나 역군들 중에 일찍이 서산(西山)에 가 본 자가 있어 멀리 보이는 서남쪽에 둘려 있는 돌산을 가리키며,

"저것이 바로 서산이야."

한다. 구름 속에 아지랑이처럼 천백(千百)의 봉우리가 보일락 말락하고 산 위에는 흰 탑이 뾰족뾰족 공중에 솟았다 잠겼다 한다. 산꼭대기의 백탑은 구름 위로 곧추 솟

아 있다. 병풍처럼 둘린 산들은 그림 폭에 푸른빛이 도는 듯이 얽히었다.

역졸들이 서로 수작하는 말을 들어본즉,

"저 수성궁(水晶宮)·봉황대(鳳凰臺)·황학루(黃鶴樓) 등에 붙어 있는 그림이 모두 이를 모방해 그린 것이야."

한다. 강 남쪽에 넓은 호수(湖水)가 열리고 흰 돌을 깎아 다리를 만들었는데, 수기(繡綺)니 어대(魚岱)니 십칠(十七)이니 하는 다리들이 모두 너비 수십 보에, 길이는 백여 길이었으며, 굼틀굼틀 무지개처럼 누웠으며 좌우에는 돌난간이 둘려 있는데, 용처럼 생긴 배에 비단으로 꾸민 돛이 다리 밑으로 출입한다.

이는 40리 먼 곳의 물을 이끌어서 호수를 만들었으며 폭포가 돌 틈에서 뿜으니, 이가 곧 옥천(玉泉)이다. 황제는 강남(江南)땅에 거둥할 때나 또는 막북(漠北)에 머무를 적에도 반드시 이곳을 거쳐서 이 샘물을 마신다 한다.

이 샘의 물맛이 천하에 첫째이므로, 연경의 팔경(八景) 중에 옥천수홍(玉泉垂虹 : 옥천에 드리운 무지개)이 그 중 하나라 한다. 마두 취만(翠萬)은 이미 다섯 차례나 왔고, 역졸 산이(山伊)는 두 번이나 구경하였다 하므로, 곧 그 둘과 함께 서산에 가기로 약속하였다.

대승(大僧)이 거처하는 찰십륜포(札什倫布)

찰십륜포란 서번(西蕃 : 티베트) 말로 '대승(大僧 : 큰스님)이 거처하는 곳'이란 뜻이다. 피서산장(避暑山莊)에서 궁성을 돌아 오른쪽으로 봉추산을 바라보고, 더 북쪽으로 십여 리를 가면 열하가 나온다.

그곳을 건너면 산을 의지하여 동산을 만들었고 언덕을 뚫고 산모퉁이를 끊어버려서 산이 뼈대만 드러내고 서 있다. 저절로 언덕이 갈라지고 암벽이 깎여져 중국 전설의 신선이 산다는 열 군데의 섬, 십쥬(十洲)와 세 군데의 명산, 삼산(三山)의 모양처럼 되어 있다.

바윗돌이 제멋대로 굴러 겹겹이 층을 이루어 마치 짐승이 입을 벌리고 새가 날개를 펴서 구름이 흩어지고 우레가 터지는 듯하다. 공중에는 다리 다섯 개가 놓여 있고 다리로부터 계단으로 길을 내어 그 평평한 곳에 용과 봉황이 새겨져 있다. 길을 따라 흰 돌로 된 난간이 구부러지고 휘어져 문에까지 이어져 있다. 또 두 개의 각문(角門)이 있는데 모두 몽고 군사가 지키고 있었다.

문에 들어서니 땅에는 벽돌을 깔아 층계로 세 길을 만들었는데, 흰 돌로 된 난간에는 모두 구름과 용을 새겼고 길은 한 다리로 합치게 되었다. 다리에는 다섯 개의 구멍이 있고 대(臺)의 높이는 다섯 길이나 되는데, 난간을 둘렀고 모두 무늬 있는 돌에는 해마(海馬)나 기린 같은 짐승들을 새겨놓았다. 비늘과 뿔과 갈기와 발굽들은 모두 돌 빛깔을 따라서 색을 입혔다. 대 위에는 전각 둘이 있는데 전각은 모두 처마를 겹으로 했고 황금기와를 이었다.

집 위에는 황금으로 된 여섯 마리 용이 살아 오를 듯, 꿈틀거리는 듯 만들어져 있었다.

그 밖에도 둥근 정자나 굽은 복도, 겹쳐 있는 다락과 포개진 전각이나 드높은 누각과 층으로 된 행랑들은 모두 푸른빛·초록빛·자줏빛·남빛으로 된 유리기와를 이어 억만금의 비용을 들인 것처럼 보인다. 또한 화려한 채색은 신기루(蜃氣樓)를 능가했고, 아로새긴 솜씨는 귀신도 부끄러워할 만하고 헛 신령이 우레를 핍박하는 듯하여 어둡기는 새벽녘과 같았다.

동산 가운데는 새로 어린 소나무를 심었는데 산골짜기에 연해서 모두 곧고 크기는 한 길이나 되었다. 나무에는 종이를 매어 심은 날짜를 표해 놓았다. 그 외 섞어 심은 기이한 화초는 모두 처음 보는 것으로 그 이름도 알 수 없는데, 때마침 죽도(竹桃)꽃이 한창 피어 있었다.

라마(喇嘛) 중 수천 명이 모두 붉은 선의(禪衣)를 입고 누런 좌계관(左髻冠 : 머리를 왼쪽으로 묶은 관)을 쓰고 팔뚝을 내놓은 채, 맨발로 문이 미어지도록 몰려드는데, 그들의 얼굴은 모두 칼로 깎은 듯, 검붉고 코가 크고 눈이 움푹 들어갔으며, 턱이 넓고 곱슬곱슬한 수염에 손과 발은 모두 고리 모양의 띠를 했고, 머리는 맨머리였다. 귀에는 금고리를 달고 팔뚝에는 용무늬를 수놓았다.

전각 속 북쪽 벽 아래에는 침향(沈香)으로 연꽃 탁자를 만들어 놓았는데, 어깨에 닿을 정도의 높이다. 반선은 남쪽을 향해서 가부좌를 틀고 앉아 있었다. 누런 빛 우단으로 된 관을 썼는데, 말갈기 같은 털이 달렸고 모양은 가죽신같이 생겨 높이가 두 자 남짓이나 됐다. 또한 황금으로 짠 선의(禪衣)를 입었는데 소매가 없이 왼쪽 어깨에 걸쳐서 온몸을 옷으로 감쌌다.

오른편 옷깃 겨드랑 밑으로 오른 팔뚝을 드러냈는데 장대하기가 다리만 하고 금빛이었다. 얼굴빛은 누렇고 둘레가 예닐곱 뼘이나 되는데 수염 난 자리는 없고, 코는 쓸개를 떼어 달아맨 것 같으며, 눈썹은 두어 치나 되고 흰 눈동자가 겹으로 되어 음침하고 어두워 보였다.

왼쪽에는 낮은 상 두 개가 있어 몽고왕 둘이 무릎을 연해 앉았는데, 얼굴은 모두 검붉으며 그 중 하나는 코가 뾰족하고 이마가 드높고 수염이 없었다. 그중 한 명은 얼굴이 깎인 듯하고 올챙이 수염에 누런 옷을 입었다. 중얼거리면서 서로 보고는 다시 머리를 들고 무엇을 듣는 듯했다. 라마승 두 명이 오른편에 모시고 섰고 군기대신(軍機大臣)은 라마승의 밑에 서 있다. 군기대신이 황제를 모실 적에는 누런 옷을 입었는데 반선을 모실 적에는 라마의 옷으로 바꾸어 입었다.

나는 조금 전에 황금기와가 햇빛에 번쩍이는 것을 보다가 전각 속에 들어가니, 집 안은 침침하고 그가 입은 옷은 모두 금으로 짰으므로 살갗은 샛노랗게 되어 마치 황달병 걸린 자와 같았다. 대체로 금빛깔로 퉁퉁 부어터질 듯이 꿈틀거리는데 살은 많고 뼈는 적어서 청명하고 영특한 기운이 없으니, 비록 몸뚱이가 방에 가득하나 위엄(威嚴)을 찾아볼 수 없고, 멍청한 것이 수신(水神)과 해약(海若, 바다의 귀신)의 그림을 보는 것 같았다.

황제가 내무관(內務官)을 시켜서 조서(詔書)를 전달하게 하는데 오색 비단 한 필을 가지고 반선을 보게 하여, 내무관이 손수 비단을 세 곳에 나누어 사신에게 주었다. 이것은 이름을 '합달(哈達, 라마교에서 예물로 쓰는 엷은 비단)'이라 하는 것으로, 대개 반선은 스스로 말하기를 자신의 전신(前身)이 '파사팔(巴思八)'이라 하고, 파사팔은 그 어머니가 향내 나는 수건을 물고 낳았으므로 반선을 보는 자는 반드시 수건을 갖추는 것이 예절로 되어 있어, 황제도 매양 반선을 볼 때마다 역시 누런 수건을 가지고 본다고 한다.

군기대신의 처음 말로는, 황제도 반선에게 머리를 조아리고 황제의 여섯 아들도 머리를 조아려 절을 하고, 황족과 부마들도 머리를 조아려 절을 하니, 이번 사신도 응당 가서 절하고 머리를 조아려야 한다고 했다.

사신은 아침에 이미 예부(禮部)와 다투어 말하기를,

"머리를 조아리는 예절은 천자의 처소에서나 하는 예절인데, 이제 어찌 천자께 대한 예절을 번승(蕃僧)에게 쓸 수 있겠소?"

하며 항의하였더니 예부에서 말하기를,

"황제도 역시 그를 스승의 예절로 대우하는데, 사신이 황제의 조칙을 받들었을 바에는 같은 예로서 대우하는 것이 마땅하지 않느냐?"

했다. 사신이 가지 않으려 강경하게 맞서 다투니, 상서(尚書) 덕보(德保)는 화가 나서 모자를 벗어 땅에 던지고, 몸을 던져 방바닥에 쓰러지면서 큰 소리로,

"빨리 나가시오, 빨리 나가!"

하면서 사신에게 나가라고 손짓을 한 일이 있었다.

이때 군기대신이 무슨 말을 한 것 같은데, 사신은 못 들은 척하였다.

제독(提督)이 사신을 인도하여 반선(班禪) 앞에까지 이르니, 군기대신이 두 손으로 수건을 받들고 서서 사신에게 준다. 사신은 수건을 받아 가지고 머리를 들고 반선에게 주니, 반선은 앉은 채 수건을 받으면서 조금도 봄을 움직이지 않고 수건을 무릎 앞에 놓으니, 수건이 탁자 아래까지 늘어졌다.

차례로 수건 받기를 마친 다음에 반선은 수건을 다시 군기대신에게 주니, 군기대신이 수건을 받들고 반선의 오른편에 모시고 섰다. 사신이 막 돌아서려 하는데 군기대신은 오림포(烏林哺)에게 눈짓을 하여 중지시켰다.

이것은 대개 사신으로 하여금 절을 하게 하기 위함인데, 사신은 그것을 알지 못하고 머뭇머뭇 물러서서 검은 비단에 수놓은 요를 간 몽고왕의 아랫자리에 앉았다. 앉을 때 조금 허리를 구부리고 소매를 들고는 이내 앉으니, 군기대신은 얼굴빛이 황급해 보였지만 사신이 벌써 앉아 버렸으니 또한 어쩔 수가 없는지라 아예 못 본 체했다.

제독은 수건을 나누어 얻을 때 남은 것이 한 자 남짓하였는데 이것을 반선에게 올리면서 조심스레 머리를 조아렸고, 오림포 이하 모두들 공손히 머리를 조아렸다.

차를 몇 순 돌린 뒤에 반선은 사신이 온 이유를 묻는데, 말소리가 전각 안을 울려 독 속에서 소리를 지르는 것 같았다. 그는 빙그레 웃으면서 머리를 숙여 좌우편을 고루

둘러보더니, 미간(眉間)을 찡그리고 눈동자가 눈 속에서 반쯤 드러나면서 눈을 가늘게 뜨고 속으로 굴리는 것이 시력(視力)이 나쁜 사람 같았다. 눈동자는 더 희어지고 흐릿하여 더욱 정광(精光)이 없어 보였다.

라마승이 말을 받아서 몽고왕에게 전하자, 몽고왕은 군기대신에게 전하고 군기대신은 오림포에게 전하며, 오림포는 우리 역관(譯官)에게 전하니, 대체로 이것은 다섯 차례의 통역이다.

상판사(上判事) 조달동(趙達東)이 일어나 팔을 휘저으며,

"만고에 흉악한 사람이로군. 반드시 옳게 죽을 리가 없을 거야!"

하기에, 나는 그에게 눈짓으로 말렸다.

라마승 수십 명이 붉고 푸른 모직과 붉은 탄자와 서장향(香)과 조그마한 금불상을 메고 와서 등급대로 나누어 주는데, 군기대신이 받들고 있던 수건으로 불상을 쌌다. 사신은 그 다음에 일어서서 나왔는데, 군기대신은 반선이 하사한 모든 물품을 펴 보고 황제께 아뢰기 위하여 말을 달려갔다.

사신은 찰십륜포의 문을 나와 5, 60보쯤 가서 깎아지른 절벽을 등지고 소나무 그늘 모래 위에 둘러앉아 밥을 먹으면서 서로 의논하기를,

"우리들이 번승을 볼 적에 예절이 달라 좀 소홀하고 거

만해서, 예부의 지시대로 못했으니, 저이는 만승천자의 스승인지라, 앞으로 우리에게 이해득실이 없을 수 있겠는가? 그가 준 선물들을 물리친다면 불공하다 할 것이요, 받자니 또 명색이 없는 일인즉 장차 어찌하면 좋을까?"

하였다. 당시의 일이 창졸간에 벌어진 일이라 받고 사양하는 것이 마땅한지 않은지를 궁리할 여가도 없었고, 모두 황제의 조서에 매인 일인데다가 저들의 행사가 번개치고 별 흐르듯이 삽시간에 끝내버렸기 때문에 우리 사신의 나아가고 물러나고 앉고 서는 모든 행동이, 다만 저들의 인도에만 따를 뿐이어서 흙으로 뭉치고 나무로 깎은 허수아비나 마찬가지였다.

또 다섯 차례의 통역을 하고 보니, 피차의 통관이 도리어 귀머거리와 벙어리가 되어, 마치 벌판에서 괴상한 귀신을 갑자기 만난 듯 어떻다고 측량할 수도 없었다. 사신은 비록 묘한 말과 익숙한 행동이 있었지만 장황스레 늘어놓을 수도 없었고, 저들도 역시 능히 그렇게 하지 못한 것도 그 형세가 그렇게 된 것이다.

정사가 말하기를,

"지금 우리가 유숙하는 집은 태학관(太學館)이라서 불상을 가지고 들어갈 수 없으니, 우리 역관을 시켜 불상 둘 곳을 찾아보게 하라."

고 했다. 이때 번인(蕃人)·한인(漢人) 할 것 없이 구경꾼이 성같이 둘러싸서 군뢰(軍牢)들은 몽둥이를 휘둘러 쫓았으나 흩어졌다가는 다시 모여들었다. 모자에 수정 구슬을 단 자와 푸른 깃을 꽂은 궁중의 근신(近臣)들이 와서 그 속에 섞여 서서, 염탐하는 것도 모르고 있었다.

영돌(永突)이가 큰 소리로 나를 불러,

"사신께서 좋지 않은 기색으로 마당에 나앉아서 오랫동안 잘잘못을 의논하고 수군대시는 것이, 저 사람들에게 공연히 의심을 사지 않을까요?"

하기에, 내가 돌아다보니, 전에 황제의 조서를 전하던 소림(素林)이 내 등 뒤에 서 있다가 여러 사람 틈으로 나가 말에 올라 달려가는 것이다. 여러 사람 중에 또 두 사람이 말을 타고 달려가는데, 자세히 보니 그들은 모두 환관 나부랭이들이다.

박불화(朴不花)가 원(元)나라에 들어갔을 때부터 원나라의 내시들은 우리나라 말을 많이 배웠고, 명(明)나라의 시절에도 얼굴이 잘생긴 조선 환관들을 시켜 내시들에게 조선말 공부를 시켰으니, 지금 우리를 엿보고 간 두 사람도 어찌 조선말을 배우지 않았다고 할 수 있으랴? 소림과 같이 있던 푸른 깃을 꽂은 자도 와서 말을 세우고 자못 오랫동안 있다가 갔는데, 그 왕래가 하도 빨라서 마치 나는 제비와 같았다.

사신과 역관들은 이 자들이 와서 엿듣는 것을 이제야

깨달았고 반선에게 받은 불상도 미처 처치하지 못했으므로, 자리를 파하고 돌아가지도 못하고 모두 묵묵히 앉아있는 판에, 황제는 어원(御苑)에서 매화포(梅花砲 : 불꽃놀이의 불꽃이 매화처럼 생겼다하여 붙인 이름)를 놓고 사신을 불러 들어와 보게 하였다.

전각은 처마가 겹으로 되었고, 뜰에는 누런 장막을 치고 전각 위에는 일월과 용봉을 그린 병풍과 벌여 놓은 설비들이 심히 엄숙했다.

일천 관리들이 차서대로 반열을 지어 섰는데 반선이 먼저 도착하여 탁자 위에 앉으니, 일품(一品) 보국공(輔國公)들과 조정의 고관들이 모두 탁자 아래로 나아가서 모자를 벗고 머리를 조아렸다. 반선이 손수 한 번씩 머리 정수리를 어루만져 주자, 그들은 일어서서 나가면서 만족한 듯 다른 사람을 대하여 자랑스러운 표정을 지었다.

얼마 후 천자가 누런 빛 작은 가마를 타고 들어서는데, 다만 칼 찬 5, 6쌍 시위(侍衛)가 길을 인도한다. 풍악은 퉁소 한 쌍, 젓대 한 쌍, 징 한 쌍, 비파, 생황, 거문고와 구라파의 쇠 거문고 두세 대와 박자판 한 쌍이요, 의장(儀仗)도 없이 따르는 자는 백여 명쯤 되었다. 황제가 탄 가마가 앞에 이르자, 반선은 천천히 일어나 탁자 위에 몇 걸음발을 옮겨 동쪽으로 향하여 즐거운 빛으로 웃는 얼굴을 짓는다.

황제는 4, 5칸 떨어져 가마에서 내려 쫓아가서, 두 손으로 반선의 손을 잡고 서로 흔들면서 마주보고 웃으며 이야기를 한다.

황제는 갓 꼭지가 없는 붉은 실로 짠 모자에, 검정 옷을 입고, 금실로 짠 두꺼운 요 위에 평좌(平坐)로 앉고, 반선은 금갓에 누런 옷을 입었으며, 금실로 짠 두터운 방석 위에 부처 모양으로 동쪽으로 나가 한 탁자 위에 앉았다. 둘의 방석은 무릎이 닿을 듯한데, 자주 몸을 기울여 서로 이야기할 적에는 반드시 둘이 서로 웃음을 띠고 즐거워했다.

자주 차를 올리는데 호부상서(戶部尙書) 화신(和珅)은 천자에게 바치고, 호부시랑(戶部侍郞) 복장안(福長安)은 반선에게 바쳤다. 복장안은 병부상서(兵部尙書) 융안(隆安)의 아우로서 화신과 함께 시중(侍中) 벼슬을 지내며 그 위세가 조정을 흔드는 자이다.

날이 이미 저물자 황제가 일어서니 반선도 역시 일어나 황제와 함께 마주 서서, 둘이 서로 악수를 하고 얼마 있다가 등을 지고 갈라져 탁자에서 내려섰다.

황제는 이내 안으로 들어가는데 나올 적의 차림대로 돌아가고, 반선은 황금 교자를 타고 찰십륜포로 돌아갔다.

산장잡기 (山莊雜記)

산장잡기란 피서산장에서 쓴 기행문을 일컫는다.

곧, 북경(연경)에서 열하에 이르는 여정과 산장에서 황제의 만수절 행사와 관련된 작품, 그리고 상방에 있는 코끼리의 모습을 보고 지은 기행문 등이 수록되어 있다.

밤에 고북구를 나서며(夜出古北口記)

　연경(燕京 : 북경)에서 열하로 갈 때, 창평(昌平)으로 길을 잡으면 서북쪽으로 해서 거용관(居庸關)으로 나오게 되고, 밀운(密雲)으로 길을 잡으면 동북쪽으로 해서 고북구(古北口)로 나오게 된다.

　고북구로부터 장성(長城)을 따라서 동으로 산해관(山海關)에 이르기까지는 7백 리이고, 서쪽으로 거용관에 이르기까지는 2백 80리이다. 고북구는 거용관과 산해관의 중간에 있어 장성의 험하기로는 고북구만한 요새가 없다. 이곳은 몽고가 출입하는 데 항상 그 목구멍에 해당하므로 겹겹으로 된 관문을 만들어 그 험준한 요새를 누르고 있는 것이다.

　나벽(羅壁 : 송나라의 학자)의 『지유(識遺)』에 이르기를,

　"연경 북쪽 8백 리 밖에는 거용관이 있고, 거용관의 동쪽 2백 리 밖에는 호북구(虎北口)가 있는데, 호북구가 바로

고북구이다.”

라고 하였다.

당나라 초기부터 이름을 고북구라 해서 중원 사람들은 장성 밖을 모두 ‘구외(口外)’라고 부르는데, 구외는 모두 당나라 시절 해왕(奚王 : 오랑캐의 추장)의 본거지로 되어 있었다.

『금사(金史)』를 상고해 보면,

“그 나라 말로 유알령(留斡嶺)이라고 부르는 곳이, 곧 고북구이다.”

라고 했으니, 대개 장성을 빙둘러서 ‘구(口)’라고 일컫는 데가 백여 곳을 헤아릴 수 있을 정도다. 산을 의지해서 성을 쌓았는데, 끊어진 구렁과 깊은 시내는 입을 벌린 듯이, 구멍이 뚫린 듯이 흐르는 물이 부딪쳐 뚫어지면 성을 쌓을 수 없기 때문에 요새같이 사람의 출입을 검열하는 곳, 정장(亭鄣)을 만들었다.

명나라 홍무(洪武) 연간에 그것을 지키기 위해 정장 1천 호를 두어 다섯 겹으로 닫아걸었다.

나는 무령산(霧靈山)을 따라 배로 광형하(廣硎河)를 건너 밤중에 고북구를 빠져 나가는데, 때는 밤이 이미 삼경(三更)이 되었다. 겹겹의 관문을 나와서 말을 장성 아래 세우고 그 높이를 헤아려 보니 10여 길이나 되었다. 붓과 벼루를 꺼내어 술을 부어 먹을 갈고 성을 어루만지면서 글을

쓰되,

'건륭 45년 경자 8월 7일 밤, 삼경에 조선 박지원(朴趾源)이 이곳을 지나노라!'

하고는 이내 크게 웃으면서,

'나는 서생(書生)으로서 머리가 희어서야 한 번 장성 밖을 나가는구나!'

했다. 옛적에 몽염(蒙恬) 장군(將軍)은 스스로 말하기를,

"내가 임조(臨洮)로부터 일어나서 요동에 이르기까지 성을 만여 리나 쌓는데, 그 중에는 지맥(地脈)을 끊지 않을 수 없었다."

하였으니, 이제 보니 그가 산을 파헤치고 골짜기를 메운 것이 사실이었다.

슬프다. 여기는 옛날부터 수없이 싸운 전쟁터이다. 후당(後唐)의 장종(莊宗)이 유수광(劉守光, 후양의 장수로서 연의 황제)을 잡자 별장(別將) 유광준(劉光濬)은 고북구에서 이겼고, 거란의 태종(太宗)이 산 남쪽을 취할 적에 먼저 고북구로 내려왔다는 데가 곧 이곳이요, 여진(女眞)이 요(遼)나라를 멸망시킬 때 희윤(希尹 : 여진의 장수)이 요나라 군사를 크게 파했다는 곳도 바로 이곳이다.

또 연경을 공격할 때 포현(蒲莧 : 여진의 장수)이 송나라 군사를 이긴 곳도 여기요, 원나라 문종(文宗)이 즉위하자 당기세(唐其勢 : 여진의 장수)가 군사를 이곳에 주둔시켰고,

살돈(撒敦 : 여진의 장수)이 상도(上都) 군사를 추격한 것도 여기까지였다. 몽고의 독견첩목아(禿堅帖木兒)가 쳐들어올 때 원나라 태자는 이 관을 빠져 흥송(興松)으로 달아났고, 명나라의 가정(嘉靖 : 1522~1566) 연간에는 엄답(俺答 : 미상)이 북경(황성)을 침범할 때에도 그 출입이 모두 이곳을 통하여 출입하였다.

고북구 장성 아래는 모두 날고 뛰고 치고 베던 싸움터로서 지금은 온 천하가 군사를 쓰지 않지만 그래도 사방으로는 산이 둘러싸이고 골짜기와 골짜기들은 음산하기 짝이 없었다. 때마침 초승달이 산마루턱에 걸려 떨어지려 하는데, 그 빛이 싸늘하기가 갈아세운 칼날 같았다. 조금 있다가 달이 더욱 고개 너머로 기울어지자 오히려 뾰족한 두 끝을 드러내어 졸지에 불빛처럼 붉게 변하면서 횃불 두 개가 산 위에 나오는 것 같았다.

북두칠성은 반 남아 관 안에 꽂혀졌는데, 벌레 소리가 사방에서 일어나고 긴 바람은 숙연(肅然)한데, 숲과 골짜기가 한목소리로 함께 운다. 그 짐승 같은 언덕과 귀신 같은 바위들은 창을 세우고 방패를 벌여 놓은 것 같고, 큰물이 산 틈에서 쏟아져 흐르는 소리는 마치 군사가 싸우는 소리나 말이 뛰고 북을 치는 소리와 같다.

하늘 저 편에서 학이 우는 소리가 대여섯 번 들리는데, 맑게 울리는 것이 피리소리가 길게 퍼지는 듯한데,

혹은 말하기를 이는 천아(天鵝 : 군용으로 사용하는 나팔) 소
리라 했다.

고북구 후지(後識)

우리나라 선비들은 태어나서 늙고 병들어 죽을 때까지 조선의 강토를 벗어나지 못했으나, 근세의 선배로서 오직 김가재(金稼齋, 김창업)와 내 친구 홍담헌(洪湛軒 : 홍대용)이 중원의 한 모퉁이를 밟아보았다.

전국(戰國) 시대 일곱 나라에서 연(燕)나라가 그 중의 한 나라인데 『서경』의 우공(禹貢) 편에 나오는 구쥬(九州 : 『서경(書經)』의 편명) 중의 기쥬(冀州)가 바로 이곳이다.

이곳은 천하의 관점에서 본다면 가위 한 구석의 땅이지만 원나라와 명나라를 거쳐 지금의 청나라에 이르기까지 통일한 천자들의 도읍터로 되어 옛날의 장안(長安)이나 낙양(洛陽)과 다름없었다.

소자유(蘇子由, 소철)는 중국 선비지만 연경에 이르러 천자의 궁궐이 웅장함과 창고(倉庫)와 부고(府庫), 성곽과 연못이며 후원들이 크고 넓은 것을 우러러보고 나서 천하의 크고 화려한 것을 알게 된 것을 다행으로 여겼다.

하물며 우리 동방 사람으로서 한 번 그 크고 화려한 것을 보았다면 그 다행으로 여김이 어떠했으리요. 지금 내가 이 설음을 더욱 다행으로 생각한 것은 장성을 나와서 막북(漠北)에 이른 것은 선배들이 일찍이 없었던 일이다.

그러나 깊은 밤에 노정(路程)을 따라 소경같이 행하고 꿈속같이 지나다 보니, 그 산천의 경개와 관문, 요새들의 웅장하고 기이한 것을 두루 보지 못했다. 때는 가을달이 비끼어 비치고, 관내(關內)의 양쪽 언덕은 벼랑으로 깎아섰는데, 길이 그 가운데로 나 있다. 나는 어려서부터 담(膽)이 작고 겁이 많아서 혹 낮에도 빈 방에 들어가거나 밤에 조그만 등불을 만나더라도 미상불 머리털이 움직이고 혈맥이 뛰는 터이다.

금년 내 나이 44세건만 그 무서움을 타는 성질이 어릴 때와 같다. 이제 밤중에 홀로 만리장성 밑에 섰는데, 달은 떨어지고 하수(河水)는 울며, 바람은 처량하고 반딧불이 날아서 만나는 모든 경개가 놀랍고 두려우며 기이하고 이상하였건만 홀연히 두려운 마음은 없어지고 이상하게도 신이 날대로 발발(勃勃)하여 공산(公山)의 초병(草兵, 서 있는 풀까지 군사로 보였다는 고사)이나 북평(北平)의 호석[虎石, 한(漢)나라의 이광(李廣)이 우북평(右北平)의 바위를 범으로 보고서 활을 쏘았다는 고사)도 나를 놀라게 하지 못하니, 이는 더욱이 다행으로 여기는 바이다.

오로지 한스러운 바는, 붓이 가늘고 먹이 말라 글자를 서까래만큼 크게 쓰지 못하고, 또 장성의 고사(故事)를 시로 쓰지 못하는 것이다. 그러나 본국으로 돌아가는 날, 동리 사람들이 다투어 병술로 위로하며, 또 열하의 행정(行程)을 물을 때에는, 이 기록을 내보여서 머리를 마주대고 한 번 읽고 책상을 치면서 기이하다고 떠들어 보리라.

하룻밤에 아홉 번 강을 건너다(一夜九渡河記)

하수(물)는 두 산 사이에서 나와 돌과 부딪쳐 으르렁거린다. 그 솟구치는 파도와 성난 물결과 슬퍼하며 원망하는 여울이 놀라 부딪치고 울부짖음을 보라. 그리고 슬픈 곡조와 원망하는 소리가 굽이쳐 돌면서, 우는 듯, 소리치는 듯, 바쁘게 호령하는 듯, 언제나 만리장성을 꺾어서 무너뜨릴 기세이다.

1만 대의 전차(戰車)와 1만 명의 전기(戰騎 : 기병), 1만 문의 전포(戰砲), 1만 개의 전고(戰鼓)로서도 그 무너뜨리고 내뿜는 '우르릉 쾅, 쾅쾅' 소리를 족히 형용할 수 없을 것이다.

모래밭 위에 큰 바윗돌은 우뚝 떨어져 섰다. 강 언덕에 버드나무는 어둡고 컴컴하여 물지킴과 하수 귀신이 다투어 나와서 사람을 놀리는 듯한데 좌우의 교리(蛟螭 : 용)가 서로 붙들려고 애쓰는 듯싶었다.

혹은 말하기를,

"여기는 옛 전쟁터이므로 강물이 저같이 우는 것이다."

라고 하지만 이는 그런 것이 아니라, 강물 소리는 듣기 여하에 달렸을 것이다.

산중의 내집 문 앞에도 큰 시내가 있어 매양 여름철이 되어 큰비가 한 번 지나가면, 시냇물이 갑자기 불어서 항상 우렛소리, 말 달리는 소리, 대포 소리, 북 소리를 듣게 되어 결국은 귀에 젖어 버렸다.

내가 일찍이 문을 닫고 누워서 소리 종류를 비교해 보니, 깊은 소나무가 퉁소 소리를 내는 것은 듣는 이가 청아한 탓이요, 산이 찢어지고 언덕이 무너지는 듯한 것은 듣는 이가 분노한 탓이요, 뭇 개구리가 다투어 우는 듯한 것은 듣는 이가 교만한 탓이요, 대피리가 수없이 우는 듯한 것은 듣는 이가 화난 탓이요, 천둥과 우레가 급한 듯한 것은 듣는 이가 놀란 탓이요, 찻물이 끓는 듯이 문무(文武)가 겸한 듯한 것은 듣는 이가 취미로운 탓이요, 거문고가 궁(宮)과 우(羽)에 맞는 듯한 것은 듣는 이가 슬픈 탓이요, 종이 창에 바람이 우는 듯한 것은 듣는 이가 의심나는 탓이니, 모두 바르게 듣지 못하고, 특히 흉중에 먹은 뜻을 가지고 귀에 들리는 대로 소리를 만든 것이다.

지금 나는 밤중에 하나의 강을 아홉 번 건넜다. 강은 만리장성 밖으로부터 나와서 장성을 뚫고 유하(楡河)와 조하

(潮河)·황화(黃花)·진천(鎭川) 등의 모든 물과 합쳐 밀운성 밑을 거쳐 백하(白河)가 되었다.

나는 어제 두 번째 배로 백하를 건넜는데, 이것은 하류(下流)였다. 내가 아직 요동에 들어오지 못했을 때 바야흐로 한 여름이라, 뜨거운 뙤약볕을 가노라니 홀연 큰 강이 앞을 가로막아 붉은 흙탕물이 산더미처럼 밀려 끝 간 곳이 보이지 않았다. 이것은 대개 천 리 밖에서 폭우(暴雨)가 내린 까닭이다.

물을 건널 때는 사람들이 모두 머리를 우러러 하늘을 보는데, 나는 생각하기에 사람들이 머리를 들고 쳐다보는 것은 하늘에 묵도(黙禱)하는 것인 줄 알았더니 나중에 알고 보니, 물을 건너는 사람들이 '물이 넘실넘실 빨리 돌아 탕탕히 흐르는 것을 보면, 자기 몸은 물을 거슬러 올라가는 것 같고, 눈은 강물과 함께 따라 내려가는 것 같아서 갑자기 현기증이 나면서 물에 빠지는 것이기 때문에 그들이 머리를 젖히고 우러러보는 것은 하늘에 비는 것이 아니라, 물을 피하여 보지 않으려 함이다.

또한 어느 겨를에 잠깐 동안의 목숨을 위하여 기도드릴 수 있으랴. 그토록 위험함이 이와 같으니, 물소리도 듣지 못하고 모두 말하기를,

"요동벌은 평편하고 넓기 때문에 물소리가 요란하게 나지 않는 것이다!"

하지만 이것은 물소리를 알지 못하는 말이다. 요하(遼河)가 일찍이 물소리를 내지 않는 것이 아니라 특히 밤에 건너보지 않았기 때문이다. 낮에는 눈으로 물을 볼 수 있으므로 눈이 오로지 위험한 데만 보느라고 도리어 눈이 있는 것을 걱정하는 판인데, 귀에다 무엇이고 들리는 소리가 있을 것인가?

지금 나는 밤중에 물을 건너는지라 눈으로는 위험한 것을 볼 수가 없으니, 위험은 오로지 듣는 데만 있기 때문에 바야흐로 귀가 무서워하여 걱정을 이기지 못하는 것이다. 나는 이제야 그 이치를 알았다.

마음이 어두운 자는 귀와 눈이 누(累)가 되지 않고, 귀와 눈만을 믿는 자는 보고 듣는 것이 더욱 밝아져서 병이 되는 것이다. 오늘 내 마부가 발을 말발굽에 밟혀서 뒷수레에 실리었으므로, 나는 하는 수 없이 혼자 고삐를 늦추어 물에 들어갔다. 무릎을 구부려 발을 모으고 안장 위에 앉았다. 한 번 까딱하여 떨어지면 강이나 물로 땅을 삼고, 물로 옷을 삼으며, 물로 몸을 삼고, 물로 성정을 삼으니, 이제야 내 마음은 한 번 떨어질 것을 각오한 터이므로, 내 귓속에는 강물소리가 없어지고 무릇 아홉 번 건너는 데도 걱정이 없어 마치 의자 위에서 앉고 눕고 기거(起居)하는 것처럼 아무렇지도 않았다.

옛날 우(禹)임금이 강물을 건너는데, 황룡(黃龍)이 배를 등으로 떠받치니 지극히 위험했으나 사생의 판단이 이미 마음속에 결정되었고 본즉, 그의 앞에는 용이거나 지렁이거나 크거나 작거나가 족히 관계될 바 없었다.

소리와 빛은 외물(外物)이다. 외물은 언제나 귀와 눈에 누가 되어 사람으로 하여금 똑바로 보고 듣는 것을 잃게 하는 것이 이와 같거늘, 하물며 사람이 세상을 살아갈 때 그 험하고 위태로운 것이 강물보다 심하고, 보고 듣는 것이 문득 병이 되는 것임에 있어서랴.

나는 또 우리 산중으로 돌아가 다시 앞 시냇물 소리를 들으면서 이것을 증험해 보고자 한다. 이로써 몸 가지는 데 교묘하고 스스로 총명한 것을 자신하는 자에게 경고하는 바이다.

만국진공기(萬國進貢記)

　건륭(乾隆) 45년 경자(1780)에는 황제의 나이가 일흔이 되는 해이다. 그런데 황제는 남쪽 지방을 순시하고 곧바로 북쪽 열하까지 돌아왔다.

　가을 8월 13일은 곧 황제의 천추절(千秋節)이다. 특히 우리나라 사신을 불러 행재소(行在所)까지 와서 뜰에 참여하여 하례하도록 명했다. 나는 사신을 따라 북쪽으로 만리장성을 빠져 밤낮없이 달렸다.

　길에서 보니 사방으로부터 공물을 바치러 가는 수레가 만 대는 될 것 같았다. 또 사람은 지고, 약대에는 싣고, 가마에 태우고 가는데, 형세가 풍우와 같았으며 들것에 메고 가는 것은 물건 중에서 더욱 귀중하고 다치기 쉬운 것들이라 하였다.

　수레마다 말이나 노새를 예닐곱 마리씩 끌리고, 가마는 혹 노새 네 마리에 끌려 위에는 누런빛 작은 깃발에 '진공

(進貢)’이란 글자를 써서 꽂았다.

진공물(進貢物)들은 모두 바깥은 붉은빛 탄자와 여러 빛깔 모직 옷감과 삿자리나 등자리로 쌌는데, 모두 옥으로 만든 기물(器物)들이라 한다.

수레 하나가 길에 넘어져 바야흐로 고쳐 싣는데, 거죽을 싼 등자리가 조금 벌어진 틈으로 보니, 궤짝은 누런 칠을 하여 작은 정자 한 칸만 했다. 가운데는 ‘자유리보일좌(紫琉璃普一座)’라고 썼는데, ‘보(普)’ 자 아래와 ‘일(一)’ 자 위에는 글자가 두서너 자 있어 보였으나 자리 모서리가 덮여져서 무슨 글자인지 알아볼 수 없었다.

유리그릇의 크기가 이만큼 할 적에는 다른 여러 수레에 실은 짐을 이로써 미루어 알 수 있겠다.

날이 이미 황혼이 되니 더욱 수레들이 길을 다투어 재촉해 달리는데, 횃불이 마주 비치고 방울 소리가 땅을 흔들며 채찍 소리가 벌판을 울리는 가운데 범과 표범을 우리에 집어넣은 것이 10여 수레나 되는데, 우리에는 모두 창문이 있고 범 한 마리를 넣을 만큼 만들었다.

범들은 모두 쇠사슬로 목을 매어 눈은 누렇고 독살스러웠다. 바닥에 뒹굴고 있는 몸뚱이는 늑대같이 나지막하고 텁수룩한 털과 꼬리는 삽살개 같았다.

이 밖에 곰과 여우와 사슴 등속은 이루 다 기록할 수 없었다. 사슴 중에도 붉은 굴레를 씌워 말 몰듯 몰고 가는 것은 길들인 사슴이다.

악라사(鄂羅斯 : 러시아)의 개는 높이가 거의 말만하고, 온 몸의 뼈는 가늘고 털이 짧고 날씬한 것이 우뚝 서니 여윈 정강이는 학같이 보이고, 꼬리는 뱀같이 놀며, 허리와 배는 가느다랗고, 귀로부터 주둥이까지는 한 자나 되는데 이것이 모두 입이었다. 능히 범이나 표범도 죽인다고 한다. 훨씬 큰 닭이 있는데, 모양은 약대와 같고 높이는 서너 자나 되고 발은 약대 발같이 되어 날개를 치면서 하루 3백 리는 간다고 한다. 이것은 이름을 '타계(駝鷄 : 타조)'라고 한다.

낮에 본 것은 모두 이런 종류로서 상하가 길 가기에 바빠서 무심코 지나가다가 날이 저물자, 마침 하인들 중에 표범 우는 것을 들은 자가 있어 드디어 부사(副使)와 서장관(書狀官)과 함께 범 실은 수레를 가 보고서야 비로소 하루에 수없는 수레를 지나 보낸 것이 비단 옥기(玉器)나 보물뿐이 아니라, 역시 천하만국의 기이한 새와 괴상한 짐승들도 많았던 것을 알았다.

연극 구경을 할 때에 지극히 작은 말 두 마리가 산호수(珊瑚樹)를 싣고 전각 속으로부터 똑똑히 나왔다. 말의 크기는 겨우 두 자에 몸빛은 황백색(黃白色)인데, 갈기머리는 땅에 솔솔 끌리고 울음을 울고 뛰고 달리는 것이 준마(駿馬)의 체통을 갖추었다.

산호수의 가지는 엉성한 것이 말보다 컸다. 아침에 행재소 문 밖으로부터 혼자 걸어서 여관으로 돌아오다가 보니, 부인 하나가 태평차(太平車)를 타고 가는데 얼굴에는 분을 희게 바르고 수놓은 비단 옷을 입었으며, 수레 옆에는 한 사람이 맨발로 채찍질을 하면서 수레를 모는데 몹시 빨리 갔다. 머리털은 짧아 어깨를 덮었고, 머리털 끝은 모두 말려들어 양털처럼 되었는데, 금고리로 이마를 둘렀다.

얼굴은 붉고 살찌고 눈은 고양이처럼 둥근데, 수레를 따르면서 구경하는 자들이 복잡하고, 검은 먼지가 날려서 하늘을 덮었다.

처음에는 수레를 모는 자의 모양이 이상하므로 미처 수레 속에 있는 부인을 살펴보지 못했는데, 다시 한 번 자세히 들여다보니, 이는 부인이 아니라 사람 형상을 한 짐승 종류였다. 털손은 원숭이처럼 생겼고, 가진 물건은 접는 부채 같은데, 잠깐 보건대 얼굴은 아주 예쁜 것 같았다.

그러나 자세히 살펴보니 늙은 노파와 같고 요괴스럽고 사납게 생겼으며 키는 겨우 두 자 남짓한데, 수레의 휘장을 걸어 올려서 좌우를 돌아보는 눈이 잠자리 눈같이 보였다.

대체로 이것은 남방에서 나는 것으로 능히 사람의 뜻을 안다고 하며, 혹은 말하기를,

“이것은 산도(山都 : 원숭이의 일종)이다.”
라고 했다.

코끼리 이야기[상기(象記)]

만일 괴상스럽고 특별하고 우습고 기이하며, 어마어마한 것을 구경하려면 먼저 선무문(宣武門) 안의 코끼리 우리인 상방(象房)에 가 봐야 할 것이다.

내가 북경에서 코끼리를 본 것이 열여섯 마리인데, 모두 쇠사슬로 발을 묶어서 움직이는 모양을 아직 보지 못했다. 그런데 여기서는 코끼리 두 마리를 열하 행궁(行宮) 서쪽에서 보았던 바 온 몸뚱이를 꿈틀거리면서 걸어가는 것이 풍우(風雨)가 움직이는 듯 몹시 거창스러웠다.

내가 언젠가 동해(東海)에 나갔을 때 파도 위에 말처럼 우뚝우뚝 섰다가 사라지는 것들이 수없이 많으며 집채같이 큰 것이 물고기인지 짐승인지 알지를 못했다. 해 돋기를 기다려 자세히 보려고 했는데, 해가 돋기도 전에 그것들은 바다 속으로 숨어 버렸었다(고래를 말하는 듯하다).

이번에 코끼리를 십 보 밖에서 보았는데 그때 동해에서

보았던 것과 방불할 만큼 크게 생겼다.

몸뚱이는 소 같고 꼬리는 나귀와 같으며, 약대 무릎에, 범의 발톱에, 털은 짧고 잿빛이며 성질은 어질게 보이고, 소리는 처량하고 귀는 구름장같이 드리웠다.

눈은 초승달 같고, 두 어금니는 크기가 두 아름은 되고, 길이는 한 장(丈) 남짓 되겠으며, 코는 어금니보다 길어서 구부리고 펴는 것이 자벌레 같고, 코의 부리는 굼벵이 같으며, 코끝은 누에 등 같은데, 물건을 끼우는 것이 족집게 같아서 두르르 말아 입에 집어넣는다.

때로는 코를 입부리로 생각하는 사람도 있어 다시 코 있는 데를 따로 찾아보기도 하는데, 그도 그럴 것이 코 생긴 모양이 이럴 줄이야 누가 뜻했으랴.

혹은 코끼리 다리가 다섯이라고도 하고, 혹은 눈이 쥐 눈 같다고 하는 것은 대개 코끼리를 볼 때는 코와 어금니 사이를 주목하는 까닭이니, 그 몸뚱이를 통틀어서 제일 작은 놈을 집어가지고 보면 이렇게 엉뚱한 추측이 생길 만하다.

대체로 코끼리는 눈이 몹시 가늘어서 간사한 사람이 아양을 부리는 눈 같으나 그의 어진 성품은 역시 이 눈에 있는 것이다.

강희 시대에 북경 숭문문(崇文門) 남쪽에 있는 동산, 남해자(南海子)에 사나운 범 두 마리가 있었는데, 길을 들일 수 없어서 황제가 노하여 범을 코끼리 우리로 몰아넣게 했더니, 코끼리가 몹시 겁을 내어 코를 한 번 휘두르자 범 두 마리가 제자리에서 넘어져 죽었다고 한다.

코끼리가 범을 죽이고 싶어서 한 것이 아니라 범의 냄새를 싫어하여 코를 휘두른 것이 잘못 부딪쳤던 것이다.

아아, 세간 사물(事物) 중에 털끝같이 작은 것이라도 하늘이 내지 않은 것이 없다고 한다.

그러나 하늘이 어찌 다 명령해서 냈을까보냐? 하늘은 형체로 말한다면 천(天)이요, 성질로 말한다면 건(乾)이요, 주재(主宰)하는 이는 상제(上帝)요, 행동하는 것은 신(神)이라 하여 그 이름이 여러 가지요, 또 일컫는 명색이 너무 친밀하다.

허물이 없이 말하자면 이(理)와 기(氣)로서 화로와 풀무로 삼고, 생장과 성쇠를 조물(造物)이라 하여 하늘을 마치 재주 있는 공장이에 비유하여 망치 · 도끼 · 끌 · 칼 같은 것으로 쉬지 않고 일을 한다고 한다.

그러므로 『역경(易經)』에 말하기를,

"하늘이 초매(草昧, 천지가 개벽되면서 만물이 혼돈한 현상)를 지은 것이다."

하였는데, 초매란 것은 그 빛이 검고 그 형태는 안개가 낀 듯하여 마치 동이 틀 무렵 같아서 사람이나 물건을 똑바로 분간할 수 없다 하니, 나는 알지 못하겠다.

하늘이 캄캄하고 안개 낀 듯 자욱한 속에서 만들어 낸 것이라면 무엇일까? 맷돌에 밀을 갈 때에 작고 크거나 가늘고 굵거나 할 것 없이 뒤섞여 바닥에 쏟아지는 것이니 무릇 맷돌의 작용이란 도는 것뿐인데, 가루가 가늘고 굵은 데야 무슨 마음을 먹었겠는가?

그런데 이야기하는 자들은 말하기를,

"뿔이 있는 놈에게는 이빨을 주지 않았다."

하여 만물을 창조하는 데 무슨 결함이라도 있는 듯이 생각하나 이것은 잘못이다. 감히 묻노니,

"이빨을 준 자는 누구일 것인가?"

하고 묻는다면, 사람들은,

"하늘이 주었지요."

하고 말할 것이다. 그러나 다시,

"하늘이 이빨을 준 것은 무엇 때문일까?"

한다면, 사람들은,

"하늘이 이것으로 먹이를 씹으라고 주었지요."

하고 대답할 것이다. 다시,

"이빨을 가지고 물건을 씹는다는 것은 무엇일까?"

하면 사람들은,

"이는 하늘이 낸 이치랍니다. 금수는 손이 없으므로 반드시 그 입을 땅에 구부려 먹을 것을 찾게 된 것이요, 그러므로 학의 정강이가 높고 보니, 부득이 목이 길지 않을

수 없고, 또 그래도 입이 땅에 닿지 않을까 하여 입부리를 길게 해준 것이요, 만일 닭의 다리가 학과 같았다면 할 수 없이 마당에서 굶어 죽었을 것입니다."

하고 말하리라.

나는 이 말을 듣고 크게 웃으면서 말한다.

"그대들이 말하는 이치란 것은 소·말·닭·개 같은 것에나 맞는 이치다. 하늘이 이빨을 준 것이 반드시 구부려서 무엇을 씹도록 한 것이라고 한다면 코끼리에게는 쓸데없는 어금니를 주어서 입을 땅에 닿으려고 하면 이가 먼저 땅에 걸리니 물건을 씹는 데도 오히려 방해가 되지 않겠는가?"

혹은 말하기를,

"그것은 코가 있기 때문이다."

라고 하리라. 그러나 나는 다시,

"긴 어금니를 주고서 코를 빙자하려면 차라리 어금니를 없애고 코를 짧게 한 것만 못할 것이 아닌가?"

했더니, 이때에야 말하는 자는 자기의 주장을 우겨대지 못하고 수그러졌다.

이는 언제나 생각이 미친다는 것이 소·말·닭·개뿐이요, 용이나 봉황, 거북과 기린 같은 짐승에게는 생각이 미치지 못한 까닭이다.

코끼리는 범을 만나면 코로 때려눕히니, 그 코는 천하

에 상대가 없으나 쥐를 만나면 코를 가지고도 쓸모가 없어 하늘을 쳐다보고 멍하니 섰다니, 그렇다고 쥐가 범보다 무섭다고 하면 아까 말한 소위 하늘이 낸 이치에 맞다고는 못할 것이다.

대체로 코끼리는 오히려 눈에 보이는 것인데도 그 이치에 있어 모를 것이 이와 같거늘, 하물며 천하 사물이 코끼리보다도 만 배나 복잡함에랴. 그러므로 성인이 『역경』을 지을 때 '코끼리 상(象)' 자를 따서 지은 것도 이 코끼리 같은 형상을 보고 만물이 변화하는 이치를 연구하게 하려는 것이다.

거북을 탄 신선이 비를 부르다(乘龜仙人行雨記)

8월 14일에 피서산장(避暑山莊)에 들어가서 바라다보니 황제는 누런 휘장을 늘인 전각 속에 깊이 들어앉아 있었다.

뜰아래 반열에는 사람도 드문데, 홀로 노인 하나가 상투에 선도건(仙桃巾 : 명주실로 거칠게 짠 두건)을 걸고 누런 장삼에 검고 모난 직령을 달아 입었는데, 모두 검은 선을 둘렀다. 허리에는 붉은 비단 장식 띠를 허리에 둘렀으며, 붉은 신을 신고, 반백(半白) 수염이 가슴까지 치렁치렁 늘어졌다.

지팡이 끝에는 금호로(金葫蘆)와 비단 축(軸)이 달렸고, 오른손에는 파초선(芭蕉扇)을 쥐고, 큰 거북 위에 서서 두루 뜰을 도는데, 거북은 머리를 위로 젖히고 무지개처럼 물을 뿜는다.

거북은 검푸른 빛에 크기가 맷방석만한데 처음에는 가

는 비를 뿜어 전각의 처마와 기와를 적시고 물방울이 튀어서 안개처럼 자욱하다. 혹은 화분을 향하여 뿜기도 하고 혹은 석가산(石假山)을 향해서 뿌리기도 한다.

조금 있더니 비가 더욱 커져서 처마 물은 폭우처럼 쏟아져 햇빛이 비낀 전각 모퉁이는 수정 주렴을 드리운 듯하고, 전각 위의 누런 기와는 흘러내릴 듯이 물이 많다.

동산의 동쪽 나뭇잎들은 더욱 밝고 화려해졌다. 물이 온 뜰에 가득하여 흡족하게 축인 뒤에 그 노인은 오른쪽 장막 속으로 들어갔다.

환관 수십 명이 각각 대빗자루를 들고 마당의 물을 쓸었다. 거북의 배에 물을 백 섬이나 간직했더라도 이같이 뿌리지는 못했을 것이다. 또 사람들이 입은 옷은 적시지 않았으니, 그 비를 오도록 하는 공로가 가위 귀신이라 하겠다.

만일 온 세상에 비를 바랄 때에 이렇게 한 뜰을 적시는 것에 그친다면 역시 일은 다 되었다 하리라.

만년춘의 등불(萬年春燈記)

황제가 동산 동쪽에 있는 별전(別殿)으로 옮겨 거둥하는데, 수많은 관리들이 피서산장을 나와서 모두 말을 타고 궁성의 담을 끼고 5리나 가서 동산의 문(門)으로 들어갔다.

좌우에는 부도(浮圖)가 있어 높이 예닐곱 길이요, 불당과 패루(牌樓)가 몇 리를 뻗쳐 있다. 그리고 전각 앞에는 누런 장막이 하늘과 이은 듯한데 장막 앞에는 모두 흰 천막을 겹겹으로 둘러쳤고, 천백 개의 채색 등불이 걸려 있다. 앞에는 붉은빛 궐문이 세 곳이나 섰는데, 높이가 모두 8~9길은 되었다.

풍악을 울리고 잡희(雜戲 : 잡극)를 시작하자 해는 이미 저물었는데, 누런빛 큰 궤짝을 붉은 궐문에 다니 갑자기 궤 밑으로부터 크기가 북만 한 등불 하나가 떨어지자 등불은 노끈에 이어져서 그 끝에서는 저절로 불이 붙어 탄다.

붉은 노끈을 따라 타 올라가서 궤짝 밑에 닿으니 궤짝 밑으로부터 또 한 개 둥근 등불이 매달리고 노끈에 붙은 불은 그 등불을 태워 땅에 떨어뜨린다.

궤짝 속으로부터 또 쇠로 만든 채롱 주렴이 드리워지는데 주렴 면에는 모두 전자(篆字)로 '수(壽)·복(福)' 글자를 썼고, 불은 글자에 붙어 새파란 불이 한동안 타다가 '수와 복' 자 불은 스스로 꺼져 땅에 떨어진다. 또 궤짝 속으로부터 연주등(聯珠燈) 백여 줄이 드리우는데, 한 줄에 4, 50등씩이나 되었고, 등불 속은 차례대로 저절로 타면서 일시에 환하게 밝았다.

또 1천여 명의 미모의 남자들이 있어 수염은 없고 비단 도포에 수놓은 비단 모자를 쓰고, 각각 '정(丁)' 자 지팡이 양쪽 끝에 모두 조그만 붉은 등불을 달고, 나갔다 물러섰다 하여 군진(軍陣) 모양을 갖추었다. 그리고 갑자기 세 무더기 오산(鰲山, 자라 등 위에 섰다는 신선이 사는 산 이름)으로 변했다가 또 별안간 변해서 누각(樓閣)이 되고, 졸지에 네모진 진형(陣形)으로 변하기도 하였다.

이미 황혼이 되자 등불 빛은 더욱 밝아지더니 갑자기 '만년춘(萬年春)'이란 석 자로 변했다가 또 갑자기 '천하태평(天下太平)'의 네 글자로 변하고, 갑자기 변하여 두 마리 용이 되었는데, 비늘과 뿔과 발톱과 꼬리가 공중에서 꿈틀거린다.

잠시 잠깐 사이에 변환하고 이합(離合)하되 조금도 어긋남이 없고 글자 획이 완연(宛然)한데, 다만 수천 명의 발자국 소리만 들릴 뿐이었다.

이것은 잠시 동안의 놀음이지만 그 기율(紀律)의 엄한 것이 이와 같은데, 더욱이 이런 법으로 군대가 전쟁터에 임한다면 천하에 누가 감히 다칠 것인가? 그러나 천하의 태평은 덕에 있는 것이요, 병법에 있는 것이 아니거늘 하물며 천자가 이런 놀음으로 사람들에게 보인들 천하의 태평에 무슨 도움이 될 것인가?

매화포기(梅花砲記)

날이 이미 어둑해 되자 종이로 만든 딱총, 매화포(梅花砲)가 동산 안에서 터져 들려오는데, 그 소리는 천지를 진동하고 매화꽃이 사방으로 흩어져 마치 숯불을 부채질하면 불꽃이 튀어 흐르는 것과 같았다.

각양각색의 불꽃 모양이 마치 거울을 들여다보면서 웃음을 짓는 듯, 바람을 맞이하여 춤을 추는 듯도 하려니와, 마치 노포(魯褒)의 돈이 이지러진 듯 토끼 주둥이가 살아나지 못한 채(이지러진 달을 말함) 이어져서 공중에 흩어진다. 이어서 온갖 화병(花瓶)을 진열하고는 화방(花房)에 드리운 꽃술과 꽃받침이 분명하고 봉오리에 찍힌 검은 점이 가느다랗게 된 것들이 모두 불꽃으로 화하여 날아간다.

온갖 날짐승, 길짐승, 벌레, 물고기 등속이 날아가고 뛰놀고 하는 것이 모두 정상(情狀)을 갖추었는데, 새의 모양을 한 매화꽃은 혹 날개를 벌리기도 하고, 입부리로 깃을 문지르기도 하며, 혹 발톱으로 눈깔을 비집기도 하고 더러는 벌과 나비를 쫓기도 하여, 혹 꽃과 과실을 쪼아 먹기도 한다.

짐승 모양을 한 놈들은 모두 뛰놀고 버티며 입을 벌리고 꼬리를 펴서 천태만상이 모두 꽃불로 펄펄 날아가서 반공에 이르러서는 시름시름 꺼지곤 한다.

대포 소리는 더욱 커지고, 불빛은 더욱 밝아지면서 1백 신선과 1만 부처가 훨훨 날아올라가 혹은 뗏목을 타고, 혹은 연잎 배를 타며, 혹은 고래와 학을 타고, 혹은 호로병(葫蘆瓶)을 들고, 혹은 보검(寶劍)을 차며, 혹은 석장(錫杖)을 짚고, 혹은 맨발로 갈대를 밟기도 하며, 혹은 손으로 범의 이마를 어루만지면서 허공에 떠서 흘러가지 않는 것이 없는데, 눈으로 다 볼 새가 없이 번득번득 눈이 휘둥그레졌다.

정사(正使)가 말하기를,

"매화포(梅花砲)가 좌우로 벌여 있는 것은 그 통이 혹은 크고, 혹은 작아서 긴 놈은 서너 길이 되고, 짧은 놈은 서너 자가 되어 우리나라 삼혈총(三穴銃)같이 만들었고, 불꽃이 반공에서 가로 퍼지는 것이 우리나라 신기전(神機箭)과 같네그려."

한다. 불이 다 꺼지기 전에 황제는 일어나 반선(班禪)을 돌아다보고 잠깐 이야기를 하더니 가마를 타고 안으로 들어갔다.

때는 바야흐로 어두웠는데, 앞에서 인도하는 등불이 하나도 없었다. 대체로 여든한 가지 놀음 가운데 매화포로써 끝을 맺는 바 이것을 '구구대경회(九九大慶會)'라고 불렀다.

납취조기(蠟嘴鳥記)

납취조(蠟嘴鳥)는 비둘기보다는 작고, 메추라기보다는 큰 데, 회색빛에 푸른 날개요, 큰 입부리가 밀랍으로 만든 초와 같으므로 이렇게 이름을 지은 것이다. 또 '오동조(梧桐鳥)'라고도 하는데, 능히 사람의 말을 알아들어 무릇 가르치고 시키면 이를 알아듣고 못하는 일이 없었다.

이 새를 길들여 가지고 거리에서 돈을 받고 놀리는 자가 골패 서른두 개를 그릇 속에 담고 손바닥으로 비벼서 섞어 놓고 보는 사람으로 하여금 골패 한 개를 잡아서 무슨 골패인지 알고 난 연후에 그 골패를 새 놀리는 자에게 준다. 그러면 새 놀리는 자는 여러 사람들에게 두루 글 골패를 보인 뒤에 다시 그릇 속에 넣고 손으로 바삐 흩어지도록 섞은 다음 새를 불러 그 골패를 가져오라고 하면, 새는 즉시로 그릇 속에 들어가 입부리로 그 골패 쪽을 물고 날아 나와 나무 가름대 위에 올라앉는데, 그것을 취해 보면 과연 알아 두었던 바로 그 골패 쪽이었다.

또 오색기(五色旗)를 세워놓고 새로 하여금 아무 빛 깃대를 뽑아 오라고 하면 역시 대답을 하고, 그 깃대를 뽑아 사람에게 준다. 종이로 만든 겹처마의 누런 집을 실은 수레를 코끼리에게 메우고, 새로 하여금 수레를 몰게 하면 새는 머리를 수그리고 코끼리 배 밑으로 들어가 입부리로 코끼리 두 다리 틈을 물고 수레를 민다.

무릇 맷돌을 돌리고 말을 타며 활을 쏘고 범춤, 사자춤을 추어 사람이 시키는 대로 따르는데, 하나도 착오가 없었다. 또 종이로 구중(九重) 합문(閤門)이 있는 조그만 전각을 만들고 새로 하여금 전각 속에 들어가 무슨 물건을 가져오라 하면, 새는 즉시 날아 들어가 호령에 따라 물고 나와서 탁자 위에 벌여놓는다.

비록 말은 앵무(鸚鵡)보다 못하나 그 교묘한 꾀는 오히려 나은 것 같았다. 얼마 동안 부리고 나니 새는 열을 이기지 못하여 입을 벌리고 혀를 빼물고 있는데 털과 깃이 땀에 젖었다.

매양 한 번 놀릴 때마다 희롱으로 깨 한 알씩을 먹이는데, 새 놀리는 자는 매양 자기 입속에서 꺼내서 준다.

북경의 이모저모[황도기략黃圖紀略]

　'황도(皇圖)'란 본래 수도(서울)을 뜻하여 북경(연경)을 지칭한다. 그러므로 본편에서는 북경의 명승지와 건물, 유적 등을 요약하여 정리한 기록이다.

북경의 아홉 개 성문(皇成九門)

　북경(北京 : 황성) 성의 둘레는 40리인데 바둑판처럼 평편하고 네모반듯하게 생겼다.

　그리고 성문이 아홉 개 있는데 정남향은 정양(正陽)문이요, 동남쪽은 숭문(崇文)문이요, 서남쪽은 선무(宣武)문이요, 정동쪽은 조양(朝陽)문이요, 동북쪽은 동직(東直)문이요, 정서쪽은 부성(阜成)문이요, 서북쪽은 서직(西直)문이요, 북서쪽은 덕승(德勝)문이요, 북동쪽은 정안(定安)문이라 부른다.

　황성 안에는 자금성(紫禁城)이 있는데, 둘레는 17리로 붉은 담장을 두르고 지붕에는 황금빛 유리기와를 덮었다. 자금성의 북쪽문을 지안(地安)문, 남쪽을 천안(天安)문, 동쪽을 동안(東安)문, 서쪽을 서안(西安)문이라 부른다.

　자금성 안은 곧 황제가 거처하는 궁성이 있으며 정남쪽은 태청문(太淸門)이요, 제2문은 곧 자금성의 천안문(天安門)이요, 제3문은 단문(端門)이요, 제4문은 오문(午門)이요, 제5

문은 태화문(太和門)이었다. 궁성의 후문은 건청문(乾淸門)이요, 건청문의 북쪽은 신무(神武)문이요, 동쪽은 동화(東華)문이요, 서쪽은 서화(西華)문이다.

그리고 북경성 9개의 문루(門樓)는 모두 처마가 3겹이요, 문마다 옹성(甕城)이 붙어 있으며, 옹성에는 모두 적을 감시하기 위해 2층 적루(敵樓)가 있고, 쇠로 감싼 관문이 성문과 마주보고 섰고, 좌우에는 모두 옆문인 편문(便門)이 함께 있다.

황성의 정남쪽 한 면은 외성(外城)이 되어 일곱 문이 났으니 제도는 내성 아홉 문과 만든 제도가 같다.

정남쪽의 문이 영정(永定)문이요, 남쪽 왼편이 좌안(左安)문이요, 오른편이 우안(右安)문이요, 동쪽이 광거(廣渠)문이요, 서쪽이 광녕(廣寧)문이요, 광거문의 동쪽 모퉁이 문은 동편(東便)문이요, 서쪽 모퉁이 문을 서편(西便)문이라 한다.

지안문 밖에는 고루(鼓樓)가 있고, 고루의 북쪽에는 종루(鍾樓)가 있다. 자금성에는 전망을 보거나 방어를 위해 담 위에 누각을 세운 각루(角樓)가 6개요, 성벽을 뚫어 성 안으로 물을 끌어들이는 갑문인 수관(水關)이 3개다.

황성의 해자에 흐르는 못의 물은 옥천산(玉泉山)에서 발원하여 고량교(高梁橋)를 지나 물은 두 갈래로 흩어진다.

한 갈래는 성 북쪽을 돌아 동쪽으로 꺾어 남으로 흐르

고, 하나는 성의 서쪽을 돌아 남으로 꺾어 동으로 자금성에 들어 태액지(太液池)가 되었고, 이 물은 9문을 감돌아 9삽회(牐滙 : 수문(水門))를 지나서 대통교(大通橋)에 이르는데, 물이 흐르는 좌우 언덕은 모두 벽돌과 돌로 축대를 쌓았다.

아홉 개 성문에 있는 해자, 못 도랑은 모두 큰 돌다리를 놓았다.

외성의 해자에 흐르는 못물도 역시 옥천의 물이 갈라져 서쪽 각루(角樓)에서 성을 감돌아 남쪽으로 흘러서, 또 동쪽으로 꺾어 각루(角樓)까지 이르러 7문을 거쳐 운하(運河)로 들어가는데, 각기 다리 하나씩 걸쳐 있다.

내성에는 큰 거리가 16개에, 네거리는 구역을 나눈 방(坊)이 24개 있다. 태청문의 동쪽 방(坊)이 부문(敷文)방이요, 서쪽은 진무(振武)방이라 하고, 숭문문 안의 맞은편 방은 취일(就日)방이요, 선무문 안의 맞은편 방은 첨운(瞻雲)방이요, 동대구(東大衢) 사패루(四牌樓) 있는 곳이 이인(履仁)방이요, 서대구(西大衢) 사패루는 행의(行義)방이요, 태학(太學)의 동서로 마주보는 방은 성현(成賢)방이요, 순천부학(順天府學)의 동서로 마주보는 방은 육현(育賢)방이요, 제왕묘(帝王廟)의 동서로 마주보는 방은 경덕(景德)방이라 한다.

똑바로 정양문을 나서서 남쪽으로 10리 밖 남교(南郊)에는 동짓날 하늘에 제사 지내는 원구(圓邱)가 있고, 정안문 밖으로 곧장 10리를 가면 북교(北郊)가 되어 하짓날 땅에 제사 지내는 방택(方澤)이 있다. 조양문 밖에서 줄곧 10리를 나가면 동교가 되어 아침 해가 여기서 뜨고, 부성문 밖으로 줄곧 10리를 나가면 서교(西郊)가 되어 달 지는 데가 여기다.

태묘(太廟)는 대궐의 왼쪽에 있고, 사직(社稷)은 대궐의 오른쪽에 있고, 육부의 잘못을 살피고 감독하는 기관인 육과(六科)는 단문의 좌우에 있으며 육부(六部)와 모든 행정기구는 태청문 밖 좌우에 있다.

내가 이미 중국으로부터 돌아와 지난 곳을 매양 회상할 제 모두가 감감하여 마치 아침놀이 눈을 가리는 듯하고, 침침하기는 마치 넋을 잃은 새벽 꿈결인 양 싶어서 남북의 방위를 바꾸기도 하고 명목과 실상이 헝클어지기도 하였다.

하루는 친구인 정석치(鄭石癡)로 하여금 『팔기통지(八旗通志 : 북경에 대한 종합적인 책)』에 나오는 「황성일피도(皇城一披圖)」를 내어 달라 하여 한 번 펼쳐보니 황성의 성곽과 연못, 궁궐과 가방(街坊 : 거리), 부서(府署)들이 손금을 들여다보는 듯하고, 지상(紙上)에서 마치 신발 끄는 소리가 들리는 듯하기에 드디어 요긴한 대목을 추려 권수(卷首)에다가 기록하고 '황도기략(黃圖紀略)'이라 불렀다.

대체로 북경의 도시 제도가 앞은 조정이요, 뒤는 저자

요, 왼쪽은 종묘(宗廟)요, 오른쪽은 사직이요, 아홉 개의 문
이 바르고 아홉 개의 거리가 곧아서 도성 하나가 바르게
되자 천하가 바로잡힘을 볼 수 있었다.

천주당(天主堂)―풍금(風琴)

　내 친구 담헌 홍덕보(洪德保 : 홍대용(洪大容))는 일찍이 서양 사람들의 재주를 논하면서,

　"우리나라의 선배 중에 김가재(金稼齋, 김창업)와 이일암(李一菴, 이기지) 같은 이들은 모두 식견이 탁월하여 후세 사람들로서는 따를 수 없는 바요, 더구나 중국을 옳게 잘 관찰한 점에서도 아주 잘 드러났다. 그러나 그들의 천주당(天主堂)에 대한 기록들은 약간의 유감이 없지 않다. 이는 다름이 아니라 사람의 생각으로는 잘 미칠 수 없는 것이고, 또 갑자기 얼핏 보아서는 알아낼 수도 없었던 것이다.

　뒷날 계속해서 간 사람들에게 이르러서는 역시 천주당을 먼저 보지 않을 자가 없지마는 어리둥절하고 짐작하기 어려워 한편 괴물 같이만 알고 이를 배척하였으니, 이는 그들의 안중에 아무 것도 보지를 못한 까닭이다.

　김가재는 천주당(天主堂)의 건물이나 그림에만 상세하였

고, 이일암은 더욱이 그림과 천문 관측의 서양 기계에 자세하였으나 풍금(風琴 : 파이프 오르간) 이야기에는 미치지 못했다. 대체로 이 두 분이 음률에 이르러는 그리 밝질 못했으므로 잘 분별을 못했던 것이다.

내가 비록 귀로 소리를 밝게 들었고 눈으로 그 만든 솜씨를 살폈다 하더라도 이를 다시금 글로써 그 오묘한 곳을 다 옮길 수는 없고 보니 정말 이것이 유감스러운 일로 되었던 것이다.”

하면서, 곧 김가재의 기록을 끄집어내어 나와 함께 보았다.

“방안 동편 벽에는 두 층계의 붉은 문이 달렸는데 위에는 두 짝이요, 아래에는 네 짝이다. 순차로 열리면서 그 속에는 기둥이나 서까래처럼 생긴 통(筒)이 총총하게 섰는데, 크기가 같지 않았다. 모두 금은빛으로 섞어 칠을 발랐고, 그 위에는 철판을 가로 놓고 그 한쪽 가에는 수없이 구멍을 뚫고 다른 한쪽 가에는 부채 형상으로 되어 있는데, 방위와 12시(時)의 이름을 새겼다. 잠시 보니, 해 그림자가 그 방위에 이른즉 대 위에 놓인 크고 작은 종(鍾)이 각각 네 번씩 울고 복판에 있는 큰 종은 여섯 번을 쳤다.

종소리가 잠시 그치자 동쪽 변두리 홍예문(虹霓門 : 무지개문) 속에서 갑자기 바람 소리가 쏴 하면서 여러 개의 바퀴를 돌리는 것 같았는데 계속해서 관·현·사·죽 등의 별별 음악 소리가 들렸다. 어디로부터 이 소리가 나는지 알 수 없다. 통관이 말하기를, '이것은 중국 음악입니다.' 한다.

얼마 아니 되어서 소리는 그치고 또 다른 소리가 나는데 조회 때 들은 음악 소리와 같이 들렸다. 이는 '만주 음악입니다.' 한다.

조금 있다가 이 소리도 그치고 또다시 다른 곡조가 들리는데 음절이 빨랐는데, '이는 몽고 음악입니다.' 한다.

음악 소리가 뚝 그치고는 여섯 문짝이 저절로 닫혔다. 이는 서양 사신 서일승(徐日昇 : 포르투갈 선교사)이 만든 것이라 한다."

김가재의 기록이 여기에 이르러서 그쳤다.

홍덕보는 다 읽고 나서 한바탕 크게 웃으면서,

"이야말로 이야기는 하면서도 자세하진 못하다는 말이구료. 속에 기둥이나 서까래처럼 생겼다는 통은 유기로 관을 만들었는데, 제일 큰 관은 기둥이나 서까래만 하여 크고 작게 빼곡이 들어차 있고 길이가 들쭉날쭉 가지런하지 않으니, 이는 생황(笙簧) 소리를 내기 위하여 크게 한 것이다.

크기가 같지 않은 것은 차례대로 음률을 취하여 곱절로 더 보태고 8율(律)씩 떠어 곧장 상생(相生)케 하여 8괘(卦)가 변하여 64괘(卦)가 되는 것과 같다.

금은 빛을 섞어 바른 것은 거죽을 곱게 보이기 위함이
요, 갑자기 한 줄기 바람 소리가 여러 개 바퀴를 돌리는
소리 같이 난다는 것은 풍금의 지하 길이 구불구불 서로
마주 통하게 되이 있이, 풀무질을 하여 입으로 바람을 불
듯이 바람 기운을 보내는 것이요, '연방 음악 소리가 났
다.'는 것은 바람이 바닥의 구멍에서 성으로 들어가면 바
퀴들이 핑핑 재빨리 돌아 생황 앞이 저절로 열리면서 여
러 구멍에서 소리가 나게 된다.

풀무 바람을 내는 법식은 다섯 마리의 쇠가죽을 마주
붙여서, 부드럽기는 비단 전대처럼 만들고, 굵은 밧줄로
들보 위에 큰 종처럼 달아매어서 두 사람이 바를 붙잡고
는 몸을 솟구치어 배 돛대를 달듯 몸뚱이가 매달려 발로
풀무 전대를 밟으면 풀무는 점차 내려앉으면서 바람주머
니 배는 팽창되어 공기가 꽉 들어찬다. 이것이 풍금의 지
하 길로 공기를 몰아넣는다. 그렇게 음률에 맞추어 구멍
을 닫으면 어디고 바람은 밖으로 새어 나갈 수가 없으니
이에 쇠로 된 혀[금설]를 부딪쳐서 순차적으로 혀는 떨려
열리면서 여러 소리를 내게 되는 것이다.

이제 내가 대강 이렇게 말할 수 있으나 역시 그 오묘한
데를 다 말할 수는 없다. 만일에 나라에서 돈을 내어 이것
을 만들라고 명령을 내린다면 만들 수 있을 것도 같다네."
하였다. 덕보의 이야기는 여기에서 끝났다.

이제 내가 중국에 들어와서 풍금 만드는 법식을 생각할 때마다 언제나 마음속에 잊히지 않았다. 이미 열하로부터 북경으로 돌아와 즉시로 선무문(宣武門) 안 천주당(天主堂)을 찾았다.

동쪽으로 바라다본즉 지붕 머리가 종처럼 생겨 민가들 위로 우뚝 솟아 보이는 것이 곧 천주당이었다. 성내 사방에서는 다 한 집씩 있는데 풍금이 있는 집은 바로 서쪽의 천주당이다.

'천주'라는 말은 천황씨(天皇氏 : 중국 전설에 나오는 최초의 임금)니 반고씨(盤古氏 : 중국 전설에 나오는 최초의 임금)니 하는 말과 같다.

이 사람들은 역서(曆書)를 잘 꾸미며 자기 나라의 제도로써 집을 지어 사는데, 그들의 학설은 부화(浮華)함과 거짓을 버리고 성실을 귀하게 여겨 하느님을 밝게 섬김으로써 으뜸을 삼는다. 그리고 충효와 자애로써 의무를 삼고, 허물을 고치고 선(善)을 닦는 것으로써 입문(入門)을 삼으며, 사람이 죽고 사는 큰일에 준비를 갖추어 걱정을 없애는 것을 궁극의 목적으로 삼고 있다.

저들로서는 근본되는 학문의 이치를 찾아내었다고 자칭하고 있으나 뜻한 것이 너무 고원하고 이론이 교묘한 데로 쏠리어 도리어 하늘을 빙자하여 사람을 속이는 죄를 범하여 제 자신이 저절로 의리에 어긋나고 인륜을 상하게 하는 구렁으로 빠지고 있는 것을 모르고 있다.

천주당(天主堂)의 높이는 일곱 길은 되고 무려 수백 칸인데 쇠를 부어 만들거나 흙을 구워 놓은 것만 같았다.

명(明)나라 만력(萬曆) 29년(1601년) 2월에 천진 지방의 세감(稅監)으로 있던 마당(馬堂)이 서양사람 이마두(利瑪竇 : 마테오 리치)의 서양 방물과 천주녀상(天主女像 : 성모 마리아상)을 바쳤더니 예부(禮部)에서 이르기를,

"대서양(大西洋)이란 명회전(明會典)에 실려 있지 않으므로 참인지 거짓인지 알 길이 없으니, 적당히 참작해서 의관을 내려 주어 본국으로 돌아가게 하고, 몰래 북경에 숨어 있지 못하도록 하라."

하고는 황제에게는 보고하지도 않았다. 그리하여 서양이 중국과 서로 통한 것은 대체로 이마두부터 시작되었다.

건륭(乾隆) 기축년(1769년)에 천주당(天主堂)이 헐렸으므로 소위 풍금이란 것은 남은 것이 없었고, 다락 위의 망원경과 또 여러 가지 서양의 표본기(천문 관측 기구)들은 창졸간에 연구를 할 수 없으므로, 여기 기록하지 않는다.

이제 홍덕보(洪德保)의 풍금에 관한 이야기를 추억하면서 서글픈 심정으로 이 글을 쓴다.

서양화(西洋畵)

천주당 가운데 바람벽과 천장에 그려져 있는 구름과 인물들은 보통 생각으로는 헤아려볼 수 없었다.

또한 보통 언어와 문자로도 형용할 수가 없었다. 내 눈으로 이것을 보려고 하는데, 번개처럼 번쩍이면서 먼저 내 눈을 뽑는 듯하는 그 무엇이 있었다.

나는 그들(화폭 속의 인물)이 내 가슴속을 꿰뚫고 들여다보는 것이 싫었고, 또 내 귀로 무엇을 들으려고 하는데, 굽어보고 쳐다보고 돌아보는 그들이 먼저 내 귀에 무엇을 속삭이었다.

나는 그것이 내가 숨긴 데를 꿰뚫고 알아맞힐까봐서 부끄러워하였다.

내 입이 장차 무엇을 말하려고 하는데 그들은 침묵을 지키고 있다가 돌연 우레 소리를 내는 듯하였다. 가까이 가서 보매 성긴 물감이 허술하고 거칠게 칠했을 뿐, 다만 그 귀·눈·코·입 등의 간격과 터럭·수염·살결·힘줄 등의 사이는 희미하게 달무리가 지듯 구분지어 놓았다.

그 터럭 끝만한 치수라도 구분할 수가 있어 마치 산 사람이 꼭 숨을 쉬고 꿈틀거리는 듯 음양의 향배가 서로 어울려 절로 밝고 어두운 데를 잘 나타내고 있었다.

그림에는 한 여자(성모 마리아)가 무릎에 5, 6세 된 어린아이(아기 예수)를 앉혀 두었는데, 어린아이가 병든 얼굴로 흘겨서 보니, 그 여자는 고개를 돌리고 차마 바로보지 못하고 있는가 하면, 옆에는 시중꾼(천사들) 5, 6명이 병난 아이를 굽어보고 있는데, 참혹해서 머리를 돌리고 있는 자도 있었다.

새의 날개가 붙은 귀신 모양의 형상은 마치 박쥐가 땅에 곤두박질치는 것 같다. 그림이 슬그머니 돌아 웬 신장(神將)이 발로 새의 배를 밟고, 손에는 무쇠 방망이를 쳐들고 새의 머리를 짓찧고 있었다.

또 사람 머리, 사람 몸뚱이에 새 날개가 돋은 자도 있으며, 백 가지가 기괴망측하여 무엇이 무엇인지 분간해 낼 수도 없었다.

좌우 바람벽 위에는 구름이 덩이덩이 쌓여 한 여름의 대낮 풍경 같기도 하고, 비가 갓 갠 바다 위 같기도 하였다.

산골에 날이 새는 듯 구름이 끝없이 뭉게뭉게 피어오르

고, 수없는 구름 꽃봉오리가 햇발에 비치어 무지개가 뜨고, 멀리 바라보이는 데는 까마득하고도 깊숙하여 끝 간 곳이 없었다.

뭇 귀신들이 출몰하고, 갖은 도깨비가 나타나 먹살을 붙들고 소매를 뿌리치며, 어깨를 비비고 발등을 밟아서 가까운 놈은 멀리 뵈기도 하고, 얕은 데는 깊어 보이기도 하며, 숨은 놈이 드러나기도 하고, 가렸던 놈이 나타나기도 하여 뿔뿔이 따로 서 있으니, 모두가 허공에 등을 대고 바람을 모으는 형세이었다.

대체로 구름이 서로 간격을 두어 이렇게 보이는 것이었다. 천장을 우러러보니 수없이 많은 어린아이들이 오색구름 속에서 뛰노는데, 허공에 주렁주렁 매달려 있는 것이 살결을 만지면 따뜻할 것만 같고, 팔목이며 종아리는 포동포동 살이 쪘다.

갑자기 구경하는 사람들이 눈이 휘둥그레지도록 놀라, 어쩔 바를 모르고 손을 벌리고서 떨어지면 받을 듯이 고개를 젖혔다.

상방(象房)—코끼리 우리

코끼리 우리는 선무문(宣武門) 안 서성(西城) 북쪽 담장 아래에 있다. 코끼리 80여 마리가 있었다. 코끼리들은 큰 조회 때 오문(午門)에서 의장으로 도열해 서기도 하고, 황제가 타는 가마와 의장을 갖춘 행렬에 쓰이기도 한다.

코끼리는 몇 품(品)의 녹봉도 받고, 조회 때는 백관이 오문으로 들어오기를 마치면, 코끼리가 코를 마주 엇대어 서 있어서 아무도 마음대로 출입할 수 없게 하였다.

코끼리가 때로 병이 나서 의장으로 서지 못할 때에는 억지로 다른 코끼리를 끌어내려 해도 코끼리는 말을 잘 듣지 않는다. 코끼리 부리는 자가 병난 코끼리를 끌어다가 보여 주어야만 이를 곧이듣고 바꾸어 선다.

코끼리가 죄를 범하면 칙명이라 하고는 매를 친다. 그러면 엎드려 매를 다 맞고 나서는 머리를 조아리고 사죄를 하며, 봉급을 깎아 벌 받는 코끼리 우리에 넣어 둔다.

나는 코끼리 부리는 자에게 부채와 환약 한 알을 주고 코끼리 재주를 한 번 시키라고 했더니, 그는 이것이 적다고 부채 한 자루를 더 달라 한다. 나는 당장 가진 것이 없으므로 꼭 더 가져다주겠으니 먼저 재주를 시켜 보라 했더니, 그가 코끼리에게 가서 타일렀으나 코끼리는 눈웃음으로 마치 절대 할 수 없다는 시늉을 한다.

그제야 따라온 자를 시켜 코끼리 부리는 자에게 돈을 더 주었는데, 코끼리는 한참 동안 눈을 흘겨보더니, 코끼리 부리는 자가 돈을 세어 주머니 속에 넣는 것을 보고서야 승낙을 하고, 시키지도 않는데 여러 가지 재주를 부린다.

머리를 조아리며 두 앞발을 꿇기도 하고, 또 코를 흔들면서 퉁소 불듯 휘파람도 불고, 또 둥둥 북소리를 내기도 한다. 대체로 코끼리의 묘한 재주는 코와 어금니에 있다. 예전에 코끼리의 그림을 볼 때에 두 이빨이 모두 죽 바로 뻗어 곧추 무슨 물건이라도 찌를 듯하여 코는 늘어지고 이는 뻐드러진 것인 줄 알았더니, 이제 코끼리를 보니 그렇지 않다. 이빨도 다 아래로 드리워져 막대기를 짚은 것만 같고, 갑자기 앞으로 향할 때는 환도를 잡은 것 같기도 하며, 갑자기 마주 사귈 때는 '예(乂)' 자 같이도 보여 그 쓰는 법이 한 가지가 아니었다.

당나라 명황(明皇) 때에 코끼리 춤이 있었다는 말이 『사기(史記)』에 있는 것을 보면서 속으로 의심을 했더니, 이제 보아 사람의 뜻을 잘 알아먹는 짐승으로는 과연 코끼리 같은 짐승이 없었다. 전하는 말에,

"숭정(崇禎) 말년에 이자성(李白成)이 북경을 함락시키고 코끼리 우리를 지나갈 때에 뭇 코끼리들은 눈물을 지으면서 아무것도 먹지를 않았다."

한다. 대체로 코끼리는 꼴은 둔해 보여도 성질은 슬기롭고, 눈매는 간사해 보이면서도 얼굴은 덕스러웠다. 혹자는 이르기를,

"코끼리는 새끼를 배면 다섯 해 만에 낳는다."

하고, 또는,

"열두 해 만에 낳는다."

한다.(코끼리의 임신 기간은 21~22개월이다)

해마다 삼복날이면 금의위(錦衣衛) 관교들이 의장 깃발을 늘이고 쇠북을 울리면서 코끼리를 맞아 선무문 밖을 나와 연못에 가서 목욕을 시킨다. 이럴 때는 구경꾼이 늘 수만 명이나 된다고 한다.

황금대(黃金臺)

노이점(盧以漸)은 우리나라에서 일찍이 경서에 밝고 행실이 바르다고 널리 알려진 사람이다. 또 춘추(春秋)의 중국을 높이고 오랑캐를 배격하는 대의에 엄격한 사람인지라, 사행길에 중국 사람을 만나면 만족이나 한족을 불구하고 한결같이,

"되놈아!"

하고 불렀다.

거쳐 온 산천이나 누대들은 모두 누린내 나는 고장이라 하여 구경도 하지 않았다. 그러나 고적으로서 황금대(黃金臺)나 사호석(射虎石)이나 태자하(太子河) 같은 곳은 길을 돌아가는 데나, 또는 이름이 틀렸음에도 불구하고 반드시 파고들어서 찾아내고야 만다.

어느 날 나와 황금대를 구경하기로 약속하였다. 나는 곧 여러 사람들에게 널리 물었으나 아는 자가 없었다. 또 옛 기록을 찾아보았으나 이야기들은 다 같지 않았다.

양(梁)나라 임방(任昉)의 『술이기(述異記)』에 이르기를,

'연나라 소왕(昭王)이 곽외(郭隗)를 위하여 쌓은 축대로서 지금의 유주(幽州) 땅인 연왕(燕王)의 옛 성 중에 있는데, 그 곳 사람들은 현사대(賢士臺)라고 부르고, 또는 초현대(招賢臺)라고도 한다.'

하였으니, 지금의 북경이 곧 기주(冀州) 땅이고 본즉, 연왕의 옛 성이란 데는 어느 곳에 있는지 모를 일이다. 그런데 하물며 이른바 황금대일까보냐?

또 송나라 이방(李昉)의 『태평어람(太平御覽)』 중에는,

"연나라 소왕이 천금을 대 위에 두고 천하의 현사(賢士)를 초청했다 하여 황금대라고 불렀다."

하였다. 그러면 뒷날 사람들이 함부로 그 이름만 전할 뿐이요, 정말 대가 없음은 넉넉히 알 수 있을 것이다. 어느 날 노이점이 몽고 사람 박명(博明)으로부터 얻었다는 『장안객화(長安客話)』 중에서 초록한 것을 나에게 보인다.

"조양문(朝陽門)을 나서서 남쪽으로 연못을 돌아가면 동남쪽 모퉁이에 높다랗게 솟아 있는 흙 둔덕이 바로 황금대라 한다. 해가 뉘엿뉘엿 서산으로 넘어갈 때 옛일을 슬퍼하는 선비로서 이 대 위에 올라간 자는 갑자기 천고의 고사를 회상하면서 고개를 숙이고 거닐게 된다."

노이점(盧以漸)은 이때부터 서글퍼하면서 구경을 파하고 다시는 황금대 이야기를 꺼내지 않았다.

어느 날 틈을 타서 노이점과 함께 동악묘(東嶽廟)의 연극 구경을 가기 위해 같은 수레로 조양문을 나갔다가 돌아오는 길에 태사(太史) 고역생(高棫生)을 만났다.

고태사는 사헌(簑軒) 능야(凌野)와 함께 수레를 탔는데, 이르기를,

"지금 황금대를 찾아가는 길입니다."

한다.

능야는 본시 월중(越中 : 절강 지방) 사람으로 역시 기이한 인물이었다.

북경에 처음 와서 고적 구경을 하기 위해 노이점에게 동행할 것을 청하자 노이점은 매우 좋아하여,

"하늘이 정해 주신 연분이야!"

하고 가서 본즉, 두어 길 되는 허물어진 흙 둔덕이 주인 없는 황폐한 무덤과도 같으면서도 억지로 이름을 '황금대' 라고 불렀다.

황금대 이야기(黃金臺記)

조양문(朝陽門)을 나서서 연못을 따라 남쪽에 두어 길 되는 허물어진 둔덕이 있으니, 여기가 곧 옛날 황금대(黃金臺)이다.

세상에 전하는 말에,

"연나라 소왕이 여기에다 궁전을 짓고, 천금을 축대 위에 놓고, 천하의 어진 선비들을 맞이하여 당시의 강대국 제(齊)나라에 원수를 갚고자 하였다."

라고 하였다. 그러므로 옛 일을 회고하고 슬퍼하는 인사들은 여기에 이르면 비창한 회포를 참지 못하고 감개가 무량하여 거닐면서 좀처럼 발길을 돌리지 못하곤 한다.

아아, 슬프도다. 축대 위의 황금은 없어졌건마는 국사(國士 : 기다리는 선비)는 오지 않는구나! 그러나 세상 사람들이란 본래부터 아무런 원수가 없으면서도 원수를 갚으려는 자는 그칠 때가 없고 본즉, 이 축대 위에 놓였던 황금이 반드시 그대로 온 천하에 놀아다닐 것이다.

나는 여기에서 지난 역사상 모든 원수를 갚던 중에서 가장 큼직한 사건을 역력히 들어서 천하에 가장 황금을 많이 쌓아 놓은 자에게 외쳐 고하련다.

진(秦)나라 때에 황금으로써 제후들의 장수에게 먹여서 그 나라를 멸망시킨 것으로 보아서는 몽염(蒙恬 : 진시황 때의 명장)을 가장 유력하게 쳐 주어야 할 것이다.

이사(李斯 : 진시황 때의 정치가)는 원래 제후의 문객으로 제후를 위하여 몽염을 죽였으니, 천하에 복수를 하려는 자는 여기에 와서 좀 멈칫해졌다.

얼마 뒤에 조고(趙高)는 이사를 죽였고, 자영(子嬰)은 조고를 죽였으며, 항우(項羽 : 항적(項籍), 우(羽)는 자)는 자영을 죽였고, 패공(沛公, 유방)은 항우를 죽였는데, 패공이 항우를 죽일 제 황금 4만 냥이 들었고, 진(晉)나라 때 갑부였던 석숭(石崇)은 그 많은 재물도 생겨난 유래가 있을 것임에도 불구하고 아주 타고난 재물인 듯이,

"이놈들이 내 재물을 탐내는가?"

라고 욕질을 하였으니, 이 얼마나 어리석은 소리인가? 그러나 재물이란 구르고 굴러 서로 원수를 갚으면서 천년이 지난 오늘날까지 그 금덩이가 아직도 어디고 그대로 있을 것이다.

어째서 그런 줄을 알 것인가? 원위(元魏 : 북조의 한 나라)

이주조(爾朱兆 : 장수인데 반란을 일으켰다)의 난리 때 성양왕(城陽王) 휘(徽)는 황금 백 근을 가지고 있었는데, 낙양령(洛陽令)으로 있던 구조인(寇祖仁)을 찾아가 의탁하려고 했다. 구조인 집안에서 난 세 자사(刺史)는 모두 자기가 발탁해 준 사람이기 때문에 거절하지 않으리라 생각했기 때문이다.

그러나 구조인은 집안사람들에게 말하기를,

"오늘에 와서 우리 집의 부귀는 지극하다 할 수 있지마는 저 성양왕 휘 때문에 걱정이다."

하고는, 휘에게 잡으러 오는 장수가 장차 여기에 이를 것이라고 겁을 미리 주어 휘를 다른 장소로 도망가게 꾀인 뒤, 길에서 그를 죽여 버리고는 그 머리를 이주조에게로 보냈다.

이주조의 꿈에 죽은 성양왕 휘가 와서 말하기를,

"내게 황금 2백 근이 있어 구조인에게 맡겼으니 빼앗아 가지도록 하여라."

하기에, 이주조는 구조인을 잡아서 꿈에 시킨 대로 금을 받으려고 했으나, 이를 얻지 못하고 구조인을 죽여 버렸다.

이것을 본다면 황금의 복수자는 아직도 남아 있는 것이 아닐까? 오대(五代) 때에 성덕 절도사(成德節度使) 동온기(董溫箕)는 황금 수만 냥을 가지고 있었는데, 동온기가 거란에 포로가 되자 그 밑에 있던 지휘사(指揮使) 비경(秘瓊)이 동온기의 집안 가족을 한몫으로 다 죽여 구덩이에 파묻고 그 금을 빼앗았다.

진(晉)나라 고조(高祖 : 후진의 석경당(石敬瑭))가 왕위에 오르자 비경이 제주방어사(齊州防禦使)가 되어 부임하게 되었다. 비경은 동온기로부터 빼앗은 그 금을 싸 가지고 위주(魏州) 길로 나오는데, 범연광(范延光)이 국경에 복병을 했다가 비경을 죽이고 금을 몽땅 빼앗았다. 범연광은 또 이 금으로 인하여 양광원(楊光遠)에게 살해를 당하고, 양광원은 진나라 출제(出帝 : 석중귀(石重貴))에게 사형을 당했다. 그리하여 양광원의 부하 관리인 송안(宋顔)이 그 금을 죄다 털어다가 이수정(李守貞)에게 바쳤다.

이수정은 뒤에 주(周)나라 고조(高祖)에게 패하여 그의 처자들과 함께 불에 타서 자살했으니, 그 금은 아직도 응당 인간 세상에 남아 있을 것이다. 어째서 그런 줄을 알 수 있을까?

옛날에 도적 세 명이 함께 남의 무덤 하나를 파서 금을 도적질하고는 저희들끼리 말하기를,

"오늘은 돈을 많이 벌은 판에 몸도 피곤하니 어찌 술 한 잔이 없겠는가?"

하니, 그 중 한 명이 선뜻 일어나 술을 사러 가면서 스스로 마음속으로 축하하기를,

“하늘이 시키는 좋은 기회로구나. 금을 셋이 나누는 것보다는 내가 독차지하는 것이 좋겠지.”

하고 술에 독약을 타 가지고 돌아오자 남아 있던 도적 둘이 갑자기 일어나서 그를 때려죽이고는 먼서 술과 음식을 배불리 먹고, 금을 반분하려고 했더니 얼마 못 되어 둘이 함께 무덤 곁에서 죽고 말았다.

아아, 슬프도다. 이 금은 반드시 길 옆에서 굴러다니다가 또 다시금 다른 사람이 주워 얻게 되었을 것이요, 이렇게 주워 얻은 자는 가만히 하늘에 감사를 드리면서도 이 금이 무덤 속에서 파내어졌고, 독약을 먹은 자들의 유물이며, 또 앞사람 뒷사람을 거쳐 몇 천 몇 백 명을 독살했는지 몰랐을 것이다. 그런데도 세상 사람들은 돈을 좋아하지 않는 이가 없음은 무슨 까닭일까?

『역경(易經)』에 이르기를,

‘두 사람이 마음을 합치면 그 이로움은 쇠라도 끊는다.’

고 하였으니, 이것은 바로 이런 도적질을 전제한 말이다. 어째서 그럴 것인가? ‘끊는다’는 말은 ‘가른다’는 말이다. 가른다는 것이 금일진대 ‘마음을 합치는 것도 잇속’이라는 것을 넉넉히 짐작할 수 있을 것이다. 그리고 ‘의리’를 말하지 않고 ‘잇속’이라고 했은즉, ‘불의의 재물’인 것도 넉넉히 알 수 있을 것이다.

이것은 도적질이 아니고 무엇이랴? 바라건대 천하의 인

사들은 돈이 있다 하여 꼭 기뻐할 것도 아니요, 없다고 하여 슬퍼할 것도 아니다.

아무런 까닭 없이 갑자기 돈이 앞에 닥칠 때는 천둥처럼 두려워하고, 귀신처럼 무서워하여 풀섶에서 뱀을 만난 듯이 머리끝이 오싹하여 뒤로 물러서지 않을 수 없을 것이다.

금오교(金鰲橋)

　태액지(太液池)에 돌다리를 놓았는데 동서가 2백여 보요, 양쪽에는 백옥으로 난간을 설치했는데, 가운데는 두 자를 더 높여서 길을 닦았고, 양옆 협도에는 겹난간을 만들었다. 난간머리에 새긴 짐승 머리는 모두 4백80여 개나 되었다.

　모두가 저만큼 모양을 달리하여 하나도 같은 것이 없었다. 다리의 양쪽 끝은 두 방(坊)이 마주 섰는데, 서쪽이 금오요, 동쪽이 옥동(玉蝀)이다. 수레와 말이 입구에 들어차서 울부짖고 수많은 유람객들로 몹시 복잡하였다.

　호수 물결은 햇빛 아래서 반짝이고 티끌 하나 없는데 북쪽으로는 오룡정(五龍亭)이 바라보이고, 서쪽으로는 자금성이 바라다보였다.

　깊은 숲은 자욱하게 우거졌고 층층의 누각과 겹겹의 궁전이 서로 가리고 마주 비치어 있으며, 5색 유리기와는 햇빛에 따라서 밝았다 이두웠다 한다.

　백탑사(白塔寺)의 부도(浮屠)와 정각들의 황금 호로병(葫蘆瓶) 꼭대기는 때로 나무숲 위로 솟아 있고, 수풀 저쪽으로 멀리 보이는 하늘빛은 파란데, 맑은 아지랑이는 보는 사람의 마음을 화창하게 만들어 마치 늦은 봄 날씨만 같았다.

경화도(瓊華島)

　태액지(太液池) 복판에 있는 섬을 '경화(瓊華)'라고 부른다. 세상에 전하는 이야기에 의하면,

　"요태후(遼太后)가 화장하고 머리를 빗던 대(臺)이다."

　하였다.

　원나라 순제(順帝)가 총애하던 궁녀 영영(英英)을 위해서 채방관(采芳館)을 이곳에 짓고 섬까지 돌다리를 걸쳐서 놓았는데, 제도는 금오교와 같았다. 다리 두 끝에는 역시 두 방(坊)을 세웠는데, 퇴운(堆雲)과 적취(積翠)라고 불렀다.

　혹자는 이르기를,

　"이 다리의 이름은 금해교(金海橋)라고 부른다."

　고 한다.

　호수 위에는 축대가 있어 옹성(甕城)과 같이 생겼고, 축대 위에는 전각이 섰는데 푸른 일산 같았다. 다리 위에 서서 금오교를 보니 행인과 수레와 말들이 인간 세상과는 달라 보였다.

축대 아래는 금(金)나라 때 심은 오래된 소나무가 있어서 명(明)나라 가정(嘉靖) 연간에 녹봉을 내리고, 호를 도독숭(都督松)이라 불렀다. 이 나무를 잣나무라고도 하고, 혹은 향나무라고도 했다.

명(明)나라와 청(淸)나라 사이에는 이 나무를 소재로 많은 시구들을 남겨 놓았는데, 지금은 모두 꺾어져 없어지고 다만 두 그루의 썩은 나무둥치만 남아 빛은 허옇고 무슨 나무인지 분간할 수도 없었다.

토원산(兎園山)

토원산(兎園山)은 일명 토아산(吐兒山)이다.

높이는 불과 대여섯 길이요, 둘레는 겨우 1백여 보이다. 깎은 주춧돌이 군데군데 놓여 옛날 전각의 축대 같기도 했다. 안으로는 흙을 쌓아 산을 만들고, 바깥에는 빙 둘러 태호석(太湖石)을 세워 알쏭알쏭 뚫어진 구멍이 영롱하게 푸를 뿐, 다른 빛깔은 섞이지 않았다.

높이는 모두 한 길 남짓 되는데 돌로서는 아주 다시없을 만큼 이상하게 생긴 돌이었다. 돌을 쌓아 작은 얼굴을 만들었는데 양쪽 머리에는 모두 홍예문(虹霓門 : 무지개문)을 달았다.

동굴을 빠져 나오면 또 기암괴석의 길을 나선형으로 달팽이집처럼 틀어 올려 봉우리를 만들어 굽이굽이 돌도록 하였으며, 그 위에는 몇 칸 정자를 세워 대궐을 굽어보도록 하였다. 또 다리 몇 10보를 가면 돌로 만든 용이 머리

를 쳐들었고, 그 아래로는 네모난 연못이 있다. 벽돌로 도
랑을 내어 구불구불 틀어지게 하였는데, 이는 흡사 술잔을
물에 띄워서 돌려가면서 마시는 유상곡수(流觴曲水) 자리인
것만 같다. 그러나 기계를 돌려 물을 끌어대던 물건은 하
나도 남은 것이 없었다.

산 앞에는 돌 평상과 옥 바둑판이 있고, 또 수십 보를
더 가니 3층으로 된 둥근 축대가 있는데 그 모양이 맷돌과
같았다. 그 아래에는 갓 허물어진 전각이 있었다.

산 속에 있는 돌이란 돌은 모두가 꼿꼿이 서서 기울어
진 놈이라고는 하나도 없었는데, 허물어진 담장과 부서진
기와는 이곳저곳 흩어져 있었다.

내가 듣기로는,

"황제가 일찍이 서산(西山)에서 토목공사의 역사에 사치
가 궁극하였다."

하는데, 유독 이곳은 금원(禁苑 : 궁궐)의 지척에 있건마
는 전혀 수리를 하지 않은 채 마치 폐허나 다름없이 두었
음은 과연 무슨 까닭일까?

만수산(萬壽山)

태액지(太液池)를 파서 그 흙으로 만든 산이 곧 만수산(萬壽山)인데 또는 매산(煤山)이라고도 한다. 산 위에는 3층 전각이 있고 4개 법륜간(法輪竿)을 세웠으니, 여기가 명(明)나라의 의종 열 황제(毅宗烈皇帝)가 순국(殉國)했던 곳이다.

나는 항주(杭州) 사람 육가초(陸可樵)와 이면상(李冕相) 등을 오룡정(五龍亭)에서 만났다. 두 사람이 함께 처음으로 북경에 와서 길을 모르고 헤매는 것은 나나 다름없었다.

그들은 다만 옛 사람의 기록에 의거하여 때때로 그것을 호주머니 속에서 자주 끄집어내어 보면서 때로는 서로 보고 웃기도 하고, 때로는 둘이 마주보고 깜짝 놀라기도 하였으니, 대체로 그들은 옛날 기록을 뒤적거려 보다가 맞힐 때도 있고 맞지 않을 때도 있고 한즉, 스스로 기뻐할 적도 있으려니와 또 놀랄 때도 없지 않았던 것이었다.

저들은 중국 사람이지마는 보고 들은 것이 서로 틀리

고, 옛 기록이 때로는 이같이 착오와 거짓이 있거늘 하물며 나 같은 외국인일까보냐? 나도 이 때문에 나 자신 크게 깨달은 것이 있었다. 내가 처음은 만세산(萬歲山)을 만수산으로만 알았던 것이다.

대체로 중국 발음으로 만(萬)을 '완'이라 하고 세(歲)는 '수(秀)'와 '쇄(灑)'의 번절(飜切)인 '쒜이'이기 때문에, 만수나 만세는 음과 뜻이 함께 비슷하고 보니 산 하나를 두고 두 이름을 붙이게 된 줄로만 알았더니, 이제 이 사람들이 가지고 있는 옛 기록을 상고해 보면 과연 같은 산이 아니었다.

며칠 전에 구경한 토원산과 경화도가 곧 만세산이다. 비유하자면 사람이 자리를 마주 앉아 얼굴을 보고 이름을 물어서 각각 서로 분간해 아는 것이나 다름없었다.

만세산은 금(金)나라 사람들이 송(宋)나라의 수도 개봉(開封)에 있던 간악산(艮嶽山)을 손수레로 실어 옮겨 만든 것으로 당시에는 돌 하나를 옮기는 데에도 그만한 양식이 들어갔기 때문에 이를 비꼬아서 양식을 축낸다는 뜻으로 산이름을 '절량석(折糧石)'이라 불렀었다.

원나라 세조(世祖)는 그 위에 광한전(廣寒殿)을 두었으니, 명나라 선종(宣宗) 황제가 지은 『광한전기(廣寒殿記)』가 바로 광한전을 두고 지은 것이다.

고려(高麗) 공민왕(恭愍王) 때에 원(元)나라의 태자(太子)는

고려 찬성사(贊成事) 이공수(李公遂)를 광한전에서 불러 보
았다 하였으니, 곧 이 만세산이다.

또 고려 원종(元宗) 5년(1264년) 9월에 왕은 연경으로 와
서 10월에 만수산 옥전(玉殿)에서 황제를 직벌했고, 또 신
사전(申思佺)은 만수산 옥전을 두루 구경했다고 하였으나,
다만 옥전이라고만 말하고 전각의 이름은 말하지 않았다.

그러나 이미 만수산이라 불렀은즉 소위 옥전은 광한전
이 아님은 분명하다. 수황정(壽皇亭)을 구경하고자 했으나
파수꾼이 들여놓지를 않았다. 알지 못하겠다. 정자는 지
금도 남아 있는지, 어허, 서글픈 일이로구나.

태화전(太和殿)

태화전(太和殿)은 명(明)나라 때의 옛 이름으로 황극전(皇極殿)이다.

3층 지붕에 아홉 계단의 돌층계로 되었고, 지붕은 누런 유리기와를 덮었다. 월대(月臺 : 궁전이나 누각 앞에 두른 섬돌)는 3층이요, 높이는 각각 한 길이다. 각 층마다 백옥으로 난간을 둘렀는데, 모두 용과 봉황을 아로새겼고, 난간머리에는 모두 이무기 대가리를 새겨 밖으로 향했다.

축대 위에는 쇠로 만든 학을 세워 훨훨 날아가는 것만 같았고, 첫 축대 난간 속에는 솥 8개를 벌여 놓았고, 둘째 축대에는 난간 모서리를 마주 대하여 솥 2개를 놓았고, 셋째 축대 난간 속에는 난간을 사이에 끼우고 각각 솥 1개를 마주 놓았는데 솥의 높이는 모두 한 길 남짓 되었다.

뜰에는 역시 솥 30여 개를 늘어놓았는데 그 물색의 뛰어난 귀신같은 솜씨는 옛날의 구정[九鼎, 하우(夏禹)가 만든 황

금 솥. 구주(九州)를 상징하였다.]이 혹시 이곳에 있지 않았겠는
가 싶었다.

태청문으로부터 백옥 난간을 만들어 굽이굽이 연결하
여 태화전까지 닿았다. 또 난간은 태화전을 빙 둘러 중화
전(中和殿)과 보화전(保和殿)까지 이르러 모양이 마치 아자
(亞字)처럼 되었고, 태화전 앞의 동쪽 전각은 '체인(體仁)'이
요, 서쪽 전각은 '홍의(弘義)'라 부른다. 축대의 높이는 거
의 태화전 섬돌과 높이가 같으나 다만 한 층대에 한 난간
일 뿐이다.

대체로 태화전은 천자가 정치를 하기 위하여 나가 앉는
곳으로 그리 크고 높지도 않게 뵈어 다른 사람들에게 물
어 보았다. 그들의 의견들도 모두 비슷하여 매우 의아했
더니 수역(首譯)이 웃으면서,

"이는 다른 이유가 없습니다. 지금까지 거쳐 온 수천
리 사이에 성읍과 민가가 그처럼 장엄하고도 화려했고,
사찰과 도교사원이 있는 곳마다 굉장히 사치하고 본즉,
보는 안목은 날로 사치해지고 마음과 뜻은 점차 넓어져
태화전을 보기 전에 벌써 머리속에는 고대 청양궁(靑陽
宮 : 주(周)나라 궁전 이름)과 옥엽궁(玉葉宮 : 주(周)나라 궁전 이
름) 같은 어마어마하게 큰 명당(明堂)들이 천자가 정치하
는 곳이리라고 생각했었고, 또 지금 좌우에 있는 곁채 낭
무(廊無)로부터 갑자기 태화전을 보니 그렇게 색다르게 보

이지 않으므로 도리어 어리둥절해져서 예상과 다르게 보였을 뿐입니다.

사람에게 비유한다면 요(堯)임금과 순(舜)임금도 역시 보통사람과 같지마는 만일에 좌우에 보필할 신하로서 원(元)과 개(愷)와 같은 여러 대신이 없이, 구차하게 직위를 채울 자로서 모두가 망나니와 나무꾼 따위뿐이라면 아무리 요임금과 순임금 같은 성인이 있어서 해·달·별·산(山)·용(龍)·꿩·분미(粉米)·마름·불·범새끼·보(黼)·불(黻) 등의 갖은 무늬를 수놓은 복장을 하고 영롱한 광채를 휘날리며, 겹눈동자(순임금은 눈동자가 둘이었다고 함)를 희번덕거린다 하더라도 저 혼자 외롭게 서서 어떻게 그 높고도 넓은 정치를 할 수 있었겠습니까?

그러므로 지금까지 살펴본 사찰이나 궁관은 당(唐 : 요)·우(虞 : 순) 시대의 악(岳)·목(牧)과 같은 것으로서 어디나 모두 제후(諸侯)의 조공을 받아서 천하를 지닐 수 있을 것이요, 여염집들과 시전들은 당우의 강(康)·구(衢)와 같은 것으로서 어디나 즐비하게 들어찬 연후에야 비로소 황제가 거처하는 곳의 굉걸한 모습을 알 수 있는 것입니다.

이제 이 3겹 지붕과 아홉 층대의 뜰과 누런 유리기와는 일반 백성들로서는 참람히 하지 못할 물건이며, 기타 궁전의 제도도 모두 태화전을 본뜨지 않은 것이 없으니, 이것

은 곧 태화전을 가장 사치하게 꾸민 까닭입니다. 그렇지
않다면 태화전 역시 오막살이 초가집이나 다를 것이 무엇
이겠습니까?"
　한다. 나는,
　"자네 말과 같다면 요·순과 같은 성군도 걸(桀)이나 주
(紂)와 같은 포악성을 겸한 연후에야 비로소 자신의 뜻대
로 만족하고 뽐낼 만한 천자가 되겠구먼?"
　하였더니, 옆에서 듣는 자들이 모두 크게 웃곤 하였다.

체인각(體仁閣)

　황궁의 사무를 맡아보는 내무부(內務府)의 관원이 통관(通官)과 함께 우리 역관을 입회시켜 우리나라에서 바치는 자주색 명주와 누런 모시 예물을 물목 대장과 대조하고 점검하여 체인각에 바쳤다.

　때마침 체인각에서는 한림의 최고 학사, 각로(閣老)로 있던 이시요(李侍堯)의 가산을 몰수해 들이고 있었다. 이시요는 운남·귀남 총독(總督)으로 있던 해명(海明)으로부터 금 2백 냥을 받은 뇌물 사건으로 인하여 가산을 몰수당하게 된 것이다.

　중국은 안팎으로 대소와 귀천이 없이 모두 일정한 봉급과 보수가 있지마는 지방관에 이르러서는 복잡하고 시끄러워 일정한 제도를 만들기 어려웠다. 만일 정한 금액 외에 사사로이 부과한 세금이 있든지, 혹시 뇌물을 받은 사건이 탄로되면 이를 추궁하여 비록 털끝만 한 범죄의 사실이 있더라도 뇌물과 살림을 모조리 몰수하였다.

다만 관직만은 박탈하지 않기 때문에 벌거숭이로 직위에 있으므로 처자는 의지할 곳 없이 유리하게 된다. 이 법은 대개 명(明)나라 옛 법인데, 칭나라로 들어와서 더욱 엄격해졌던 것이다.

내무부의 관원이 마주 앉아서 받아들이는데, 다른 물건은 없고 모두 부인네들이 입는 초피(貂皮 : 담비) 털옷 2백여 벌로, 그 중 한 벌은 매우 길고 털 가장자리에는 황금으로 용틀임 무늬가 그려져 있었다.

문화전(文華殿)

옹화문(雍和門 : 협화문의 잘못)을 나서면 한 전각이 있는데 문화전(文華殿)이라고 부른다. 누런 유리기와로 지붕을 덮었다.

명(明)나라의 고사(故事)에 의하면,

"문화전 동쪽 방에는 9개의 신주를 넣는 감실을 만들어 놓고 복희(伏羲)·신농(神農)·황제(黃帝)·요(堯)·순(舜)·우(禹)·탕(湯)·문왕(文王)·무왕(武王) 등 유가에서 받드는 아홉 성인의 신주를 모시고, 왼쪽 감실에는 주공(周公)을, 오른쪽 감실에는 공자(孔子)의 신주를 각기 모셨다.

매일 천자가 문화전에 나와 강의를 개회하는데 황제가 먼저 한 번 절하고, 세 번 조아리는 예를 행하면, 각로와 강관들은 축대 위 돌 난간 왼편에 서서 기다린다. 그러다가 승지(承旨)가 '선생님 듭신다.'하고 외치면 각로와 강관들은 고기를 꿰미에 꿰듯이 한 줄로 열을 지어 뒤를 따라 들어와 반을 나누어 자리에 든다.

이때는 여러 가지 대궐에서 쓰는 까다로운 예절을 생략하고 강의하는 신하가 책상에 기대도록 편리를 보아준다.”

라고 하였다.

알지 못하겠다. 요즘에도 강의하는 좌석에서 이런 예법을 지키는지.

문연각(文淵閣)

문화전 앞에 있는 전각을 문연각(文淵閣)이라 부른다.

여기는 천자가 서적을 보관하는 곳이다. 명(明)나라의 정통(正統) 6년(1441년)에 송(宋)·금(金)·원(元)나라 때부터 보관해 오던 모든 책들을 합하여 목록(目錄)을 만들었는데 모두 4만3천2백여 권이라 하였다.

그 후 명나라 성조(成祖)때 엮은 『영락대전(永樂大全)』의 2만3천9백37권을 더 보태게 되었다 한다. 만일 그 뒤 다시금 근세에 와서 간행된 『도서집성(圖書集成)』과 지금 황제가 수집한 『사고전서(四庫全書)』를 더 보태었다면 아마도 서고는 다 차고도 밖에 쌓아 두었을 것만 같다.

문을 채웠으므로 간신히 주렴 틈으로 대강 전각의 웅심함을 바라보았으나 천자의 풍부한 장서는 한 번도 엿보지 못하였으니, 매우 한스러운 일이 아닐 수 없겠다. 일찍이 듣건대,

"옛날 우리나라 소현세자(昭顯世子)가 구왕(九王)을 따라
이 전각에 묵었다."
고 한다. 구왕이란 곧 청(淸)나라 초기 예친왕(睿親王)에
봉해진 다이곤(多爾袞)이다.

무영전(武英殿)

협화문(協和門 : 희화문의 잘못) 밖에 무영전(武英殿)이란 전각이 있는데, 제도는 문화전과 다름없었다.

옹화문(雍和門)과 서화문(西華門)이 서로 곧장 마주 대하고, 협화문과 동화문(東華門)이 서로 마주 대했는데, 무영전 앞에는 무연각(武淵閣)이 있다.

대체로 전각의 대문과 담장들은 어디고 서로 짝을 이루어 마주 보지 않은 것이 없었다. 뜰의 척수도 반드시 서로 맞아 조금도 차이가 없었다.

강한(江漢) 황경원(黃景源)의 『배신전(陪臣傳)』에는,

'숭정(崇禎) 갑신년(1644년)에 살합렴(薩哈廉 : 청나라 태조의 손자, 예친왕의 아들)이 북경에 들어와 명(明)나라의 문무관의 조하(朝賀)를 무영전에서 받았다.'

라고 하였지마는 이는 잘못 전해진 소문 같다.

살합렴은 곧 패륵(貝勒 : 황족(皇族)이란 뜻의 만주말)인데,

『시호록(諡號錄 : 저자 미상)』에 보면,

"살합렴의 시호는 무의(武毅)다."

라고 하였으니, 문무백관의 조하를 이 전각에서 받은 자는 곧 예친왕 다이곤(多爾袞)이지, 살합렴은 아니다.

갑신(1644년) 3월에 이자성(李自成)이 황성(북경)을 함락시키자 이해 5월에 다이곤이 황성에 들어갔으니, 이때는 명나라가 망한 지 한 달쯤밖에 안 되어서 따라온 우리나라 사람들이 무영전에 있는 천자의 화려한 댓돌을 볼 때에 박쥐의 똥만 남아있을 뿐이므로 눈물을 흘리면서 서로 쳐다보았다고 한다.

지금은 우리의 역졸과 마부들이 전각이 미어지게 들어와 마음대로 유람을 하고 있다. 그들은 비록 명나라가 망하던 광경을 잘 모를 터이지마는, 모두 청인(淸人)의 붉은 모자와 소매 좁은 마제수(馬蹄袖)를 업신여기지 않는 자가 없다. 제 스스로 의복이 남루한 줄 알면서 오히려 비단옷 입은 자들과 함께 버티고 서서 조금도 부끄러운 티가 없다.

이로써 우리나라의 '오랑캐를 물리치고 중국을 높이는' 소위 존화(尊華)·양이(攘夷)하는 대의가 미천한 하급 노예에게도 뿌리 깊게 박혀 있다는 증거가 아니겠는가? 양심에서 나온 이념이 모두 같다는 것은 변명할 수 없는 사실일 것이다.

경천주(擎天柱)

자금성의 오문(午門) 밖 좌우에는 몇 길 되는 돌사자를 세워 두었고, 단문(端門) 안의 좌우에는 큰 돌거북을 앉히고, 그 등에는 여섯 모 난 돌기둥을 세웠다. 기둥 높이는 예닐곱 길은 되고, 기둥몸에는 용과 이무기의 무늬를 둘러 새겼다.

기둥머리에 앉힌 동물은 무슨 형상인지 알아낼 수 없으나 모두 무엇을 잡아채는 형상이다. 천안문(天安門) 밖에도 역시 이런 것이 한 쌍 있었는데 아마도 이는 돌을 쌓아서 궁궐이나 무덤 앞에 장식물로 세우는 돌문인 듯싶다.

어구(御廏)—황제의 마구간

　　황실의 말을 관리하는 마방간은 전성문(前星門) 밖에 있다.

　　동서로 나무 목책을 세워서 문을 만들었다. 말은 불과 3백여 필밖에 안 되는데 모두 굴레를 벗고 제멋대로 있었다.

　　마침 대낮이 되어 말먹이꾼들이 울타리를 열고 채찍을 쳐들어 부르는 시늉을 하면서 지휘를 하니 동서 양쪽 마구간으로부터 말들이 일제히 나와 머리를 가지런히 하고 좌우로 갈라섰다. 북쪽 담장 밑에는 큰 우물이 있고, 우물가에는 커다란 돌구유가 있었다. 사람 둘이 기계를 돌려 물을 길어 계속 구유 속으로 댄다.

　　말먹이꾼은 채찍으로 말들을 10마리씩 한 무리로 갈라 순서대로 들어가 물을 마시게 했다. 앞 대열이 일제히 마시고 물러나오니 뒤 대열이 이어 나가 감히 서로 앞서려고 다투는 법도 없이, 들어가는 무리는 오른쪽으로, 나오는 무리는 왼쪽으로 나오는데, 제 발로 마구간으로 들어갔다. 나는,

"도대체 천자의 말이 이것뿐이냐?"

하고 물었더니 말먹이꾼은 웃으면서,

"천자는 만승(萬乘)이라 일컫는답니다. 서울이나 지방에 살고 있는 웬만한 부잣집이라도 이만한 수효는 가지고 있는 터에 하물며 만승천자이겠습니까? 창춘원(暢春園)·원명원(圓明園)·서산(西山) 등지까지 치면 모두 1만 마리는 될 것입니다. 황제의 장원인 남해자(南海子)에도 역시 천리마(千里馬)가 있답니다.

이제는 천자께옵서 거둥을 했기 때문에 말들은 모두 준화주(遵化州)로 가고, 여기 남아 있는 말들은 모두 늙고 병들어 타기가 어려운 것들로 단문(端門) 앞에 의장으로나 설 만한 것뿐입니다. 그러나 모두 나이는 6, 70살씩은 됩니다."

한다. 그리고 그는 그 중에서 누런 말 한 필을 가리키면서,

"이 말의 나이는 백세 살입니다."

하면서, 그 입술을 열어 보이는데 이가 단 두 개만 남아 여물을 못 먹은 지가 벌써 30여 년이라 한다.

낮에는 좋은 막걸리 두 동이를 먹이고 아침저녁에는 엿

밥과 보릿가루 두 되를 소주에 섞어 주면 구유에 대고 핥아 먹곤 하여 한 달에 삼품(三品)의 급료를 받는다고 한다.

황제가 때로 어찬을 내리면 반드시 두 무릎을 꿇고는 머리를 조아리며, 옹정(雍正) 때에도 오히려 하루 전 리를 갔다고 한다. 말의 털빛으로 보아서 정결하고 윤기가 흘러 그리 많이 늙어 보이지는 않았으나, 다만 눈이 작고 눈곱이 끼고 두 눈동자는 맑고 푸르러서 말갈(靺鞨) 사람 같았다.

두 눈썹에는 터럭 5, 6개가 남아 풀기 없이 늘어졌고, 귓속의 흰 털이 바깥까지 나와 갈기처럼 되었다. 그러나 정강이만은 다른 말들보다는 아주 커서 젊었을 때는 힘이 세었을 것으로 상상되었다.

말먹이꾼의 눈치가 나에게 선물이라도 많이 바라는 것만 같고, 얼굴 생긴 꼴이 완악하고 더럽게 되먹은 것으로 보아 이 자가 하는 말을 믿어도 될지 모를 일이다.

해마다 삼복(三伏)에는 한낮에 귀인들이 황제의 행렬처럼 수레 차림으로 어마감(御馬監)이 관리하는 말들을 인도하여 덕승문(德勝門) 밖에 있는 적수담(積水潭)에서 목욕시킨다고 한다.

오문(午門)의 무지개문

오문(午門)의 홍예문(虹霓門 : 무지개문)이 셋인데 깊기가 굴 속에 들어가는 것처럼 되었고, 어럿이 떠드는 소리가 마주 쿵쿵 울려 요란하게도 웅성거렸다.

다리 5개는 모두가 백옥 난간이었다.

묘사(廟社) —종묘와 사직

6부(部)의 감독기관인 6과(科)는 단문(端門) 안에 있고, 6부(府)를 비롯한 모든 관청은 태청문(太淸門) 밖에 나누어 두었으니, 이것이 자금성 앞의 조정이다. 태액지(太液池) 북쪽의 신무문(神武門) 안을 후시(後市)라 하였다.

종묘(宗廟 : 태묘)는 대궐의 왼쪽에 있고, 사직(社稷)은 대궐의 오른쪽에 있어 전후와 좌우의 배치와 설비가 균형이 잡혔으니, 이래서 임금으로서의 제도가 갖추어지는 것이다.

일찍이 『수구기략(綏寇紀略 : 청나라 오위업(吳偉業) 저)』에 이르기를,

'숭정(崇禎) 16년(1643년) 5월 북경서 붉은 핏물비가 내리면서 하룻밤을 새도록 우레와 번개가 번쩍였고, 태묘(太廟)의 신주가 거꾸러지고 보정(寶鼎 : 솥)과 이기(彝器 : 제기)들이 모두 녹아 내렸다.'

하였고 또,

'6월 23일 밤에는 뇌성벽력이 봉선전(奉先殿) 묘문(廟門)에서 일어나 쇠 문고리가 모두 용의 발톱에 의하여 녹아 내렸고 묘 앞에 있는 돌 위에는 용의 누운 흔적이 있었다.'

하였으니, 아아, 슬프도다!

갑신년(1644년)에 일어난 이자성(李自成)의 난리는 천고에 없었던 것으로 하늘이 무너지고 땅이 꺼지고 종묘가 뒤흔들리면서 드디어 각라씨(覺羅氏, 청나라 황제의 성)의 판이 되고 말았으니, 어찌 이 같은 큰 변괴가 없었을 것인가?

전성문(前星門)

　체인각(體仁閣)으로부터 협화문(協和門)을 나와 동화문(東華門)을 곧장 마주 보면 전각이 있는데 이것이 문화전(文華殿)이요, 그 동쪽에 있는 문을 전성문(前星門)이라고 한다.

　지붕은 푸른 유리기와를 덮었고, 대문 안에는 또 겹문이 있었으나 모두 자물쇠를 채웠다. 겹문 안은 모두 푸른 유리기와집이었는데 이것만 보아도 태자(太子)가 거처하는 궁전임을 알 수 있다.

　혹자는 말하기를,

　"태자가 거처하는 곳을 전심전(傳心殿)이라 하고 그 뒤에는 활 쏘는 정자가 있는데, 쇠로써 빗돌을 만들어 청(淸)나라 황실 조상의 교훈을 새겨 묻었으므로 아무도 감히 이곳까지 이르는 자가 없다."

　고 한다. 또 전설에 의하면,

　"강희(康熙)가 황제 자리에 너무 오래 있게 되자 태자는 궁에서 일하는 자에게 말하기를, '세상에 머리 센 태자가 있을 수 있으랴?' 하며 빈정거렸다.

그 말이 밖으로 새 나가서 태자는 결국 폐출되었고 이로부터 태자를 미리 세우지 않았다."

고 한다.

옹정(雍正) 원년(1723년) 8월 17일에 조서를 내리기를,

'우리 성조 인 황제(聖祖仁皇帝)께옵서 나라를 위하시어 삼가 짐(朕)을 택하여 작년 11월 13일에 황위를 계승케 하셨다. 이는 말 한마디로 국가의 대계를 정한 것이다.

나라의 내외를 막론하고 짐을 기쁘게 받들지 않는 자가 없었다. 이날 성조가 태자를 두 번 세웠다가 폐한, 두 형님의 일로 인하여 몸소 걱정을 매우 하신 것은 천하가 다 들어 아는 바이다. 오늘 짐은 여러 아들들이 아직 어려서 반드시 근심해야 될 것이므로 이 일을 친히 기록하여 단단히 봉한 뒤 건청궁(乾淸宮) 중에 있는 세조 장 황제(世祖章皇帝)의 친필인 '정대광명(正大光明)'이라는 현판 뒤에 간직해 두었다. 곧 여기는 궁중에서 제일 높은 곳으로 이로써 불의의 걱정에 대비하기 위한 준비로 삼는다. 따라서 여러 왕들과 대신들에게 이르노니 모두가 함께 반드시 명심하여야 할 것이다."

하였다.

예부의 주사(主事) 육생남(陸生楠)은 소(疏)를 올려 태자를

미리 세우기를 청했으나 옹정은 조서를 내려 다음과 같이
준절히 꾸짖었다.

"태자를 미리 봉하지 않는 법은 곧 우리 황가에서 대대
로 내려오는 법통이 아니겠는가? 황자들로 하여금 각기
저마다 효도하고 우애하고 공손하고 검소함에 힘쓰도록
할 것인 바 이래서 천명을 기다릴 뿐이요, 형제간에 시기
와 참소와 간특함을 끊게 되는 것이다. 이 법통이야말로
만대를 통하여 오래 두고 쓸 아름다운 법도이다. 명나라
간신 왕석작(王錫爵)이 태자를 세울 것을 청원하여 어진 태
자를 세우지 않고 천계(天啓 : 명(明)나라 희종(熹宗))를 세워
필경 천하를 망쳤으니 네가 왕석작을 본받을 것이냐?"
하였다.

이로부터 천하에서는 감히 또 다시금 태자를 미리 세우
자는 말을 입 밖에 내지 못하였으니, 전성문이 닫힌 지도
곧 백 년이 될 것이다.

오봉루(五鳳樓)

　태화전(太和殿) 앞뜰의 면적은 거의 수백 보요, 한 길이 넘는데 축대 위에는 백옥 난간을 둘렀고, 그 위에 태화문(太和門)이 섰다. 문은 3층 처마에 누런 기와를 이었으니 이것을 오봉루(五鳳樓)라고 부른다.

　황제가 큰 조회를 할 때 태화전에 거둥하여 나와 앉으면 흠천감(欽天監 : 기상대(氣象台)의 장)은 시간을 아뢰는 북을 누각 위에 설치하고, 교방사(教坊司 : 음악을 맡은 관서)는 중화소악(中和韶樂)을 누각의 동서에 배설한다.

　통관 서종현(徐宗顯)의 말에 의하면,

　"조회를 할 때는 금의위(錦衣衛 : 황제의 의복과 기구를 맡은 관서)는 노부(鹵簿)와 의장(儀仗)을 태화전 뜰 동서에 벌이어 북향케 하고, 길들인 코끼리를 오봉루 아래 동서로 마주 대하여 세우며, 천자가 타는 수레들을 태화문의 붉은 섬돌 가운데 길에 북향으로 진열해 놓았다. 어마감(御馬

監 : 황제의 말을 기르는 관서)은 의장마를 벌여 세우며, 금오위(金吾衛 : 궁중 경비군)와 운휘사(雲麾司 : 황제의 거둥 때 의장을 맡은 관서)는 갑사(甲士)와 의장과 쇠북을 태화문 밖 오문(午門) 안 뜰에 벌여 세우고, 수도를 수비하는 장교 7만 명이 길을 끼고 깃대를 세우고 바둑판 같은 거리를 호위 경계한다.

백관은 단문(端門) 안 경천주(擎天柱) 아래서 시간을 기다리다가 오봉루 속에서 북소리가 처음 울리면 백관이 반열을 정비하고, 북이 두 번째 울리면 반열을 나누어 태화문의 좌우 협문을 통하여 한 줄로 늘어서서 들어온다.

황제가 탄 수레는 보화전(保和殿)으로부터 중화전(中和殿)을 거쳐 태화전으로 드는데 길잡이 하는 시위는 9개의 옥새(玉璽)와 인부(印符)를 받들고 앞서 간다.

풍악은 황제가 보위(寶位)에 오름을 축하하는 곡조인, 비룡인지곡(飛龍引之曲)을 아뢰고, 대악(大樂)은 임금과 신하가 서로 제회(際會)를 얻음을 노래한 곡조인, 풍운회지곡(風雲會之曲)을 아뢴다. 이때 여러 문을 한목으로 열면 곧장 바로 정양문(正陽門)까지 툭 터져 내다보인다.

안팎이 먹줄로 친 듯 바르고 조금도 굽은 데가 없다. 오봉루 속에서 연주하는 경황도(慶皇都 : 황도를 경축하는 음악)와 희승평(喜昇平 : 태평성대를 기뻐하는 음악) 등의 음악은 마치 하늘에서 울려오듯 들린다."

한다. 또 예로부터 전해 오는 이야기에,

"숭정(崇禎) 초년에 오봉루 위에서 하늘이 내린 글이라고 누런 보자기 열 벌을 얻었는데 바깥 제목에는 천계(天啓)는 7년, 숭정은 17년, 복왕(福王)은 1년이다."

라고 쓰여 있으니, 이것은 비록 요언(妖言)이라 하더라도 이같이 큰 나라 왕조의 성쇠에 있어서 어찌 하늘이 정한 명수가 없을 것인가?

천단(天壇)

　천단(天壇)은 외성(外城)의 영정문(永定門) 안에 있다.

　담장의 주위는 거의 10리쯤 되고, 담장 아래는 세 층계로 되어 있으며, 그 위에서 능히 말이라도 달릴 수 있게 되었다. 안에는 동짓날 하늘에 제사를 지내는 원구(圓邱)가 있는데 제1층 단의 넓이는 백여 보나 되고 높이는 넉넉히 한 길이 넘으며, 단의 바닥은 모두 푸른 유리벽돌을 깔았다.

　난간 네 둘레는 모두 초록색 유리로 기둥을 만들었고, 네 군데로 터진 층층대는 모두 아홉 계단으로 되었다. 계단의 넓이는 거의 두 발이나 되는데 역시 푸른 유리벽돌을 깔았다. 계단의 양쪽 난간도 역시 초록색 유리로 된 기둥을 만들었다.

　제2층의 단면(壇面)은 두 발이 넘는데 층층대가 네 군데로 터졌고 층대는 아홉 계단이다. 단면에는 푸른 유리벽돌을 깔았고 단의 아래 동아리와 네 둘레의 난간은 역시 다 초록색 유리로 된 기둥이다.

원구의 밖에는 또 누런 유리기와를 이은 담장으로 둘렀는데, 사면에 기둥을 세워 영성문(欞星門 : 하늘의 별자리문)을 만들었으되 원(元)·형(亨)·이(利)·정(貞)으로 나누어 이름을 붙여 동·서·남·북의 방위에 짝을 맞추었다.

동쪽 제1단은 해를 제사하고, 서쪽 제1단은 달을 제사하며, 동쪽 제2단은 이십팔수(二十八宿)를 제사하고, 서쪽 제2단은 바람·구름·비·뇌정을 제사한다. 그리고 천신의 신위를 모신 황궁우(皇穹宇)와 음악을 맡아보는 신악관(神樂觀)과 재계를 하는 태화전의 재궁(齋宮), 물품을 맡아보는 천고(天庫), 제사 음식을 장만하는 신주(神廚) 등은 모두 누런 유리로 된 기와지붕이다.

신악관은 평소에는 음악·무용을 연습시키는 곳으로써 매번 큰 제사를 치를 때는 미리 태화전에서 예습을 한다. 제사에 쓰는 양·돼지·사슴·토끼 등을 기르는 각방이 있고, 북쪽 담장 아래로는 네모난 못을 20여 군데나 파서 겨울이 되면 얼음을 캐어서 빙고에 저장한다. 제사에 소용되는 물건은 정결하게 갖추어 두고 무엇이나 이 속에서 가져다 쓰도록 되어 있음을 볼 수 있다.

정양문에 딸린 적루(敵樓) 아래의 정남향으로 된 문은 언제나 닫혀 있어서 이상하다 하였더니, 누군가 말하기를,

"황제가 친히 천단에 제사를 지내러 나갈 때는 정남향
을 한 옹성문을 여는데 기름 백 말을 부은 뒤에야 비로소
열린다."
　고 한다.

오룡정(五龍亭)

　태액지(太液池) 연못가에서 서남쪽으로 향하여 물가에 서 있는 채색 정자 다섯 채가 있는데, 따로 부르기를 징상(澄祥)·자향(滋香)·용택(龍澤)·용서(湧瑞)·부취(浮翠)라 하고, 통틀어서 오룡정(五龍亭)이라 부른다.

　맑은 물결 일렁이는 넓디넓은 연못에 누렇고 푸른 단청의 그림자가 어른거릴 제 멀리 바라다뵈는 금오교(金鰲橋) 위의 거마와 행인들이 까마득하게 신선이 살고 있는 곳같이만 보였다.

　뒷날 오중(吳中 : 강소성) 사람들과 놀면서 서호(西湖)의 아름다운 경치를 물었더니 그들은,

　“서호를 못 보셨다면 오룡정은 바로 그 일부입니다.”

하였다.

　이 정자는 언제 창건되었는지는 모르겠으나 명(明)나라의 천순(天順) 연간에 태소전(太素殿) 뒤에 초가 정자가 있

었다는데, 이제는 없어졌음을 보아서 이곳이 곧 그 옛 터인 듯싶다.

자광각(紫光閣)과 승광전(承光殿)은 자줏빛 기와로 이엉을 엮은 추녀가 숲 속에 숨었으며 붉은 담장 속에 채색 기와 이엉이 높고 낮고 겹겹이 주름 잡혀 있었다.

부사(副使)와 서장관(書狀官)과 함께 왔을 때는 마침 석양 무렵이어서 엷은 아지랑이가 하느작거리는 광경이란 더욱 기이하였다. 또 일찍이 어느 맑은 날 아침에 한 번 갔더니, 솟아오르는 햇살을 받아 더욱 아름다웠으나 정자 아래에 있는 수없는 연 줄기에 꽃이 없는 것이 한스러웠을 뿐이다.

역관들의 말을 들으면,

"오룡정 광경은 비록 아침과 저녁으로 그 경치가 달라지지마는 그래도 한 여름 연꽃 철만은 못하고, 여름 연꽃 철도 역시 깊은 겨울의 얼음놀이보다는 못할 것입니다."

라고 하였다.

구룡벽(九龍壁)

　오룡정(五龍亭)을 거쳐 한 개의 조그만 둔덕을 돌아서 한 대문에 들면 문 앞에는 향장(響牆 : 장식용 가림벽)이 있는데, 높이가 대여섯 길은 되고 넓이는 여남은 발이나 되었다.

　흰 백자로 구운 벽돌로 쌓고 아홉 마리 용을 새겨놓았다. 용의 몸뚱이는 모두 몇 발씩이나 되고, 오색 빛깔 이외에 별도로 자줏빛·초록빛·남빛 등이 섞어 있었다.

　양각(陽刻)으로 도드라져 구불구불한 것을 자세히 보니 용의 사지·몸뚱이·머리·뿔들을 한 켜 한 켜 구워내어 합쳐서 마주 붙였다. 오르고 내리고 나는 모습이 각기 자세를 갖추어 변화가 무궁한데도 터럭 끝만큼 이은 흔적을 찾을 수 없었다. 아주 세밀하게 들여다보지 않는다면 알아볼 길이 없을 만큼 되어 있다.

　향장이란 것은 옛날의 색문(塞門 : 차면(遮面)담 같은 것이다)

이나 다름없으니, 대문의 안과 밖을 가리는 차단막이다. 궁궐이나 관청이나 사찰 같은 데에 흔히 있는 것으로 일반 여염집에서는 대문 안쪽에 세운다.

태액지(太液池)

태액지(太液池)는 서안문(西安門) 안에 있는데, 둘레는 몇 리나 되는지 알 수 없다. 내가 일찍이 동해 구경을 할 때에 고성(高城) 삼일포(三日浦)의 주위가 10여 리나 되었는데, 이제 이 연못은 그만 못한 것만 같다.

옛날 이름으로는 '서해자(西海子)'라 불렀다. 연못 가운데는 구름다리를 놓았는데, 길이가 몇백 보요, 흰 돌을 깎아서 난간을 만들었고, 난간 밖에 또 흰 돌난간이 있어 난간 머리에는 사자(獅子) 수백 마리를 새겼는데, 크기는 같으나 모양은 제각기 달랐다.

다리의 양쪽 머리에는 각기 패루(牌樓)를 세워 놓았다. 그 동쪽 머리에는 '옥동(玉蝀)'이라 써 붙였고, 서쪽 머리에는 '금오(金鰲)'라고 써 붙였다. 또 멀리 북쪽으로 바라보면 다리 하나가 경화도(瓊華島)로부터 나와 승광전(承光殿)까지 이어졌다.

이 다리 남북에도 역시 패루를 세워 놓았는데, 하나는 '적취(積翠)'요, 또 하나는 '퇴운(堆雲)'이라고 한다. 연못을 둘러싸고 있는 전각과 누대는 첩첩의 용마루와 처마가 서로 맞붙을 지경이며, 고목들은 회나무와 버드나무가 많았다.

팔월 초사흗날 나는 옥동 패루에 갔다가 월중(越中)에 살고 있는 사람 능야(凌野)를 만나 함께 오룡정에 이르렀다. 능야 역시 북경이 초행으로 온 지가 아직 며칠 되지 않았으므로 나에게 태액지 연못 위에서 열리는 얼음놀이와 북경의 팔경(八景)이 어디 어디인가를 물었다. 그의 소탈하고 꾸밈없음이 이러하였다.

대체로 북경에서 멀리 만 리 밖에 있어서 북학(北學)을 배우러 오는 사람이 드문 까닭이다.

내가 태액지 5, 6일 전에 갔었더라면 이 연못의 늦게 핀 연꽃을 구경할 수 있었을 것이다. 작은 거룻배 수십 척이 마름 줄기 사이를 젓고 다니면서 연밥을 따고 있었다. 배를 탄 사람들은 모두 벌거벗어 몹시 흉해 보인다. 오색 빛깔의 고기가 많이 있으며 큰 고기 세 마리가 보이는데, 모두 두 자 길이는 넘고 온 몸뚱이에 얼룩이 졌다.

막 부들대 밑에 와서 무엇을 먹기에 손뼉을 쳐서 놀라게 하였으나 아주 유유히 제멋대로 노닌다.

해마다 한 여름이 되면 황제는 만주족과 한족 출신의

대신(大臣)과 한림(翰林), 또는 중앙정부 기관의 벼슬아치들
에게 여기 태액지의 경도(璚島)와 영대(瀛臺)에서 뱃놀이 잔
치를 베풀고 연뿌리와 생선을 하사하였다.

얼음이 얼고 눈이 쌓이면 팔기(八旗)를 대오로 나누어
공차기와 얼음지치기 놀이를 하는데, 신 바닥에 모두 쇠로
된 징을 박아서 달리고 쫓음이 편하고 빠르도록 한다.

이때는 황제도 친히 나와 구경한다고 한다.

자광각(紫光閣)

　태액지(太液池)를 돌아가면 지붕이 둥글고 작은 전각이 있는데, 위에는 누런 기와를 이었고, 처마는 푸른 기와를 사용하였는데, 이름은 자광각이다. 그 곁에는 백조방(百鳥房)이 있어 기이한 새와 짐승들을 기른다. 이 전각은 높고도 넓으며 그 아래는 말 달리고 활 쏘는 마당이 있는데, 옛 이름은 평대(平臺)이다.

　숭정(崇禎) 경진년(1640년)에 계주 순무사(薊州巡撫使) 원숭환(袁崇煥)이 황제를 구원하러 들어왔으나 도리어 모함을 당하여 황제는 평대에 친히 나와 앉아서 원숭환을 찢어 죽였으니 이곳이 곧 그 땅인 듯싶다.

영대(瀛臺)

영대는 태액지 못가에 있는데, 전각의 이름은 소화전(昭和殿)이요, 정자의 이름은 영훈정(迎薰亭)이라 하여, 모두 누런 기와로 이었다.

못가의 수목들은 모두 아름드리 고목으로 그윽하고도 깊숙하여 무지개다리를 가렸고, 복도는 구불구불하게 나무 사이로 이어져 서로 통했다.

푸른 기와와 자줏빛 지붕은 연못 한가운데에 그림자가 거꾸로 박혔다. 때마침 연꽃은 갓 떨어지고 갈대가 덮인 물가 마름 덩굴 사이로는 가끔 작은 거룻배가 연밥을 따고 있었다.

남해자(南海子)

숭문문(崇文門)을 나서서 남쪽으로 20리를 가면 큰 동물원(動物園)이 있는데 남해자(해자는 호수를 가리키는 말이다)라 부른다. 둘레가 1백 60리나 되는데, 원(元)나라 때 천자가 사냥하던 곳으로 명(明)나라에 이르러서는 담장으로 둘러싸고 관리자를 두어 지키게 하였다.

북경의 안팎 할 것 없이 새들이 드물게 보이는 것은 대체로 짙은 숲이 없는 까닭이다.

남해자를 못 미쳐 몇 리를 두고 울창한 숲이 끝없이 바라다 보이는데, 까치·솔개·해오라기·황새들이 벌써 하늘을 뒤덮는다. 역관(譯官) 조달동(趙達東)이 뒤에 따라와서 하는 말이,

"지금 남해자 마을에는 역질이 크게 번지고 있어 발을 들여놓을 수 없고, 또 해도 저물어 미치지 못할 것 같습니다. 여기서 대홍교(大紅橋)가 20리요, 대홍교로부터 안응대

(按鷹臺)까지가 십여 리입니다. 남해자 안에는 큰 못 세 군데가 있어 넓은 못물이 가득차서 맑게 비치며, 일흔두 개의 다리가 놓여 있습니다. 전각과 누대는 길가에서 보던 그것과 다를 것이 없고, 기른다는 기이한 새와 짐승들은 말을 달리지 않고서는 다 구경할 수도 없습니다. 이제 여기서부터 곧 빨리 돌아가더라도 성문 닫은 시각까지 닿기는 어려울까 하옵니다.”

라고 하며 한사코 말렸다.

할 수 없이 서글픈 대로 수레를 되돌렸다.

천녕사(天寧寺)와 백운관(白雲觀)을 거쳐 바삐 정양문(正陽門)에 드니 벌써 황혼이 지났다.

회자관(回子館)

　회족들이 거처하는 회자관의 바깥 대문은 벽돌로 쌓았는데, 제도가 기이하기 짝이 없어 천주당(天主堂)에서 보던 것과도 달랐다.

　대문에 들어서서 겨우 걸음을 몇 자국 옮겨놓지도 않아 개 두 마리가 와락 뛰어나와 입을 벌리고 짖으며 으르렁거렸다. 깜짝 놀라 돌아서니 회회(回回) 아이들 수십 명이 손뼉을 치면서 일제히 웃는다.

　대문 안 좌우에는 큰 기둥을 마주 세우고 몇 발 되는 쇠사슬로 기둥 아래에다 개의 목을 비끄러매어 두고는 문을 지켰다. 개가 사람을 보면 비록 와락 달려들기는 하지마는 쇠사슬 길이가 있어 언제나 사람 앞 몇 걸음의 거리에서 멈춘다.

　그러나 그 형세는 매우 사납다. 회회 여자 10여 명이 나와 보는데, 모두 남자처럼 건장했다. 볼은 붉고 광대뼈가 넓고 눈썹이 푸르고 눈은 붉었다. 그 중 한 젊은 여인이 두어 살 난 어린이를 안고 섰는데, 얼굴이 꽤 고왔다.

모두 흰옷에 숱이 좋은 머리털을 여남은 가닥으로 땋아 등 뒤에 드리웠다. 머리 위에는 흰 모자를 얹었는데, 광대들이 쓰는 뾰족 모자와 같고 옷은 우리나라 철릭(무관이 입던 공복. 허리에 주름이 잡히고 소매가 넓다)과 비슷하되 소매는 좁았다.

유리창(琉璃廠)

유리창은 정양문 밖 남쪽 성 밑으로 가로 뻗치어 선무문(宣武門) 밖에까지 이르니 곧 연수사(延壽寺)의 옛 터이다.

송나라 휘종(徽宗)이 북방으로 순행할 때에 정황후(鄭皇后)와 함께 연수사에서 묵었다.

지금은 공장이 되어서 여러 가지 빛깔의 유리기와와 벽돌을 만든다. 이 공장에는 사람의 출입을 금하고 기와를 구울 때면 더구나 금기하는 것이 많아서 비록 전속 기술자라도 모두 넉 달 먹을 식량을 갖고 들어가되 한번 들어가면 마음대로 나오지 못한다고 한다.

공장 바깥은 모두 점포로서 거기에는 재화와 보물이 넘치고 있다. 서점으로서 가장 큰 곳은 문수당(文粹堂)·오류거(五柳居)·선월루(先月樓)·명성당(鳴盛堂) 등이다.

천하의 거인(擧人)들과 국내의 이름난 인사들이 많이들 이 서점들 안에서 묵고 있다.

옹화궁(雍和宮)

옹화궁(雍和宮)은 옹정 황제(雍正皇帝)의 명복을 비는 절이다.

세 겹 처마의 큰 전각이 있고, 그 속에는 금부처가 있으며 열두 개의 사닥다리를 올라가는 것이 무슨 귀신 동굴로 들어가는 것만 같았다. 사닥다리가 다 하면 누각에 오르게 되어 처음으로 햇빛을 보게 된다.

누각의 네 둘레는 난간으로 두르고 가운데는 우물처럼 둘러 파서 금으로 만든 부처의 아랫도리 절반까지 미치게 된다. 또 여기서부터는 사닥다리를 밟고 올라 캄캄한 어둠속으로 한참 가야만 여덟 창문이 환하게 터진다. 누각 속 우물처럼 가운데를 비운 모습이 아래층과 같아서 금부처의 등 절반이 겨우 보이게 된다. 또 다시금 어둠 속을 더듬어 발가늠으로 캄캄한 데를 올라가노라면 곧장 위층으로 나오게 되어 비로소 부처의 머리 정수리와 가지런히 서게 된다.

난간을 의지하고 밑을 굽어보니, 바람이 세차서 마치 소나무 숲이 우수수 밀려오는 것과 같다.

이 절에 있는 중들은 모두가 라마(喇嘛)승으로 그 수가 3천 명이다. 생긴 꼴들이란 완악하고 더럽기 짝이 없으며, 모두 금실로 짠 가사를 질질 끌고 다녔다. 때마침 우중(禺中 : 상오 10시경)이라 여러 중들은 큰 전각 속으로 한 줄로 죽 들어간다. 다리가 짧은 바둑판 같은 걸상을 늘어놓고 한 사람이 걸상 한 개씩 차지하여 평좌를 하고 앉는다. 중 하나가 종을 울리자 여러 라마승들은 일제히 염불을 한다.

다시 역관 이혜적(李惠迪)과 함께 대사전(大士殿)에 올라 갔다.

마음속으로는,

"아마 아홉 개의 성문을 한 눈으로 바라다볼 것은 물론 이요, 즐비한 시가와 황성의 전 판국이 눈 아래에 깔릴 것 이리라."

하였던 것이 급기야 창문을 열고 난간에 나서서 본즉, 곳곳에 솟은 누대가 겹겹으로 둘러서서 막고 있었다.

난간을 한 바퀴 빙 돌고 보니 도리어 가슴이 답답함을 느끼게 되고, 아래를 내려다보니 다리가 덜덜 떨려 오래 서 있지 못할 지경이었다.

대광명전(大光明殿)

서안문(西安門) 안에서 남으로 작은 골목을 수백 보 가면 세 겹 처마에 열두 면으로 된 둥근 전각이 있다.

지줏빛 유리기와로 지붕을 덮고, 황금 호로병 모양의 꼭지를 달았는데, 현판에는 '대광명전(大光明殿)'이라고 했다. 전각 속 네 기둥에는 금빛 용이 위로 올라가는 놈, 아래로 내려오는 놈을 그려, 위로 지붕 끝에 닿을 만했다.

가운데에는 상제(上帝)의 소상을 안치하고 빙 둘러 33좌의 소상을 세웠는데, 모두 곤룡포와 면류관에 홀(笏)을 잡고 있었다. 네 바람벽에는 작은 창들이 났고, 벽은 다 푸른 유리 벽돌이다.

아홉 개의 뜰 층대는 세 층 난간으로 되었다. 이 집 이름은 대현도(大玄都)라 한다. 명(明)나라의 세종 황제(世宗皇帝)가 도진인(陶眞人)을 맞아 대광명전에서 도교의 수련술, 내단(內丹)을 강의했다고 했는데 한 곳이 바로 여기이다.

청(淸)나라 순치(順治) 신축년(1661년)에 만주 대신 색니(索尼)·오배(鰲拜)·소극살합(蘇克薩哈)·알필륭(遏必隆) 등(청조의 훈신들이다)이 세조가 죽을 때 내린 겨우 여섯 살에 임금이 된 어린 강희(康熙)를 보좌하라는 유명을 받을 제, 이 네 명의 신하가 이에 올라서 분향을 하고 팔뚝을 찔러 피를 내면서 상제께 맹세를 했다고 한다.

뒤에 있는 전각은 태극전(太極殿)인데, 도교에서 위하는 세 신선, 원시천존(元始天尊)·태상도군(太上道君)·태상노군(太上老君)의 소상을 모셨고, 또 그 뒤에 있는 전각은 천원각(天元閣)이라 하여 도사 몇십 명과 함께 집을 지키는 태감(太監)이 있었다.

대광명전과 천원각의 동편 행랑을 중수(重修)할 때에 우리나라 노가재 김창업(金昌業)이 와서 보았는데, 당시 역군들이 사닥다리를 놓고 기와를 벗기는 역사가 매우 장엄하더라 했는데, 그의 일기(日記)를 보면 그때가 바로 강희 계사년(1713년) 2월 9일이다.

이제 태극전과 천원각을 보면 모두 황금색 기와와 금벽 단청이 찬란하게 번쩍이고 있으니, 지금으로부터 계사년은 벌써 68년 전이지마는 처음 그대로의 모습을 하고 있는 것 같다.

고사기(高士奇)의 『금오퇴식필기(金鰲退食筆記)』에 황제로부터 하사받은 제택(第宅)이 바로 이 전각 왼쪽에 있었음을

밝히고는, 또 그의 기록에,

"때는 바로 가을비가 처음 개고 푸른 하늘은 씻은 듯이 맑아 가슴을 풀어 헤치고 밖에 나와 앉으니, 높이 솟은 집은 흘러내리는 밝은 달빛과 함께 마주 비치어 마치 광한궁(廣寒宮 : 달나라의 궁전 이름)에 올라앉은 듯이 황홀하구나."

라고 하였다.

대체 광명전이 있는 이 터가 조금만 더 앞이 터지고 달 밝고 맑은 밤이면 더욱 아름다웠을 것이다.